全国医学院校心理学专业教材

社会心理学

主　编　李建明　刘　瑶
副主编　李玉荣　李幸民
　　　　张敬录　张殿君

安徽大学出版社
北京科学技术出版社

图书在版编目(CIP)数据

社会心理学/李建明,刘瑶主编. —合肥:安徽大学出版社,2003.10
ISBN 978－7－81052－708－8

Ⅰ.社… Ⅱ.①李… ②刘… Ⅲ.社会心理学—医学院校—教材 Ⅳ.C912.6
中国版本图书馆CIP数据核字(2003)第083268号

社会心理学

主　　编	李建明　刘　瑶
责任编辑	谈　菁
封面设计	蒋宏工作室　闻　静
出版发行	安徽大学出版社
社　　址	安徽省合肥市肥西路3号
邮政编码	230039
电话传真	0551－5108223(编辑部) 0551－5107716(发行部)
电子信箱	ahdxchps@mail.hf.ah.cn
经　　销	新华书店
印　　刷	中国科学技术大学印刷厂
开　　本	850mm×1168mm　1/16
字　　数	260千
印　　张	14
版　　次	2003年10月第1版
印　　次	2012年11月第4次印刷

ISBN 978－7－81052－708－8

定　价　28.00元

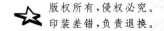

版权所有,侵权必究。
印装差错,负责退换。

《社会心理学》作者名单

主　编　李建明　刘　瑶

副主编　李玉荣　李幸民
　　　　　张敬录　张殿君

编　委　(以姓氏笔画为序)
　　　　　刘　娜(南京中医药大学)
　　　　　刘　瑶(贵阳中医学院)
　　　　　李玉荣(华北煤炭医学院)
　　　　　李建明(华北煤炭医学院)
　　　　　李幸民(广州医学院)
　　　　　邱飚曾(广州医学院)
　　　　　张丽宏(齐齐哈尔医学院)
　　　　　张建英(皖南医学院)
　　　　　张敬录(山东中医药大学)
　　　　　张殿君(牡丹江医学院)
　　　　　韩新民(山东中医药大学)
　　　　　吴　宪(山东中医药大学)

全国医学院校心理学专业教材

审定委员会名单

主 任 委 员：胡佩诚
副主任委员：岳文浩　徐　斌
委　　　员：(以姓氏笔画为序)
　　王　栋　　王效道　　杨凤池　　杨鑫辉　　李心天
　　汪　勇　　陈　力　　赵耕源　　姜乾金　　洪　炜
　　梁宝勇　　蔡雄鑫

编写委员会名单

主 任 委 员：杜文东　李建明
副主任委员：李　珑　董湘玉　崔光成
秘　书　长：顾瑜琦
委　　　员：(以姓氏笔画为序)
　　于　雷　　万承龙　　马立骥　　王石成　　王　平
　　王　挺　　王　蓓　　龙子江　　史周华　　冯丽云
　　刘天起　　刘仁刚　　刘克俭　　刘　娜　　刘爱书
　　刘新民　　刘　瑶　　许慧琴　　孙　凤　　孙　红
　　严金海　　李玉荣　　李光武　　李幸民　　李荐中
　　李　琳　　邱鸿钟　　何金彩　　汪亚珉　　汪　凯
　　宋建国　　张永平　　张有志　　张纪梅　　张伯华
　　张树峰　　张敬录　　张　颖　　张殿君　　周达生
　　郝　志　　洪铭范　　郭沈昌　　郭益民　　龚维义
　　彭　涛　　韩咏竹　　霍利钦　　戴梅竞

编写说明

现代社会的飞速发展,一方面使人类享受着丰富的物质文明和精神文明成果;另一方面,社会生活中快速的节奏、频繁的应激、剧烈的竞争,也给人类带来空前的心理压力和社会适应问题。心理障碍、心身疾病、神经精神疾病及社会适应不良等,已成为影响现代人健康的主要因素,其危害性呈迅速上升的态势。心理障碍等疾病不仅扼杀个体健康,同时此类患者异常的行为还影响社会的安定。由此而引起的诸多个人、家庭悲剧乃至恶性社会事件的发生,都程度不等地扰乱或阻滞社会的正常秩序。可以说,提高我国人民群众的心理健康水平,已成为保障与促进我国现代化进程的重要任务。为此,近年来国家教育部下达了开展大、中、小学生心理健康教育的若干文件,并在机构设立、人员编制、教学内容等方面均作了具体的规定和要求。卫生部下发的行政文件中规定,等级医院(三级甲等、二级甲等)的建设中,作为硬性的评估指标,必须设立心理咨询科室。同时国家有关部委已在试行"心理咨询师"、"心理治疗师"的资格考试制度。这些都充分体现了国家对这一问题的高度重视,同时也对医学心理学(临床心理)人才提出了紧迫的社会需求。

当前,医学心理学在世界发达国家中已是一个成熟的学科门类,其研究成果的应用对于提高国民的健康水平和生活质量乃至保障社会的进步做出了巨大的贡献。我国现已加入WTO,为适应我国医疗卫生事业的发展、医疗体制改革以及人民群众的切实需要,培养一大批适应我国国情的、能从事医学心理学临床诊疗,又能开展和普及心理健康教育的心理学工作者,已成为高等医学教育的当务之急。

我国医学教育中的医学心理学公共课教学经过20余年的发展、充实、提高,目前在广泛的社会需求的促进下,有条件的院校正开始向培养专业人才方面转化。2001年安徽中医学院、南京中医药大学等高校在国内率先招收医学心理(临床心理)5年制本科专业,在社会上及医学教育界引起较大反响;2002~2003年全国已有20余所医学院校获教育部批准招收应用心理学(医学心理、临床心理)类专业的本科学生,同时还有许多医学院校正在筹备开设此类专业。可以预见,未来几年,此类专业在提高全国人民心理健康水平和生活质量的广泛需求之下,将会逐步成为高等医学教育的热点专业之一。

对于刚刚起步的医学心理学专业来说,教材建设首当其冲。经过中国高教学会医学心理分会的酝酿与组织,2002年6月,国内近20家开设医学心理学专业的医学院校聚会合肥,组成了"全国医学院校心理学专业教材编写委员会"。在充分论证与研讨的基础上拟订了基础课程、专业基础课程、专业课程共15本教材的编写计划,分别由各院校的专家担任主编。由于这是国内第一套专业教材,所以编写难度很大,而人们的期望值又很高。因此我们求助于老一辈的医学心理教育专业和国内目前医学心理学的著名学者,设立了该套专业教材的审定委员会,聘请各位专家为各本教材的内容与质量把关。2002年12月底,编委会全体成员与教材审定委员会的专家齐集南京召开该套教材的定稿会。各位主编提供了书稿或样章供审定专家及与会同行审议。经过认真而热烈的讨论,主要就各教材的概念、内容、篇幅、体例及各本教材之间的衔接等方面的问题达成了共识。教材审定委员会的专家以严谨、负责的态度,提出了具体与中肯的指导意见,使各位主编获益匪浅。编委会确定了各教材的交稿时间,15本教材中的一部分将在2003年下半年开学前出版,以及时满足部分高校开学后使用,全套教材将在年内付梓。

在近一年的编写过程中,全体编委会成员通力合作,众多编写者克服困难、辛勤投入,保证了该套教材如期完稿。其间全体参编人员表现出团结、协作的精神风貌,令人感动。然而对于医学心理学这个新专业的教材编写来说,其仓促与准备不足是显而易见的。因此在这套教材面世之际,我们虽有喜悦与欣慰,同时也有忐忑与遗憾。我们在本套教材的编写中,注重"内容新颖、重点突出、资料翔实、可操作性"等原则,力图反映国内教学与研究的水平,但难免力不从心。衷心希望各位同行予以指正。我们想,在经过二三年的教学实践检验之后,收集各方面的反馈意见进行修订,那时或有可能使这套教材臻于完善。

这套教材的出版,得到了审定委员会各位专家的鼎力相助。许多老专家穷其一生进行医学心理学的教学与研究,他们对医学院校中应用心理学专业的诞生难抑兴奋之情,对这套教材的投入的精力与情感是难以用言语表述的。在此我们对教材审定委员会全体专家的工作表示深切的敬意与谢忱。

教材与出版社可以说是一种姻亲关系。从酝酿这套教材之初,到整个编写过程,我们得到了安徽大学出版社、北京科学技术出版社的大力支持,这是一次愉快的合作。他们具体的协助,使得编写与出版过程十分顺利。这种着眼于社会效益的远见卓识,令人钦佩。将这套教材托付给两家出版社,也说明了我们难以割舍的心态和感谢之情。

中国高等教育学会医学心理分会
全国医学院校心理学专业教材编写委员会
2003年6月

前言

社会心理学在西方兴起有一百多年的历史,但是在中国开始正视这门学科的研究和建设只有十几年的历程。这门学科从产生以来,就有它自己的传统课题,然而,随着研究人员的兴趣逐渐扩大,新的研究领域进入了这门学科。随着社会发展和需要,全国许多医学院校增设了心理学专业,为了适应这一需要的发展,满足学生学习,2002年6月在安徽省合肥市召开了全国医学院校心理专业教材编写会议,并成立了"全国医学院校心理学专业教材编写委员会"、"全国医学院校心理学专业教材审定委员会",确定了编写大纲和编写人员。2002年12月底在南京中医药大学召开了定稿会议,并确定了出版单位。在编写出版过程中,得到了安徽大学出版社、北京科学技术出版社及各作者单位的大力支持,在此表示感谢。

社会心理学是作为医学院校心理学专业学生学习社会心理学的入门教程,目的是在一种或多种有关理论的背景下,让学生对此学科的主要内容、研究对象、研究方法等有一个全面了解。这些内容主要包括有社会化、社会动机、社会知觉、社会态度、社会压力、自我意识、人际关系、团体心理与行为、团体凝聚力等方面。

通过对本书的学习,掌握社会心理学的基本概念、方法,为今后开展社会心理学的研究打下一个基础。这本教材不仅要把某个学科的重要理论概念及研究结果告诉读者,而且还要把这一学科部分实践的方向告诉读者。此书由下列人员负责撰写:李建明、李玉荣(第一、四章)、邱甡曾(第二章)、刘娜(第三章)、张丽宏(第五章)、张殿君(第六章)、张敬录、吴宪(第七章)、张建英(第八章)、韩新民(第九章)、刘瑶(第十章)。

本书不但用于医学院校心理学专业的学生,也适用于其他院校心理学专业学生阅读。由于时间短,水平有限,书中还存在缺点和错误,不妥之处,请读者批评、指正,以便今后再版修正。

李建明
2003.3

目 录

第一章　绪　论
- 第一节　社会心理学概述 ………………………………………… 3
- 第二节　社会心理学的研究对象 ………………………………… 12
- 第三节　社会心理学的研究方法 ………………………………… 13
- 第四节　学习社会心理学的意义 ………………………………… 15
- 思考题 ……………………………………………………………… 16

第二章　社会化
- 第一节　社会化的概念 …………………………………………… 19
- 第二节　影响社会化的因素 ……………………………………… 21
- 第三节　社会化的内容 …………………………………………… 27
- 第四节　社会化的历程 …………………………………………… 29
- 第五节　逆反心理与青少年个体社会化 ………………………… 37
- 第六节　老年人的社会化 ………………………………………… 40
- 思考题 ……………………………………………………………… 43

第三章　社会动机
- 第一节　社会动机概述 …………………………………………… 47
- 第二节　动机的特征及功能 ……………………………………… 51
- 第三节　动机的分类 ……………………………………………… 54
- 第四节　侵犯与权力 ……………………………………………… 58
- 第五节　青少年犯罪与利他教育 ………………………………… 60
- 思考题 ……………………………………………………………… 66

第四章　自我和自我意识
- 第一节　自我和自我意识的形成与发展 ………………………… 69
- 第二节　自我和自我意识的表现 ………………………………… 71
- 第三节　自我评价及研究 ………………………………………… 72
- 第四节　正确认识自我与自我实现 ……………………………… 73
- 思考题 ……………………………………………………………… 76

第五章　社会知觉
- 第一节　知觉与社会知觉 ………………………………………… 79
- 第二节　社会知觉的范围 ………………………………………… 83
- 第三节　社会知觉的特点 ………………………………………… 87
- 第四节　社会知觉的效应 ………………………………………… 88
- 第五节　影响社会认知的因素 …………………………………… 94

思考题 …………………………………………………………………… 100
第六章　社会态度
　　第一节　社会态度的概念及形成 ……………………………………… 103
　　第二节　态度和行为 …………………………………………………… 112
　　第三节　社会态度的改变 ……………………………………………… 117
　　第四节　社会态度的理论 ……………………………………………… 125
　　第五节　社会态度的测量 ……………………………………………… 130
　　思考题 …………………………………………………………………… 134
第七章　人际关系与交际
　　第一节　人际关系概述 ………………………………………………… 137
　　第二节　人际吸引 ……………………………………………………… 142
　　第三节　亲密关系 ……………………………………………………… 146
　　第四节　冲突与合作 …………………………………………………… 149
　　第五节　语言和非语言交际 …………………………………………… 153
　　思考题 …………………………………………………………………… 156
第八章　团体心理与行为
　　第一节　团体的特征 …………………………………………………… 161
　　第二节　团体的领导者 ………………………………………………… 164
　　第三节　从众与服从 …………………………………………………… 169
　　第四节　团体社会心理学在教育和犯罪领域的应用 ………………… 176
　　思考题 …………………………………………………………………… 179
第九章　团体凝聚力
　　第一节　凝聚力的性质 ………………………………………………… 183
　　第二节　凝聚力的维持 ………………………………………………… 184
　　第三节　凝聚力在团体工作中的作用 ………………………………… 186
　　思考题 …………………………………………………………………… 187
第十章　社会压力
　　第一节　压力的概述 …………………………………………………… 191
　　第二节　压力的反应 …………………………………………………… 193
　　第三节　压力与生活事件 ……………………………………………… 195
　　第四节　压力的应对策略 ……………………………………………… 197
　　思考题 …………………………………………………………………… 202
附　录　专业词汇（中英文对照） ……………………………………… 203
参考文献 ………………………………………………………………… 211

第一章 绪论

本章要点

☆社会心理学的概念
☆社会心理学的产生与发展
☆社会心理学的研究对象
☆社会心理学的研究方法

第一节　社会心理学概述

一、社会心理学的概念

社会心理学也是一种生活的心理学,一种对于我们现实生活的心理学研究。实际上,社会心理学本身的发展,也充分体现着这种源于生活并且作用于生活的意义。经典的社会心理学研究课题,大部分都是现实生活中的重要事件。当面对第二次世界大战时德国希特勒的专制统治,及其给整个世界所带来的灾难,人们普遍思考着专制与民主的差异。因而,导致了勒温与其学生所进行的从社会心理学的角度"领导方式"研究,说明了专制性的领导是如何影响被领导的成员的,以及专制性的领导与专制性的团体气氛的关系,并且比较了专制性领导和专制性团体气氛与民主性领导和民主性团体气氛的差异,进而在这种研究的基础上,提出了整个的"团体动力学"理论框架。

1993年,当海湾战争正在进行的时候,美国心理学会第九分会的"社会问题心理学研究会"召集专家出版了一本专集,题名为:《关于海湾战争的心理学研究》。该学会是联合国的常务咨询机构,其中的社会心理学家们一直参与并影响着实际的社会生活和国际事务。社会心理学从其本质上来说是一种科学的研究,这种科学的研究是了解复杂社会现象的最好方式。若是要证实我们研究所揭示的因果关系是真实而有效的,那么最好的方法就是把所研究的因果关系,从实验室带到现实世界去,与实际的生活保持密切的接触。

老子说:"知人者智,自知者明;胜人者力,自胜者强。"所强调的也是一种自知和自胜,鼓励人们认识自己,把握自我。在我们的理解中,心理学的学习首先应该是为自己的,为了我们自身的自我认识,为了我们自身的人格完善。通过这种学习和体验,达到一种对于自身和自我的认识与理解、达到一种对于他人和我们社会行为的认识与理解,从而促进我们的社会交往,增进我们的人际关系,提高我们社会生活的质量。

社会心理学是一个神奇的领域。它的神奇,在于它包含着我们人类社会行为的奥秘,以及我们对于自身社会行为的好奇;在于它包含着无数社会心理学家们的希望、梦想,以及努力,包含着他们的故事和传奇。

什么是社会心理学?这是我们所遇到并且要做出回答的第一个问题。翻开任何一本社会心理学的教科书,你都会发现,其中有着许多关于社会心理学的定义和解释。实际上这也并不奇怪,因为人的行为,尤其是人的社会行为,是复杂而多变的;不同的人、不同的研究者,可能会有不同的理解和解释。这一问题最为经典的回答,是由美国社会心理学家格尔登·阿尔波特(G. Allport)作出的。他说,社会心理学"<u>要了解和说明,一个个体的思想、情感和行为,如何受他人实际的、想像的,或者是默认的、存在的影响</u>"。这是社会心理学中共识最多的一则定义,我们也接受其对于社会心理学所做出的基本理解和解释。但是,由于社会心理学自身的发展和变化非常迅速,完全可以用"日新月异"来形容,因而,也就需要对其有新的理解,同时,也就应该有一种基于新的理解之上的对于社会心理学的重新定义。

1995年,美国社会心理学家罗伯特·巴伦(R. Baron)和其同事,出版了影响广泛的社会心理学教科书的第7版。在这一新版中,作者同样收集了近年来许多关于社会心理学的定义。若是能够做出一种总结和综合的话,那么当代社会心理学家是这样来理解社会心理学的:<u>社会心理学研究个体在社会情境中,如何表现出其特殊的社会行为,如何表达其内在的思想和情感,以及为什么会表现出其特殊的社会行为,为什么会产生其特殊的社会思想和情感</u>。一般认为,<u>社会心理学是研究个体和群体在社会相互作用中,社会心理活动发生、发展和变化规律的科学</u>。

二、社会心理学的性质

社会心理学是致力于理解人在社会情境中的心理和行为及其本质和起因的一个科学领域,研究人们生活中的爱情、研究人们生活中的仇恨和敌对、研究人们生活中的社会行为的学科,同心理学本身一样,也同物理、化学或生物、地理等科学学科一样,社会心理学也是一门科学。

社会心理学的科学属性,充分表现在其研究的科学过程中,其研究方法及研究的过程,都是科学的,都具有与其他科学学科同样的科学取向。任何社会心理学的理论和结论,也都是建立在大量的观察和实验的基础之上,研究者对于其所研究的对象,进行着反复的实验和验证,直到得出一种描述人们社会行为规律的准确结论。

社会心理学是从心理学,或者说是从个体心理学发展而来的。在这种意义上,社会心理学将其关注的重点,放在了对社会情境中人的行为的研究上。任何作为科学的研究,都是一种规律性的研究,都是为了发现规律的研究。社会心理学的科学研究,也是为了发现或揭示我们社会行为和社会思想的规律。诚然,凭着生活的经验,人们也可总结出一定的有关社会行为规律的常识,像一些谚语所反映的:"情人眼里出西施"、"物以类聚,人以群分"等等。从某种程度上说,这些常识也可反映出一定的社会行为和社会思想的规律。但是,常识也常会发生混乱,也会出现矛盾,像"分离使人更加想念",但同时也有"眼睛看不见的时候,心也就不去想了"的说法。那么到底哪一种说法正确呢?或者两种说法都是正确的吗?实际上,作为常识或谚语,并不能给予我们十分明确的答案,惟有通过社会心理学,通过社会心理学的研究,我们才能获得关于我们社会行为和社会思想的基本规律。

当代的社会心理学研究,是一种多元的、多层次的研究。社会心理学家重视影响我们社会行为和社会思想的所有因素，尤其是重视社会行为发生的社会情境，影响我们社会行为和社会思想的认知因素、文化因素，以及生物和遗传因素等等。我们人类的社会行为和社会思想是极其复杂的，而经验的总结或常识的理解只能作为有限的参考，惟有通过社会心理学的科学研究，才能够发现我们社会行为的规律，才能够为我们的社会行为中所面临的诸多问题，提供令人满意的解答。

从 20 世纪 80 年代开始，社会心理学已经走向成熟，并且在我们的日常生活，乃至我们当代的社会生活中，起着越来越重要的作用。在美国，有一个国际性的"社会问题心理学研究会"，该学会以及该学会的会员们，长期以来承担着联合国有关社会心理和行为问题的专业咨询工作。许多国家和政府在做出一些有关社会问题和社会发展的重大决策时，都会有专业的社会心理学家参与。在我们现代的社会生活中，社会心理学和社会心理学家，已经是不可缺少的重要角色。

作为对社会心理学现状和发展的考察，我们应该注意以下两种具有代表性的发展倾向：其一是认知倾向的发展，其二是应用方向的发展。所谓"认知倾向的发展"，主要表现在当代社会心理学家在自己的研究中，仍然是关注于认知因素对我们社会行为和社会思想的影响和作用。这些认知因素既包括感知、记忆、思维，也包括态度、信念和价值等等，同时，社会认知的研究也包括了对于决策、判断、推理等实际认知过程的研究。实际上，社会心理学对于认知过程，或者是社会认知过程的研究，本来属于其传统或经典性的研究领域。但是，随着时间的变化和社会心理学自身的发展，社会心理学家对于认知研究的重点也不断有所转变。就目前来说，社会心理学家们所侧重研究的，是记忆运作、推理的过程，以及我们对新信息的接受与整合过程等。

社会心理学对于应用的重视和强调，本来也属于其本身的传统或经典性的范畴。但是，在社会心理学发展的新的阶段，对于应用发展的强调也自有其新的意义。就目前来说，社会心理学家们普遍重视如何将社会心理学的知识应用于实际的生活，因而，应用方向本身也导致了相应的应用领域的研究。比如，社会心理学关于心理健康的研究，包括如何帮助个人抵御心理压力，建立健康的生活风格等；社会心理学关于法律过程的研究，包括鉴定证人证词的有效性、确定影响法官决策的因素等等；以及社会心理学关于生活质量的研究，包括研究工作条件对工作者的影响、工作者对于工作和生活的满意程度，以及其整体的生活质量水平等等。

作为对社会心理学发展的展望，侧重于认知范围的研究，以及对于应用价值的重视，将仍然是社会心理学发展的主要方向。同时，进入 21 世纪后，社会心理学的发展还将表现出以下的特色：

1. 重视对于文化因素和文化背景的研究。越来越多的社会心理学家已经认识到，文化因素在我们的社会行为中起着十分重要的作用；同时，文化因素和文化背景，也是我们真正理解人的社会行为所不可缺少的一个环节。

2. 研究的多元化和综合性。所谓"研究的多元化"，意味着社会心理学家在从事研究的时候，会更加主动地吸收来自不同学派和不同理论背景的观点，同时也意味着将主动吸收相近学科的成果和精华。在未来的几年中，综合性的研究将会有所增加，也即人们会期望出现更为成熟的社会心理学理论。

3. 对于情感研究的关注。相对来说,在以往的研究中,社会心理学对于情感方面的研究是有所忽视的。但是在未来的发展中,情感因素将会引起越来越多的社会心理学家们的重视。这也包括对于人际吸引力的研究,以及对于社会生活中同情心、互助行为的研究等。

概括地说,社会心理现象是人们普遍关心、迫切需要研究的复杂问题,需要社会心理学家、人类学家、社会学家等从不同学科的角度去共同探讨解决。因此,不同学科的科学家要团结、协作,互相沟通和促进,联合攻关,排除门户之偏见,共同为建设和发展我国的社会心理学事业做出贡献。

三、社会心理学的产生与发展

社会心理学作为一种思想有着漫长的过去,但作为一门现代科学只有短暂的历史。社会心理学的产生与发展,大体经历三个时期:思辨期——即在哲学怀抱中出现并积累社会心理思想阶段;经验描绘期——即在母体学科(心理学、社会学)中孕育并脱胎而成为具有最初学科形式的成型阶段;实验期——以实验、实证为主要方法开展大量研究,不断充实内容和形成多种理论而渐趋成熟的独立发展阶段。

1. 思辨期(社会心理思想早期积累阶段)。人类社会一开始便伴随有许多社会心理现象。如氏族社会的人们由于对自然(天灾、疾病)与战争的恐惧而产生迷信并形成宗教,而后,宗教首领或统治者又利用宗教(仪式、禁忌)对个体的影响去调节人们的社会行为,以达到安定或统治的目的;许多游说者为了说服君主或追随者,也常探索听众的内心奥秘等。所以,有社会心理现象就会有社会心理思想。

在我国古代,有许多思想家提出过不少社会心理思想。如孔子关于判断人的善恶的社会知觉思想,他主张,不要因"乡人皆好之"或"乡人皆恶之"就说这人是"好人"或"坏人"。"不如乡人之善者好之,其不善者恶之",才是真正的好人(《论语·子路篇》)。孔子认为人以群分,善、恶群体对同一现象会有不同评价。所以了解人不仅要直接观察人的言行,还要依据不同性质群体对某人的相反评论来做出判断。如果"乡人皆好之",这个人很可能是个外观忠诚,实为不辨善恶的"乡愿"人物。关于人的知觉,诸葛亮认为:"夫知人之性,莫难察焉。美恶既殊,情貌不一:有温良而为诈者,有外恭而内自欺者,有外勇而内怯者,有尽力而不忠者。""然知人之道有七焉:一曰,间之以是非而观其志;二曰,穷之以辞辩而观其变;三曰,资之以计谋而观其识;四曰,告之以祸福而观其勇;五曰,醉之以酒而观其性;六曰,临之以利而观其廉;七曰,期之以事而观其信。"老子也认为人的内心与外部表现存有复杂关系,他认为"信言不美,美言不信"等也是对如何判断人性的论述。孙子有关用兵的许多"诡道",都是运用战争互动双方特殊心理规律的思想。以上卓识不胜枚举,它们都是我国极为宝贵的社会心理学文化遗产,亟待挖掘。

在西方,被公认为首先提出社会心理学问题及主张的是古希腊的柏拉图(Plato)。他认为,宇宙是有理性的,人类灵魂的一部分是纯粹理性(即进入肉体的理念或对理念的回忆),另一部分是无理性的,包括生气勃勃的意志和贪得无厌的欲望。一个人的理性如能成为劝导者与指挥者来统帅其他部分,他就是聪明的;意志经过教育与训练能坚决执行理性的教诲,知道什么要警惕和什么不用畏惧,他就是勇敢的;当欲望同理性融洽,接受其领导,他就是有节制的;当这三者彼此和谐,他就是正直的。人有了上述四种德性,他过的生活就幸福,达到至善。他认为,社会上有许多阶级,正如灵魂有各种部分与功能一样:受过哲学训练的哲学家或君主,代表理性,应是统治阶级;军人代表意志,其职务是防御;而农业生产者、手工业者和商人代表低级的欲望,其职能是生产物质财富。这几部分人都能有适合其原有能力的职业,各司其能,安守本分,相互制约、和谐相处,一个国家就会有节制、勇敢、智慧,并且会实现正义。这样的社会就是一个完善的"理想国"。他在两千多年前依据自己的心理学思想提出解决社会问题和协调人际关系的设想,可以说是西方社会心理学思想的一种"始创"。

2. 经验描绘期(社会心理学孕育或成型阶段)。社会心理学成为一门独立的学科,发生在19世纪中叶到20世纪初的欧洲。其历史背景是:第一,从17世纪(1640～1688)的英国建立君主立宪政权,经过18世纪(1789)法国大革命,到19世纪(1848)德国资产阶级革命,为资本主义上升时期。第二,随着革命与生产力的解放,推动着技术革新与科学进步,如自然科学出现了三大发现:动植物细胞的发现、能量守恒和转化定律的发现,以及达尔文进化论的出现,从而也推动着思维科学(心理学)和社会科学(社会学)的发展。第三,资本主义的发展也带来许多新的社会问题,如城市人口的骤增所引起的道德、犯罪与竞争等问题,工商业与贸易的发达所引起工人管理、了解消费者需求等问题,阶级矛盾与民族矛盾的起伏要求统治者了解舆论、群情和找到协调劳资关系和对付骚动的办法等。最为突出的是心理学和社会学两门学科中出现了民族心理学和群众心理学两种新的动向与趋势。

19世纪中期,心理学是作为个体心理学发展起来的。洛克(J. Locke)、休谟(D. Hume)等人的联想主义(认为个体的心理是观念的联合或联想)在其中占统治地位。1824年德国心理学家赫尔巴特(J. F. Herbart)首先宣称心理学是一门科学,反对沃尔夫(C. Wolff)的官能说,主张利用观察和计算的方法来研究观念及其关系,企图建立观念如何吸引与排斥的动力学,来说明各种事物、知识只有与意识中的观念有关才能进入意识,形成统一概念。在1859年,德国哲学家拉扎鲁斯(M. Lazarus)和语言学家施坦塔尔(H. Steinthal)创办《民族心理学和语言》杂志,他们在序言中首次提出,历史的主要力量是人民或"整体精神"(all-geist),它通过艺术、宗教、语言、神话与风俗习惯等表现出来,而个体意识仅是它的产物。他们要求从心理学方面去认识民族精神的本质,揭示其活动的规律。接着,实验心理学创始人冯特(W. Wundt)在1863年阐述与发展了上述思想。他认为,心理学应由生理心理学和民族心理学两部分组成。前者是实验学科,后者是经验学科。间于高级心理过程及人类共同生活方面的复杂精神过程,如语言、神话、风俗习惯、艺术等,应当用经验描绘方法去进行分析研究。冯特本人花了40年时间研究前者,用20年时间研究后者,并于1900年出版了10卷集的《民族心理学》。尽管它的理论基础与结论都存在问题,但它提出了在个体意识之外还存在着某些左右个体意识的群体心理的东西,应采用不同于实验的其他方法来加以研究,则对于社会心理学的产生颇有影响。

在19世纪后半叶的法国,许多社会学家出现了研究群众心理的热潮。社会学的创始人孔德(Auguste Comte)在1838年首先使用"社会学"(Sociology)一词。他认为,要达到改造社会与组织社会的目的,就必须去认识社会规律,就需要通过实证(科学观察和经验)的方法去建立社会学。社会静力学研究社会事实、社会存在的规律和社会秩序;社会动力学则研究社会演化、促进社会的进步。接着,塔尔德(G. Tarde)主张社会学的研究对象是人的心理。1898年出版《社会心理研究》,后者是最早以"社会心理"命名的社会学书籍。另一位法国社会学家德克海姆认为社会学要研究的不是个人心理,而是独立于个人之外的一种社会事实或"集合表象"(assemblage representation),如道德、宗教等,它带有外在性与强制性(迫使个人接受或遵从),有自己的社会原因。勒邦(G. LeBon)认为,人的任何聚结都是"群众",它主要是一种"感情现象"。个人在群众中的行为特点是失掉个性(易受冲动),表现为感情作用大大超过理智作用(易受暗示)、根本丧失理智(行为不合逻辑)、失掉个人责任感(对情欲失控)。由于群众从来都是无秩序、混乱、盲动的,常表现出病态现象,因此他们需要有"领袖",而优秀分子可履行这种职责,然而领袖人物又往往有迎合心理。为了解决群众暴动问题,他主张应对上述现象开展研究。他对法国大革命时期的群众行为与领袖人物的心态作了系统研究,虽然他把群众的革命运动说成"非理性行为"十分荒谬,但他提出个人和群众相互作用的命题,又是有意义的。

这个时期最有意义的事件,是1908年在英国伦敦和美国纽约同时出版两本书:一本是英国心理学家麦独孤(William McDougal)的《社会心理学导论》;另一本是美国社会学家罗斯(E. A. Ross)的《社会心理学》。

麦独孤主张"社会心理学必须说明个人心理的天赋倾向与能力如何形成社会上一切复杂的精神生活;反之,这种生活又如何影响个人天赋倾向与能力的发展与表现"。他说:国家的危亡,引起惧怕;国家的耻辱,引起愤怒;国家的光荣,引起自豪;国家的亲切,引起爱护。而这些惧怕、愤怒、自豪、爱护等情绪都是跟避害本能、争斗本能、自夸本能及亲爱本能密切关联的。正是这些本能及相应的多种情绪,跟国家这个对象的观念联合在一起,就形成了爱国的情操与态度,成为驱策我们产生爱国行为的动机。他认为,本能是社会行为的原因,"是人类所有一切活动的推动者",也是个人品格与民族特性形成的基础。他对社会心理学应研究在社会情境下个体的社会心理与社会行为的主张及有关意志的个别论述(如"意志是在以较弱的理想冲动对较强的低级欲望冲动进行斗争而终于取胜的过程中实现的"的论点),对后来的心理学家(如皮亚杰等)都有影响。

罗斯是集社会学家研究群众心理之集大成者。他主张社会心理学研究由人类结合而产生的心理面(psychic planes)和心理流(psychic currents),前者是指人与人之间一致的静态心理,如语言、信仰、文化、风俗等现象;后者是人与人之间一致的动态心理,如群众在骚动时心理的变化、军队溃败时人心慌乱的状态、工潮扩大时同情与愤慨的情况、宗教推广与迷信蔓延时的心理状况等。无论是心理面还是心理流,都是个人与其周围社会的心理相互作用(psychic interplay)的结果。罗斯的《社会心理学》注重对风俗、习俗、暗示性、模仿性、群众与暴动心理的阐述,以及关于冲突、讨论、调停、舆论、谣言等的探讨,并强调对群众行为的控制方法。主张社会心理学应研究群体心理和人际心理相互作用的现象,以及建构独树一帜的科学体系,对社会心理学的发展颇有影响。

3. 实验期(社会心理学成熟与独立发展阶段)。20世纪初期,第一次世界大战之后的美国,一方面经济未受破坏而得到迅速发展,另一方面也随之出现经济危机和产生大量失业、罢工等社会问题,从而为社会心理学开展问题研究提供了新的动力。美国的社会心理学家为克服方法论上的缺陷而展开实验研究的尝试,结果引起了这门学科的巨大变化与发展。

特里普利特(N. Triplett,1897)做过"在定速与竞赛中的动力因素"的实验,发现单独骑自行车的速度比一群人一起骑自行车的速度慢20%;后来又以10~12岁儿童为被试,进行卷钓鱼竿线的对比实验,发现群体共作比个体独作的效率高10%,因此认为共作比独作能促进工作效率。他第一次表明社会现象可以通过实验方法进行研究,所以颇有意义且具影响力。

德国人默德(W. Moede)于1920年在莱比锡首次出版《实验群体心理学》,提出用控制变量的实验方法研究群体对其成员思想、感情、行动的影响,并介绍了1914年所作的竞赛中的群体效应实验;17个儿童为被试,先测知个人拍球速度与成绩,置于团体的情境中,发现其中9人成绩差者,出现增量,原来成绩优者出现减量。研究者认为,前者是由于社会助长作用(在团体中受他人速度加快的影响),后者是由于缺乏对手和态度松弛所致。他认为,态度是影响社会助长作用中一个重要变量。

奥尔波特(F. H. Allport)受到默德等的影响,在哈佛大学继续进行了一系列团体效应的实验,并进而证明,如果在群体中进行更复杂的推理过程,一般虽也增量,但会减质。最有意义的是他收集了许多实验材料,于1924年出版了《社会心理学》教材,被看成现代社会心理学的开端。本书在当时影响较大,主要是由于它具有下述特色:第一,明确提出社会心理学研究的对象不是集合心理(collective mind)或群体意识(group consciousness),而是有关社会情境中的"个人的社会行为及社会意识"。第二,用行为派(反射)的观点解释个人社会行为的发生、发展及其多种形式。第三,重视和强调定量的实验研究方法,并介绍了自己和他人许多以实验法进行社会行为(如社会助长)研究的成果。

奥尔波特这本著作的问世,对促进社会心理学开展实验研究起到了颇大的作用,其有关对象、方法、研究范围的观点与体系几乎统治了美国当时的社会心理学,甚至迄今还有影响。

近半个多世纪以来,美国的社会心理学发展迅速,不仅研究成果累累、方法众多,有许多发现,而且形成了不少新领域、新理论和新学派。前苏联在20世纪60~70年代中提出和形成的群体中的人际关系活动中介理论、70年代后期提出的活动和交往关系的研究,都为在马克思主义理论指导下发展起来的社会主义社会心理学提供了科学的依据,并影响着我国社会心理学的发展。

中国社会心理学在20世纪50年代以前作为一门独立学科曾存在过。如20世纪20年代翻译出版了G.勒邦的《群众心理学》、麦独孤的《社会心理学导论》和奥尔波特的《社会心理学》等重要著作,并出版了陆志韦的《社会心理学新论》(1924)、陈东原的《群众心理学ABC》、潘菽的《社会心理学基础》(1931)、高觉敷的《群众心理学》(1934)、张九如的《群众心理与群众领导》(1934)等著作,特别是1944年孙本文出版了大学教科书《社会心理学》,在详尽介绍西方研究与联系中国实际方面作了有益尝试。在研究工作方面,张耀翔进行过民意测验、情绪测验、国人之迷信以及广告等项研究,陈鹤琴研究了婚姻问题,萧孝荣等研究了战时心理建设问题,等等。

50年代,在前苏联否定社会心理学的思想影响下,中国也否定了社会心理学,停顿的时间比前苏联要长。直到70年代后期,社会心理学的合法地位才得以确立。1982年,全国人民代表大会第五次会议批准的"国民经济与社会发展'六五'计划"中,社会心理学被正式列为要加强研究的学科。与此同时,又成立了中国社会心理学会。十多年来,全国社会心理学工作者引进或翻译了许多国外特别是西方的社会心理学的文献资料和教材,开展了不少类似的或独具特色的研究,编写并出版了多本社会心理学教材和包括社会心理学在内的大型词典。80年代是中国社会心理学蓬勃发展时期,应该说是有成绩的。如西方部分社会学家认为,社会心理学是"研究社会文化的主观方面"的学科(W. I. Thomas,1904);"研究社会现象中的静态心理,如文化、信仰、风俗等和动态心理如工潮中的群情、战争中的人心慌乱以及迷信蔓延时的心态"等(E. A. Ross,1908);或"研究社会群体的起源、发展、结构和功能所包含心理因素"(C. A. Ellwood,1917)。总之,他们都主张研究社会生活和或群体中人际互动的心理共相。但相当多的西方心理学家认为,社会心理学应"研究个体在社会情境下产生社会行为的动机、情操与意志力,以及它们如何形成社会上一切复杂的精神生活"(W. McDougal,1908);"研究个人的社会行为与社会意识",所谓"社会行为",即"能刺激他人或本身是对他人行为的一种反应",而"社会意识"指"对社会事物及社会反应的意识"(F. H. Allport,1924);"研究与各种社会刺激相关联的个体的经验与行为"(M. Sherif,1948);"试图理解与解释个体的思想、感情和行为是怎样受到他人实际的、设想的或隐含的存在所影响",所谓三种存在,分别指真实的他人或事物、想像中的他人或事物,以及隐藏在他人或事物中的社会因素和地位、身份等(G. W. Allport,1968)。总之,他们都一致主张研究个体怎样在社会情境或因素影响下产生的各种心理及行为。此外,也有的社会心理学家避开了个体或群体、心理或行为,认为"社会心理学是研究社会相互作用的科学"(J. H. Davis,1976;D. J. Bem,1979)。

四、社会心理学与邻近学科的关系

社会心理学和许多学科都有关联,但与社会学、心理学的关系最为密切。

1. 社会学(sociology)与社会心理学。社会学是研究社会的结构及其内在关系与社会发展规律的学科。现在西方社会学侧重于社会组织、社会结构、社会功能、社会变迁、社会群体等的研究,它所揭示的社会发展的动力与规律,对理解各种社会现象的实质、矛盾与解决社会问题,颇有帮助。

社会学与社会心理学的共同点表现在:(1)它们所研究的都是社会现象。社会学所要研究的社会事实或社会问题都是由具有社会心理的人参与活动而发生的,因而其研究不能不涉及到人类与社会的需要、社会心态、社会意向等现象;(2)社会心理学也总是从社会问题中寻找课题,而且在研究时虽着重于分析微观的心理机制,但也不能离开对宏观社会环境与条件的考察和无视它们的影响。因此,两门学科存在多方面交叉是不足为奇的。但两者又有差异性,具体表现在以下两个方面:

其一,社会学研究的是社会生活中全部的客观事实(社会结构、构成部分如基础与上层建筑、各种意识形态的关系、社会制度、民族文化习俗、家庭、社团与国家社会发展的动力等);社会心理学研究的仅仅是社会生活中部分事实及其主观表现,即个体或群体在交往中产生某些行为的社会心理过程(如社会认知、态度及其改变、互相吸引、价值取向、侵犯、相助、群体动力学等)。

社会学要研究社会中成体系的各种意识形态及其与其他社会现象的关系;社会心理学则不去研究这种意识形态,它只对与形成个人或群体意识形态有关的、或受某种意识形态影响而流散于群众中的一些不系统的群体心理(如舆论、规范、流言等)进行研究。

其二,研究的视角与方法各有所侧重。社会学着眼于宏观社会及大群体活动趋势的了解与剖析,重视社会调查与文献资料分析法的运用;社会心理学则侧重于用实验法(尤以现场实验与模拟实验)探察微观方面(如小群体心理特征的形成与发展及在此情境中个体社会行为发生、变化的心理过程等)的现象。

这两门学科互有联系,但其研究对象与方法均有区别,不能互相代替。他们的研究成果各有特色,可以互通有无,彼此补充,能使人们更全面、更深入地了解社会现象。

2. 普通心理学与社会心理学。社会心理学是心理学的分支,因此它和心理学的关系也是部分与整体的关系。研究社会心理学必须具备心理学的知识,它的成果也将丰富整个心理学的内容。社会心理学与普通心理学在对象与方法上是有区别的。

(1)普通心理学主要是研究个体(包括动物)心理活动的基本形式、过程及其规律性;而社会心理学不仅要研究个体在交往中产生特有的心理现象(如社会认知、态度改变、侵犯、相助等),而且要研究群体中的共同心理现象,及其对个体心理的影响。群体心理是普通心理学所不研究的。

(2)普通心理学研究心理形式时总要把它当做头脑的机能,探讨它和生理活动规律的关系;而社会心理学侧重于研究社会心理如何受人际关系及群体环境等的制约,以及它对社会生活的反作用。

(3)普通心理学在研究中更多地运用观察与实验室实验方法;而社会心理学则不仅要采用现场实验与模拟实验,还要利用档案研究、问卷调查和现场研究等方法。

第二节　社会心理学的研究对象

人们都属于一定的国家、民族、阶层,并生活在社会群体中。人们都在一定场所受教育、在一定的岗位上工作,参加各种社会团体活动,在各种有关社会的社会群体中,人们彼此交往、相互影响,形成不同的人际关系。群体生活又是人们生活最重要的领域,所以人们在群体生活中产生大量社会心理现象,就是社会心理学要研究和解决的问题。社会心理学家还有一个传统感兴趣的问题,就是种族歧视和种族偏见。有少数美国人乐意彻底剥夺某一群体的权力;美国人曾对纳粹德国的集中营深感震惊和厌恶,为了阻止德国人把他们的歧视强加给其他国家而进行过斗争;美国人也对黑人进行过私刑,限制大学招收犹太人,没收印第安人的土地,不给他们完全的公民资格。

1. 每个学科都有它的研究对象。物理学研究物理现象,生物学研究生命现象,心理学研究的是人和动物的心理现象;但心理现象是精神现象,而物理现象和生命现象都是物质现象。物质现象是客观的,精神现象可带主观性,如时间长短在物理学中以钟摆1次为1秒钟,摆动60次为1分钟,这是客观的,不会有人怀疑;但时间的长短在心理学中称为"时间知觉"。当你紧张工作或考试时觉得1分钟实在太短;而在等待人的过程中,同样1分钟却似乎变得很长。关于空间大小也有类似情况,你的住室面积,从物理学测量上看是多少平方米,就觉得是那么大,但是如果放上物品,就觉得比原来小了。心理现象因为有其主观性,使人感到神秘莫测,这就有别于物理现象。社会心理现象也区别于一般心理现象,它是指在周围社会情境下,在他人或人群影响下你心理的主观感受与变化。有的人宁愿多走点路,花点时间去图书馆看书,而不愿在安静的宿舍一个人看同样的书,这是因为在图书馆阅览室的集体气氛下,受周围人的影响,自己注意力更能集中,学习效果也会提高。有时候情况却相反,往往有别人在场,而自己干同样的工作,效率反而降低。这是一种社会心理现象,社会心理学就是要研究其中的规律,找出不同社会情境下的个人由于某些具体条件和原因而产生不同的心理状态。

2. 社会心理和社会行为也有不一致的方面。如高兴可喜形于色,有时也可把喜悦隐藏在心中而不表现出来;在社会交往场合中,社会心理的外部行为可能更为曲折和复杂。如果把社会行为定为社会心理学的研究对象,而会忽略更重要的、更本质的社会意愿、社会情绪和社会经验。所以，社会心理学既要研究社会行为，也要研究社会心理。

3. 社会心理学主要研究的对象。心理学历来把研究的主要对象确定为个体，因为心理现象的发生或存在都离不开个人，也就是个别具体的人。社会心理现象研究的个体，就是这个处在周围社会情境下，受他人或人群影响的个体。社会心理学家逐渐感到不仅单个人是研究的主体，几个人以至很多人合在一起的群体，也应该是社会心理学研究的主要对象。因为群体不等于若干个体（个人）相加的总和，群体在社会心理和社会行为的表现上有自己的特点和规律。

日常生活经验告诉我们，群体是各不相同的。同类的学校，有的学校纪律严格，校领导管理工作抓得紧，教职工和学生内部凝聚力高，气氛和谐；有的学校纪律松散、校风不正，教职工和学生大多精神涣散。由于群体不同，作为一个整体的群体表现出来的士气、成员关系和精神状况也有很多不同。正因为如此，我们提倡企业文化、学校校风、工厂厂风等。

第三节 社会心理学的研究方法

社会心理学作为科学，提供人们有关社会心理现象的系统的、可靠的知识，这些知识是由社会心理学家使用严格的、精确的研究方法得来的。所以，掌握社会心理学的研究方法，对于学习本学科十分重要，从而可以领会社会心理学的研究特点和许多研究这门学科的科学家的研究思路；同时，掌握了方法，又可使我们独立研究，去发现新的事实，总结出规律，增加这门学科的新知识。

研究方法很多，也很具体，但选择使用某种方法要遵循本学科的理论原则。社会心理学的研究既要符合马克思主义分析社会现象的原则，又要符合社会实践的原则，以及重视社会背景、社会关系的客观性原则。

此外，从事有效的科学研究，在方法的选择和使用上要遵循具体要求和规定，如在进行科学研究时使用的概念要具体、明确，以便进行观察和测量；分析现象时要区别相关和因果关系；还要保证研究方法的较高信度和效度，防止在研究工作上出现各种偏向等。具体方法可分为四大类：观察法、实验法、调查法和档案研究法。

一、观察法（observation method）

观察在心理学上指人们对待现象或事件有目的、有计划、周密而系统的感知。观察法是社会心理学常用的、简便易行的一种方法，它要求对所观察现象在不加任何干预的情况下进行，但事先要有明确的观察任务，拟定观察计划，并将观察所得资料进行准确而详尽的记录，以备整理和分析。这种一般观察法后来得到了改进和补充，出现了参与观察法,它的特点在于研究者不是从旁进行观察和记录,而是加入到所研究的群体中去,作为群体的一个普通成员和其他成员一起生活、活动,同时对其他成员进行观察和记录。近来西方社会心理学中流行一种术语为"现场研究"(fied study)的方法,是指研究在活动现场进行的。这实际也是观察法,包括了一般观察和参与观察。

观察法的优点是它的现实性,主要研究现实生活条件下自然发生的过程,并可在长时间内进行,因而能得到行为发生顺序和发展过程的资料。主要缺点是对自然变量缺乏控制,难以得出因果关系的结论;同时,被试者意识到他们是被观察者,在行为表现上可能有所不同,而研究者的主观意愿也容易影响观察过程和观察结果。

二、实验法(experiment method)

在社会心理学中,主要研究计划首先被用来揭示两个或两个以上变量之间因果关系。实验法不同于调查法和观察法,完全在于"控制"这个概念上。实验是指研究者有意安排的一套程序,它使研究者在控制的条件下取得能揭示因果关系的经验,因而使这种经验能重复或验证,而不带有偶然性。社会心理学采用的实验方法,对实验情境的控制程度高,因而自变量与因变量之间的因果关系比较清楚、明确。实验室实验法以其实施的严格和测量的精确被认为是社会心理学的过硬原研究方法。为了克服实验室实验法人为性局限,近来许多社会心理学家主张采取实验室研究与现场研究相结合的办法,从现场到实验室,再从实验室到现场,循环加以验证。现场实验是将现场实验法用于现场,对实验现场环境稍加改变,进行一定的操作,但改变的程度不能使被试者察觉出来,暗中记录被试的反应。这种实验由于被试者不知道自己当了被试,可消除被试的反应性,并由控制自变量和采用随机方法,得出因果结论。这种方法的缺点是,控制不如实验室实验法严格,难免有其他因素加进去,同时研究工作要跟着事件发展的自然顺序进行,需要较长时间。

三、调查法(survey method)

调查法也称"询问法",有访谈法和问卷法二种。主要特点是研究者拟定一系列问题,向被试者提出,要求被试者给予回答,而后整理所获资料,从中引出结果。访谈法是研究者亲自向被试者提问,记录回答。①有组织访谈,按事先准备好的固定格式进行;②无组织访谈,具有一定灵活性。问卷法是以书面形式提出问题,获得书面形式的回答。为了保证问题提得客观、容易理解,足以引出预期的信息,可在调查前进行预试,并根据预试结果对问题的提法和用语作必要的改动。采用访谈法时,要防止研究者对被试的影响,提问要标准化,要有良好的态度,使被试真实回答问题。调查要想到抽样问题,以保证结果的代表性。

调查法的优点是直截了当,针对性强;问卷法比访谈法更经济、更省时,可同时收集大量信息,结果有较大概括性。调查法的主要缺点在准确性上,被试回答问题可能发生有意无意的偏差;而问卷法研究者不能控制条件,无法确定谁回答了问题、被试是否了解问题。

四、档案研究法(archives study method)

档案研究法是指对现存的档案材料内容进行调查分析,档案材料包括:报纸的报道、单位或团体的记录、书籍、杂志、个人信件、讲演稿等。这些材料不是专门为研究某个问题的人准备的,所以要加以整理。由于档案研究不直接面对被试者,所以不会产生被试者反应性问题。缺点是受现有材料的局限,材料的准确性、可靠性如何难以断定;而且从材料中找出有关研究课题的东西,也需要经验和技巧。

选择研究方法,首先要考虑所研究课题的性质,还要考虑到研究所采用的方法,以便比较。另外,方法简便易行,能使我们节省时间、精力和财力;如用简便方法可以完成,就不必采用复杂的方法。

第四节 学习社会心理学的意义

社会心理学研究个体和群体的社会心理和社会行为,研究的现象是客观现实的社会反映。

1. 理论方面。社会心理学的研究,为阐明历史唯物主义的基本原理提供丰富的科学理论与实践资料,使它更加充实、更加具体;使人们能更好地理解它、掌握它,有助于提高人们的理论认识和哲学水平。就心理学的发展而言,传统的心理学侧重人对自然环境的反映,以及人在反映过程中所依赖的感官与大脑生理机制的研究;而社会心理学侧重人与社会环境的反映,以及人在这一反映过程中所依赖的社会文化历史的社会制约性原理的揭示和说明,使心理学在理论上得到了全面发展。

2. 实践方面。社会心理学研究人们对人的知觉、对自我的知觉和人际交往。所揭示的规律,为理解他人、认识自我和正确的人际交往提供了分析的理论、评价的标准和相处的原则,具有个人提高自我修养、加强自我教育、协调人际关系、改进社会风气的作用。社会心理学还着重人们的社会态度及其形成与改变的规律,具有指导实践的现实意义。

社会心理学家自觉或不自觉地运用了正确的方法指导自己的研究,使研究结论对社会心理学的应用领域,如社会教育、医疗保健、人事管理、组织宣传、公安法制、商业服务等多方面有一定的帮助。从中国的实情出发,在马克思主义思想指导下,深入开展研究,正确学习、对待外国经验,服务于祖国的现代化建设,使中华民族繁荣昌盛,是我国社会心理学迫切而艰巨的学科任务。

思 考 题

1. 社会心理学研究什么?
2. 社会心理学是什么性质的科学?
3. 社会心理学有哪几种研究方法?它们各自的优缺点有哪些?
4. 学习研究社会心理学有什么意义?

第二章 社会化

本章要点

☆社会化的概念
☆影响社会化的因素
☆社会化的内容
☆社会化过程和结果
☆青少年逆反心理产生的原因
☆老年人的社会化有哪些社会问题

第二章 社会化

第一节 社会化的概念

社会是由一定数量的个人组成的有机整体。新生婴儿并不是生来就能适应周围环境的,他对外界一无所知,必须得到他人及整个社会的帮助;另一方面,每个得到社会帮助的婴儿又同时构成了对社会秩序的威胁,他的生物潜能既广泛又不确定,因此,任何社会都不会任其自由成长。所以,无论从个人还是从社会方面来说,这个个体都必须被转变为一个能够有效地参与社会,能够为社会所接受的人。这个从自然人转变为社会人的过程就是社会化。

一、社会化(socialization)的定义

社会化是社会心理学研究的一个中心课题,也是心理学、社会学和文化人类学共同关心的问题。社会化过程,就是使人的行为表现符合他所属的社会文化规范的过程。比如,进食是人类的共同行为,但是吃什么及怎样吃,却要符合社会文化的规范。中国人用筷子吃饭,西方人用刀叉进食;长江以北的人以面食为主,长江以南的人以大米为主食等。

德国著名的社会心理学家弗罗姆(E. Fromm)在《精神分析个性学及其在理解文化中的应用》一书中把"社会化"定义为:"社会化诱导社会的成员去做那些要想使社会正常延续就必须做的事",是"使社会和文化得以延续的手段"。前苏联社会心理学家安德列耶娃认为,社会化是一个两方面的过程,一方面是个体通过加入社会环境、社会关系系统的途径掌握社会经验的过程;另一方面是个体对社会关系系统的积极再现的过程。可以看出,社会化的任务一是使个体知道社会或群体对他有哪些期待,规定了哪些行为规范;二是使个体逐步具备实现这些期待的条件,自觉地以社会或群体的行为规范来指导和约束自己的行为。

综上所述,社会化是指:个体通过与社会的交互作用,适应并吸收社会的文化,形成适合于该社会与文化的人格,掌握该社会公认的行为方式,成为一个合格的社会成员的过程。关于社会化,可以从以下几方面来理解。

1. 社会化是个体学习社会角色与道德规范的过程。人从母胎分娩出来,就处在与社会环境的互动关系之中。任何时代的社会都会使用种种方法对他施加影响,使其成为一个符合该社会要求的成员,使他懂得什么是正确的,是被社会所提倡与鼓励的;什么是错误的,是被社会所禁止与反对的。与此同时,个人也随时随地对当前的社会环境以其自身的独特方式做出种种反应,反作用于环境,从而表现出了人的主观能动性。所以,个人的成长与发展就是一系列的社会化的过程,是一个学习社会角色

与道德规范的过程。

2. 只有通过社会化才能使自然人变为社会人。儿童要能健康成长,成为一个符合社会要求的成员,不仅需要得到身体上的照顾,还需要与社会成员进行交往,发生感情上的联系,否则,社会化就会受到损害。印度的狼孩、美国的安娜等与社会隔离(social isolation)的典型例子表明,脱离了正常的社会生活环境,人的心理活动是不可能正常发展的。

3. 社会控制是个体转化的手段。社会化是使社会和文化得以继承的手段,它诱使儿童和社会成员去做那些能够使社会正常运转而必须做的事情。如:父母为教育子女而对他们进行指导与控制;人们通过语言学习和形成人格而实现相互作用。各个社会除了制定道德方面的强制性规定以外,还采取各自的措施以确保对道德秩序的支持。凡是体现了这些规范的行为,往往受到嘉奖;凡是违反了这些规范的行为,则可能受到惩罚。维护和加强社会规范的手段还包括宗教、法令等社会形式,以及在亲属关系、职业关系及其他社区关系中起作用的非正规的控制与约束力。通过灌输与强制、奖励与惩罚、诱导、训练、参与等方式引导社会新成员遵守更大范围的社会规范或群体规范。

4. 社会化贯穿于人的一生。人自出生就已经在接受社会环境对他施加的影响了,以后经过婴儿期、幼儿期、儿童期、青少年期、成年期,一直到老年期,他无时无刻不在接受社会影响,不断地进行社会化。处在成长阶段的青少年要学习知识,掌握社会规范,形成一定的行为方式,做一个好学生、好青年;成年以后,要开创新的事业,组织家庭,教育子女等;退休以后还必须继续适应自己社会角色的变化,承担作为一个公民的义务。所以说,社会化是通过人的整个一生完成的。

二、社会化的基本途径

人的社会化是通过社会教化和个体内化两条途径实现的。社会教化作为一种外在力量,对个体内化是不可缺少的。没有社会教化,就没有个体内化;而没有个体内化,社会教化也就毫无意义。

1. 社会教化。社会教化,即广义的教育。它是指社会通过社会化的机构及其执行者实施社会化的过程。社会化的机构包括家庭、学校、社会团体、社会组织、大众传播媒介,以及法庭、监狱和劳动教养所等;社会化的执行者,是指这些机构的组织者及其成员。社会教化可以分为两大类:一是有系统的正规的教育,如各级学校对学生的教育,以及监狱和劳动教养所对违法犯罪者的改造和教育;二是非系统的、非正规的教育,如社会风俗、群体亚文化、传播媒介对人的影响和教育。后者往往在无形之中发生作用,起潜移默化的影响。

2. 个体内化。个体内化是指人经过一定方式的社会学习,接受社会教化,将社会目标、价值观、规范和行为方式等转化为其自身稳定的人格特质和行为反应模式的过程。它是个体的内部心理结构同外部社会文化环境相互作用,并对后者主动加以

第二章 社会化

选择和适应的过程的。

社会心理学家从不同的方面研究实现个体内化的机制,这主要包括:(1)观察学习,又称"模仿学习"。这是60年代后班杜拉等提出的,他们认为个体通过对榜样的观察和模仿,可以学习到许多社会行为。(2)认知加工。即个体通过感知、记忆、想像、表象、思维等认知活动,将外部世界的信念内部化。(3)角色扮演。个人通过角色扮演了解社会对该角色的期望,并形成与此期望相一致的行为模式。(4)主观认同,又称"自居作用"。弗洛伊德曾以此说明社会道德的内化,儿童认同谁,或以何人自居,就会以他作为自己仿效的榜样。(5)自我强化。指个体在某项活动中达到了自己的目标,就会得到精神上的满足,并增加了日后依此行为模式行动的可能性。这些机制相互关联,共同实现着个体的社会化。

第二节 影响社会化的因素

支配和影响个体行为发展的因素很多。心理学家研究人类行为的制约或影响因素时,主要有"本能论"和"环境论"两大取向。人的社会化有赖于生物学因素和社会因素的交互作用。当个体在社会生活环境中遇见他想要接触或避免的事物时,他才出现了某种心理的需要。人格或个性发展也会受到基因模式和特定的社会生活环境的影响。

一、社会化的生物学基础

遗传是指父母的生理、心理特征经过受精作用传递给子女的一种生理变化的过程。遗传在很大程度上决定了新个体的生理特征以及行为的生物学倾向。在生理方面,遗传决定个体的身高、体型、肤色、血型等;在心理方面,遗传的决定作用不如生理那样明显,但一般认为个人的智力、知觉、动作等行为特征均与遗传有密切关系。遗传还决定人的性别、是单胎还是多胎等。但是遗传并非是注定而不可改变的。即使是基因,仍然可以被环境和教养的效应改变。例如,人的身高基本上是一种由遗传决定的特征,但是通过有效的环境因素,尤其是营养和训练,则可以影响实际的身体生长过程的。

关于遗传对个体成长的影响,人们在智力方面做了较多的研究。有的学者收集前人的52项重要研究结果,经分析归纳了不同血缘关系者智力相关情况。研究结果表明,遗传关系越接近,则智力水平越相似;虽然遗传关系相接近,若成长环境不同,则其智力相似性也会有所降低。

遗传因素是人社会化的潜在基础和自然前提。人的心理活动,是人类整体最为突出的特征。在社会化过程当中,变化最大的也是这种心理特征,包括情感的体验、认知的发展,还有个性与人格、需要与动机、态度与兴趣等。从生物学的意义上讲,正是由于有一种由上代为下代提供的有利于人类从事社会活动的特殊遗传素质,才为人的社会化奠定了生物学上的基础。但是,只有这种生物学的基础,人是不能完成社会化的。

据科学记载,到 20 世纪 50 年代末,已知有 30 个小孩由熊、豹、狼等野兽在野地哺育长大,其行为与野兽相近,用四肢走路,不会说话,食生肉,用舌头舔饮生水,他们中有的再重返社会生活时已难以适应。如 1920 年在印度发现的狼孩卡玛,经过孤儿院近 10 年的教养才学会用手拿东西吃,用杯子喝水,直到 17 岁死去那年其智力才相当于 4 岁儿童的水平。由此可见,环境在人的社会化过程中起着决定性的作用。如果仅仅具备了人的遗传素质,没有适当的社会条件,个人的社会化将无法实现。

二、社会文化环境因素

除了生物学因素,影响人的社会化的更为重要的因素是人生存于其间的整个社会文化环境,包括文化、家庭、学校、同辈群体、职业背景和大众传播媒介等。

1. 文化因素。文化是指在某种特定群体或社会的生活中形成的、并为其成员所共有的生存方式的总和。它不仅包括文学、艺术、教育、科学等精神财富,而且包括社会的政治、经济、宗教、道德、法律、风俗习惯、传统、生活态度、行为准则以及相应的物质表现形式等。文化对人的作用直接表现在:通过文化传承,了解前人的生活经验;向个人传递本群体或民族的行为价值准则;使个人能够顺利地与他人及群体建立社会联系。这一切都决定了文化是一个十分重要的社会化因素。

疼痛反应可以反映文化因素的作用。疼痛是一种生理现象,但是美国学者选择 87 名犹太人、意大利人、爱尔兰人、美国人 4 个种族组的住院病人研究疼痛反应中的文化因素情况。研究发现:犹太人与意大利人夸大疼痛,抱怨并毫无顾忌地呻吟、呜咽、哭叫,他们对于自己的这种外显表露并不感到难堪,而呼喊是希望得到医生与家属的同情与帮助。而爱尔兰人与美国人则不然,他们能忍受极大的疼痛,认为抱怨、呻吟、呼喊无助于减轻疼痛,即使是疼痛难忍,宁可到单独的房间内去哭叫,也尽量不在他人在场时表现出痛苦的感受,不是尽力博得他人的怜悯。

2. 家庭因素。家庭是个体社会化的起点,也是一个极为重要的社会化因素。这主要是由于以下原因:①童年期是人一生社会化的关键时期。童年时期的智力水平、个性特征、社会品质的形成和发展对后来的社会化有着举足轻重的影响。②儿童在童年时期对家庭在生理和心理上的依赖是一生中最强烈的时期。这一时期儿童的绝大部分时间是在家庭中度过的。父母是个体社会化过程的第一任教师,他们对儿童有着足够的权威和支配作用。③家庭是社会结构中的一个基本单位,包括种族、阶级、宗教、经济状况、地区等在内的各种社会关系通过家庭这个中介反射到儿童身上,而对他日后的社会化发生强烈的影响。

家庭中影响个体社会化的因素很多,其中父母的教养方式和家庭气氛尤为重要。

所谓"教养方式"是指父母在抚育子女时所采用的教育、训练、哺育等一整套手段和方法。它有两层含义:一是教养态度,二是教养行为。教养态度是指父母在教育、哺育子女方面所持的知识、信念、情绪及行为倾向;教养行为是指父母在教育、哺育子女时所采取的实际行动。国内外学者对此问题进行了很多研究,有学者将父母教养方式划分为4种类型。①宠爱型,又称"溺爱娇纵型"。父母对子女过分溺爱,惟恐子女受到任何挫折。据研究发现,幼时受父母溺爱者,长大后在人格上多表现为依赖性强,遇事退缩,缺乏同情,情绪不稳定,自制能力和自信心差,易受别人意见的左右。②放任型,又称"放任自流型"。父母的态度与宠爱型相反,对子女的行为完全放任,很少管教约束。采取这种方式不能使子女养成是非观念,子女缺乏教养,因而以后很难适应集体生活。③专制型,又称"家长专制型"。父母对子女管教非常严格。父母们多在幼年经历过艰难后来又有成就,因而对子女的前途甚为关心。他们望子成龙心切,有长期的教育计划,但对子女的能力、兴趣缺乏充分了解,常用命令、指责等手段强迫孩子服从。在这类家庭长大的孩子多表现为诚实、礼貌、细心、负责任,但在其他方面却表现羞怯、自卑、敏感、对人屈从。④民主型,又称"启发引导型"。父母能充分理解孩子的要求和兴趣,尊重其意见,适度满足其要求,并引导孩子独立做出自己的选择和决定。在这类家庭长大的孩子多表现为自立、自信,能主动解决自己的困难,情绪稳定,易理解他人。

赖特克(Radke)对专制式和民主式家庭教养方式进行了比较研究,发现在专制式教养方式中成长的孩子爱吵闹、缺少合作精神、没有人缘、不会体谅别人、情绪不稳定、放肆、没有上进心、对赏罚漠不关心;相反,在民主型家庭长大的孩子更富有同情心、有人缘、能体谅别人、情绪稳定、能听取别人的意见、有上进心、不和别人的孩子吵架。苏里温(I. Solyom)发现,父母教养方式与精神病、情绪障碍的关系密切,父母教养方式不当,如缺乏对子女的关心、理解、信任和鼓励,对子女缺乏关注、爱心和肯定等,是子女患精神病的危险因素之一。我国的研究表明,家庭使用民主教育方式与赞许表扬方式越少、使用批评体罚的方式越多,子女的异常程度越大;反之,则子女的行为异常程度降低。国内外的不少研究证实,父母对子女表现过多的否认、拒绝、贬低行为和对子女有明显的惩罚行为,是导致子女出现精神症状的原因之一。

关于家庭气氛因素,包括父母的文化水平、精神状态、家庭婚姻状况等,这些因素对儿童的社会化也具有十分重要的影响。曾经轰动南京的"马超事件"充分说明了父母的文化水平和精神状态对儿童社会化的影响。南京铁路工人马超由于个人生活受过挫折,患有强迫症,他害怕孩子受人欺负,将3个孩子一直关在家中。1989年3月,当人们发现时,其大女儿已19岁,二女儿15岁,儿子11岁,但是他们的智力年龄经测试分别只有5岁、3岁和1岁。

破裂家庭对儿童社会化的影响也很大。破裂家庭的构成有两种情况:一为父母(或其中一人)死亡,一为父母离婚。无论何种情况,对子女的影响均是不良的。单以父或母去世的家庭对子女的影响而言,据研究发现,父或母去世时间的早晚对子女的人格发展有不同程度的影响。婴幼儿时丧母者对以后人格发展比丧父者的影响要大,但在儿童期丧父者比丧母者的影响要大。从少年犯罪的统计调查结果看,少年罪犯出现率最高的是从出生至4岁间丧母或丧父的人,其犯罪率高出一般人2倍以上,与10~14岁丧父或丧母者比较,则高出近4倍。

家庭中子女的出生顺序也是影响个人社会化的原因。据研究,在多子女家庭中,有出生越晚智力发展也越高的趋势。在社会适应方面,长子(女)的适应也比较困难,其次是独生子女。有研究者调查小学六年级一个班学生45人的人际关系,结果发现在团体中社会地位最低、又最不受人欢迎的8个儿童中有3个是独生子女。

3. 学校因素。在现代社会中,学校是将儿童从家庭引向社会的第一座桥梁;学校是有计划、有组织、有目的地向社会成员(不仅是儿童)系统传授价值观念、社会规范、生活技能和科学知识的专门机构。当儿童进入学龄期以后,学校的影响就逐渐取代家庭而上升到首要地位,成为最重要的社会化因素。学校通过教材、教学、教师人格、教育方式、考试与考核、各种学生组织及各种活动等对学生的社会化发生影响,其中教师的作用,如教师的威信和期待作用尤为重要。

首先,学校作为一个重要的社会化机构,其首要作用是在较长的时间内对学生进行系统的教育。除了传播各种知识、技能外,学校提供的信息、概念和各种活动对培养学生的政治意识、政治态度也起着相当重要的作用。

其次,学校的重要作用还表现在它具有独特、完整的结构,有其独立的地位、亚文化、价值标准、规范等,是社会的雏形。儿童在这里进入了"社会结构",接受学校纪律的约束,学习各种规范,参加学习上的竞争,扮演着学生、同学、朋友等社会角色,并在课堂里和其他公共场合进行着各种社会互动。所有这些,都为他们将来进入成人世界奠定了基础。

学生在课堂上不仅学习知识,还学习大量"无形的课程"。例如,由于学生在课堂上的活动大多是当着众人的面进行的,所以他必须逐渐适应许多人在场的情境。另外,学生在课堂上会受到各种形式的评价,如老师的评分评语、自己的判断、同学的评价等。这些评价对儿童了解某些规范、发展自我和人格都起着潜移默化的作用。

4. 同辈群体。同辈群体是由地位、年龄、兴趣、爱好、价值观和行为方式大体相同的人组成的一种关系亲密的非正式群体。同辈群体是一个独特的、极其重要的社会化因素,尤其在学龄期儿童进入青春期后,同辈群体的影响日趋重要,甚至在某些方面远远超过父母、家庭其他成员及教师的影响。这是由同辈群体和这一时期青少年个体身心变化的特点所决定的。

同辈群体在青少年的社会化中有如此重要的作用,原因是:①同辈群体是一种非正式群体,是由个人自由选择的,往往容易使其成员产生较高的心理认同感。②同辈群体有自己的价值标准,有自己心目中的英雄、榜样,自己的语言、交往方式、消费方式乃至发式和服装,构成了独特的亚文化群体。③同辈群体的社会化极少带有强制的性质,它往往是在其成员对个人的社交、安全、尊严、优越感的满足之中自然而然地实现的。由于同辈群体成员的年龄、兴趣、爱好相近,成员间的地位平等,他们可以相互倾吐不愿向成年人暴露的思想、看法、情感,有共同的语言。同时,每个成员在群体中可自由充分地表现自己,这些都使儿童在心理上得到极大的满足。

进入青春期的个体,在身体和心理上都会发生急剧变化。首先,他们的自我意识增强,有了"成人感",要求独立行事和摆脱成年人的控制和支配。但另一方面他们又缺乏对社会人生的实际了解,缺少良好的自我评价能力。其次,他们的情感日益丰富,渴求友谊和理解。但他们不能再像幼年那样以向父母撒娇耍赖的方式表露自己的情感。发展了的自我意识迫使他们羞于向家长倾心交谈,内心有了封闭性。同时,他们为了维护自己脆弱的自尊,怕遭他人的拒绝,因而与他人的交往反而少了。这些都使他们时有莫名的孤独、忧伤,甚至多愁善感。再次,他们的性意识萌发,却又缺乏必要的理智上的准备。在现代社会中,人们性成熟的年龄普遍提前。而人们就业却需要更长时间的学习和训练,只有就业获得经济独立才可承担家庭的责任。这样成熟的前倾和结婚的高龄化又构成进入青春期后个体的又一矛盾。这一时期个体身心的急剧变化,使得他们处于各种冲突中,是心理上的"断乳"和动荡时期,而同辈群体给他们提供了一个新的活动天地和适合他们心理适应及发展的小环境。同辈群体的特征与青春期的身心发展特点的契合,决定了其在社会化中的特殊影响。

在我国现行计划生育政策下,城市儿童的绝大多数是独生子女,所以他们的社会化是在没有兄弟姐妹的家庭中开始的。和非独生子女相比,由于他们扮演的社会角色相应减少,缺乏对不同角色及其行为规范的体验过程,因而他们对社会规范的适应能力也就减弱。再加上独门独户的居住环境,使儿童游戏、交往的场所以及自由交往的机会都减少了。如果父母的教育不当,还容易使儿童形成不良的个性特征。独生子女在家庭内缺乏同龄伙伴作为合适的模仿对象,会造成精神生活的贫乏。同辈群体却能弥补家庭的这种不足,为儿童的社会化创造了良好的条件和氛围。同辈群体对儿童的社会化的影响或作用主要表现在:能使儿童摆脱"自我中心"化的倾向,发展良好的社会行为;有助于儿童形成自己独特的行为模式;帮助儿童形成和确立其社会角色和性别角色;有助于儿童形成良好的品质和行为习惯;能促进儿童良好情感的发展。

同辈群体对儿童青少年社会化产生什么样的影响,主要取决于群体内的价值取向。例如,一些好学上进的中学生结合成的同辈群体,其成员话题大多是学习、成绩、报考什么样的大学。这种价值上的认同既促进他们在学习上的竞争,又可相互启发,坚定自己的理想和信念。相反,一些染有不良习气的同辈群体,奉行人生一世吃喝玩乐的信念。沾有恶习的少年儿童尽管会受到家长、老师等的指责,但由于在这些群体中获得了精神支柱,并相互感染,结果越陷越深。当前,青少年吸毒、团伙犯罪等倾向与此有着密切的关系。

5. 职业背景。对于进入现代社会的成年人来说,职业及工作是家庭之外的主要活动和社会背景,是其自我发展、表现个人能力及获得成就感的一个重要场所,也是身份的一个源泉。因此,职业背景是成人社会化的一个重要因素。

许多学者研究发现,在人们的工作条件、工作经验和他们所持的态度及价值观之间存在着某种函数关系,如:在工作中体验到的自由度越大、工作越复杂和越具挑战性,则工作人员越可能给予个人自由和自我定向以高度评价;反之,则越可能重视遵从性。R.M.坎特指出,个人在组织中的态度和行为与工作情景结构中所处的位置有关。如:处在向上流动机会很少的工作情景中的人员,倾向于限制自己的抱负,试图在工作之外的活动中寻求满足,创造频繁的伙伴交往;而处在权力低的组织情景中的人员,可能变得更小气、更霸道;如果一个人在工作群体中处于少数人的地位的话,则很难受到他人重视,较为孤立并可能受到非正式群体的排斥。

6. 大众传播媒介。大众传播媒介是现代社会传递社会信息的主要载体,具体包括报纸、广播、电视、杂志、图书、电影等。它作为面向大众的信息沟通的各种方式,可以同时、迅速地向人们提供有关社会事件和社会变革的信息,提供各种不同的社会角色模式和流行的价值观,促使人们接受社会所公认的价值观和行为方式,对个体社会化起着潜移默化的作用。加拿大的传播学家指出,媒介是人体的延伸。每一种新媒介的出现,在导致人的一项新的延伸的同时,又会改变人的各种感官的平衡状态,造成心理和社会的影响。这种影响在现代社会尤为明显,人们一天的活动时间几乎都是在大众媒介中度过的。有人统计过,即使在20世纪初,一个城市居民的休闲时间还有70%是用于面对面的人际交往的,而今天的70%的休闲时间是用于和大众媒介交往,这使得人类社会的交往由直接接触转变为间接接触。

大众传播媒介在现代社会生活及人的社会化中起到日益重要的作用,其中影响力最大的传播工具要算电视和国际互联网了。电视与计算机网络的普及,极大地拓展了人们的视野和生活的空间,迅速改变着人们的交往方式。大众传播媒介信息已经成为处于人——机关系中的人们生活的重要组成部分,对人的社会化产生了比真实的"感性世界"更深刻、更广泛的影响。近三十年来,电视对儿童社会化的影响日益增大。据学者统计,美国人从3~16岁期间坐在电视机前的时间超过了在学校的时间。美国学生在高中毕业前,看电视的时间总计可达24000小时,而上课的时间只有12000小时。

电视对儿童的社会化有着积极作用,具体表现在:它能开阔视野,增长知识,如"唐老鸭"、"一休"等电视形象无疑对儿童增强国际意识、了解世界起了很大作用;生动活泼的电视节目向儿童灌输各种道德观念,提高儿童辨别是非的能力;电视已成为儿童的"第二学校",是一种十分重要的教育手段,通过电视可以向儿童传授各种知识,促进儿童的智力发展。

然而,电视对社会化,尤其是儿童的社会化也有其消极作用。有研究证实,电视缩短了儿童的注意力的间隔时间,限制了他们运用语言的能力,并影响了他们对问题的思考,从而影响了儿童学习潜力的发展。有些学者认为,电视节目中表现的暴力行为直接影响到儿童的侵犯行为。心理学家班杜拉举过这样一个例子:1966年,美国曾放映过一部《末日飞行》的电视片。这部电视片描写了一个人在飞机上藏炸弹来敲诈一家航空公司的故事。敲诈者用电话通知这家公司,如果给他一笔钱,他就告诉航空公司这颗炸弹藏在什么地方。结果,播出后,美国航空公司一周内就接到了许多类似的电话。以后加拿大、澳大利亚、西欧等地相继播放《末日飞行》,都遇到了同样的麻烦,出现了一股敲诈风。由此可见,大众传播起什么样的作用,不在于传播形式本身,而在于传播的内容以及对观众的引导是否得当。

第三节　社会化的内容

社会化贯穿人的一生,它涉及人生的所有方面,包括社会生活所必需的基本知识、技能、行为方式、生活习惯,以至于各种思想观念。其主要作用有:①教导生活技能。一是衣食技能,即维持生存的能力,这是人第一步的社会化;二是职业技能,即谋求生存的本领。②传递社会文化。它的核心内容包括价值观念体系和社会规范体系。③完善自我观念。④培养社会角色。根据社会化的内容,可以将社会化分为政治社会化、道德社会化、民族社会化、法律社会化、职业社会化和性别角色社会化等。本节仅介绍其中最具有代表性的三种类型。

一、政治社会化

政治社会化是指个体逐步接受被现有的政治制度所肯定和实行的政治信念和规范,形成特定的政治态度和政治行为的过程。其目的是将个人培养和训练成为遵守政府规定,服从国家法律,行使正当权力,承担应尽的义务,促进政治稳定的合格公民。而个体在政治社会化的同时,经过自己的主观能动作用,整合社会的各种政治观点,分析各种政治关系,形成自己独特的政治态度和政治行为并反作用于社会政治。

政治社会化是一般社会化的核心,因为在一切社会关系中经济关系是基本的关系,而政治是经济的集中体现。政治社会化了的个人,总是赞成或反对某一种政治制度。政治社会化直接关系到一个国家及其政治制度的稳定、巩固与发展,关系到公民政治参与能力的高低。可以说,任何一个国家都十分重视培养自己国家的公民,使他们忠于自己的社会制度。在我国有目的、有计划、科学地进行政治社会化,提高全民族的政治文化素质,既是建设社会主义民主政治的需要,也是现代社会人的全面发展所不可或缺的。

国家意识或爱国情操的培养是公民的政治态度与政治意识发展的重要部分。心理学家赫斯与托尼曾对12000名美国小学生进行调查研究,发现儿童的国家意识依三个连续阶段渐次发展。①国家象征期。早期儿童以国旗、国歌或国家领袖为具体的国家象征。儿童对国家的依恋或热爱,表现在尊敬国家象征的言行之中。升国旗、唱国歌与悬挂领袖肖像是培养儿童国家意识的途径。②抽象国家观念期。中期儿童以有关国家、政治群体的抽象观念作为爱国的根据。儿童通过他们自己或家庭所享有的公民权利、履行的社会责任、参加各种社会活动来培养国家意识。③国际组织系统期。随着年龄增长,儿童逐渐知道世界由许多国家组成,他们所在的国家是国际关系中的一员。国家既然不是孤立存在的,对她的忠诚也就是对自己的国家在国际舞台上所扮演角色的忠诚。因此,儿童的爱国观念扩展到自己所在国家在国际中所承担的职责中,不再局限于自己所在的国家中了。

二、道德社会化

道德是一定社会调整人们之间以及个人与社会之间相互关系的行为规范的总和。道德社会化,就是使人们将特定社会所肯定的道德准则和道德规范逐渐内化,形成合乎社会要求的道德行为的过程。

美国学者 R·赫什等人提出,人的道德性一般表现为三个方面:①关心他人,愿意帮助和保护他人。这种关心是自觉自愿、发自内心的。②能够正确地进行道德判断。社会中的道德准则时常是相互冲突的,对道德问题作出的不同判断会导致不同的行为。③行动。即在个人关心他人和做出正确判断的基础上采取的行动。个人的行为能够根据社会标准来进行,就是实现了道德社会化。

三、性别角色社会化

"角色"一词本是戏剧术语,原指演员在戏剧舞台上按照剧本的规定所扮演的某一特定人物。引入到社会学中的"社会角色",是指社会群体对处于某一特定地位上的个人所规定的一套行为模式。

男女两性的差异不仅表现为不同的生理特征,还表现为不同的社会特征。在不同的社会和文化背景中,人们对不同性别的人有着不同的角色期待。性别角色是由于人们的性别不同而产生的符合于一定社会期望的品质特征,包括男女两性所持的不同态度、人格特征和社会行为模式。个人学习自己所属文化所规定的性别角色的过程即为性别角色的社会化。

性别角色社会化基本是随文化而异的。人类学家 M·米德 30 年代曾对新几内亚的三个部落进行观察。她发现在叫阿拉佩什的部落中,男女都有一种一般人看来是属于女性特征的个性,他们性格温和,待人热情,强烈反对侵犯、竞争和占有欲,男女都照看孩子。与此相反,邻近的一个叫蒙杜古莫的部落是一个有吃人肉习性的部落,部落里的男女凶暴并富有攻击性,女人们很少表现出母亲的特征,她们害怕怀孕,不喜欢带孩子。第三个部落,是昌布里部落。这个部落里的男女性别角色差异明显,但与通常的性别角色行为截然相反。女人专横跋扈、不戴饰物、精力旺盛、是家庭经济的主要支柱;男人却喜爱艺术、喜欢饶舌、富于情感,并照顾孩子。由此米德提出,男女的人格特征与生理特征没有必然联系。性别角色特征不是天生注定的,而是通过各种文化中的性别行为模式的学习、模仿和认同后形成的。

心理学家大卫·巴卡思则提出以"能动性"和"合群性"来解释性别角色社会化。他认为,"能动性"和"合群性"这两种基本形式能代表所有的生存形态。"能动性"将有机体描述为一个在自我保护、自作主张和自我扩张中表现自己的个体。"合群性"则指在与更大的集团关系中、在与别人的合作产生的感情中，表现自己的单个有机体。"合群性"是女性的特征，"能动性"则成了男性的特征。性别角色的分化就是迫使男孩子培养能动性品质，鼓励女孩子培养合群性品质。这种角色提出一个全面发展、成熟的个性品质。

目前，无论在西方社会，还是包括中国在内的东方社会，都有一种性别角色的刻板成见，认为男性和女性都各应有该性别的心理特点。欧伯格等对12～76岁男女调查的结果发现，人们认为理想的男性特点是：支配感、进取心、自主性、自信心以及自我表现；而理想女性的特点是：谦卑、急人所难、温顺依从。在社会上的人才市场上或者家庭生活中，我们也可以看到传统性别角色观念的影响。

第四节 社会化的历程

社会化是一个人形成适应于其社会和文化的人格的过程。从广义上说，由于社会是不断发展的，个人为了适应社会生活，就必须不断学习。因此，社会化是人的一生发展的历程。从狭义上说，人的一生最重要的学习阶段是青少年时期，人的社会化主要是指未成年人的教化过程，即青少年社会化过程。

一、人生社会化发展的阶段

根据人的生命发展周期和各个发展阶段的特点，有学者把社会化分为基本社会化、预期社会化、发展社会化和再社会化。前两者指个体出生到成年的社会化的初步完成阶段，是未成年人的教化过程，是为今后将扮演的角色过渡打基础的，又称"初级社会化"；后两者指成年期后的社会化阶段，主要是角色学习和角色扮演，直接涉及到社会的稳定。

1. 基本社会化。基本社会化指个体在童年期的社会化，主要是让个体学习生活知识、语言，培养其他认识能力，掌握行为规范，建立感情联系，确立道德及价值判断的标准。

2. 预期社会化。预期社会化指个体在学校里进行的社会化，学习将要承担的社会角色，为进入社会做各种准备。

3. 发展社会化。发展社会化指个体在成年期以后的社会化，是在个体实现了基本的社会化的基础上进行的。社会生活是不断发展变化的，个体将随环境和自身状况的变化，接受新的期待和要求，承担新的责任、义务和角色。

4. 再社会化。再社会化是个体在成年期后一种较为特殊的社会化形式。它是指改变原已习得的价值标准和行为规范，建立新的价值标准和行为规范，确立新的生活目标的过程。当社会文化生活、个体的生活环境或所担任的社会角色发生急剧的变化时,为了适应这种新的情况,个体需要对生活习惯、行为准则、价值观念等做出重大调整,进行新的学习。例如,迁居到异国他乡生活,就需要学习当地的语言,了解当地风俗习惯等。再社会化有两种不同性质和基本形式,一是主动的再社会化或非强制性的再社会化,即个体自觉主动地适应新的生活环境,如上述提到的移居他乡生活,还有新兵入伍、出家为僧等;一是强制性的再社会化,即个体被强制的再社会化,如我国改革开放大潮中出现的观念和行为更新、对战犯和犯罪分子的改造等。对罪犯的改造和教育是最典型的强制性再社会化。

二、社会化过程

关于社会化过程,当前主要有四大理论派别,即精神分析理论、认知发展理论、社会学习理论和正常成熟理论。精神分析理论从本能与动机的趋向着手,由弗洛伊德首创,当代以埃里克森为代表;认知发展理论是主要从认识发展的角度来研究个性的形成,以皮亚杰为首,当代以柯尔伯格为代表;社会学习理论强调环境作用对行为的影响,以华生为首,当代以班杜拉为代表;正常成熟论则强调先天遗传的生物因素的影响。通过学习这些理论,可以加深对社会化过程的理解。

(一)精神分析理论

1. 弗洛伊德的观点。奥地利心理学家弗洛伊德(S. Freud)指出,人格是由"本我"、"自我"、"超我"三个部分组成的整体。本我是人格结构中最原始的部分,其成分是与生俱来的,自我与超我是由本我逐渐分化来的。本我包括一些本能性的冲动,其中又以性的冲动和侵略冲动为主。本我受"惟乐原则"支配,它所支配的行为不受道德规范的约束,甚至是在潜意识之中的。自我是在本我发展过程中与周围的现实世界相互接触,从而在适应现实环境中形成的。它受"现实原则"支配。自我介于本我与超我之间,其主要功能有:①获得基本需要的满足,以维持个体的生命;②调节本我的需要,以符合现实环境的条件;③管理不为超我所接受的冲动;④调节本我与超我的冲突。超我是个人在社会化的过程中将社会规范、道德标准、价值判断等内化的结果,即平常所说的"良心"、"理性"。本我追求享乐;自我受到现实环境的限制;超我则评价是非善恶,其主要功能有:①管制社会所不容的原始冲动;②诱导自我使其能以合乎社会规范的目标代替较低的现实目标;③使个人向理想人格发展。弗洛伊德认为,超我形成是个体社会化的结果,社会化过程就是促使人格的三个部分平衡发展。一旦平衡被打破,就会产生精神病或心理变态。婴幼儿期的生活经验是构成个人人格的主要因素,也是社会化的最重要阶段。童年期的社会化奠定了个人一生发展的基础。

精神分析理论比较完整地解释了人格结构和人格发展,它对心理学的贡献是:确认以往生活经验对以后行为的影响,因而重视行为的历史原因;重视潜意识的过程,加深了对人类行为深层原因的探讨,扩大了心理学研究的范围。

2. 埃里克森的观点。美国心理学家埃里克森(E. Erikson)发展和修正了弗洛伊德的理论。他提出了"心理社会期理论",把人生全程分为八个时期,而每一时期的身心发展上都有各自代表性的特征。只有在本人与外界环境的作用下合理地解决每一个矛盾或危机,才能完善人格。他认为人的社会化的历程有如下八个阶段:

(1)婴儿期(从出生到18个月左右),学习信任的阶段。婴儿所面临的危机是获得基本信任或克服不信任。如果父母给予婴儿适当的照顾,关心他、爱抚他,则婴儿与父母产生真挚的感情。他会感到世界是一个安全可信任的地方,并因而发展对他人信任的人格。反之,如果父母照顾不周,环境多变,甚至对婴儿态度恶劣,那么婴儿就会形成对周围世界的不信任感,并发展不信任他人的人格。

(2)童年期(18个月~4岁),成为自主者的阶段。儿童所面临的危机是培养自主性,避免产生怀疑自己能力和羞怯感。这时期的儿童不仅学会了走路、攀登、跳跃、开、关、推、拉等动作,而且什么都想自己动手,不顾他人干涉。如果父母允许儿童去做他们力所能及的事,并按孩子以其自己做事的速度去做,则儿童逐渐体会到自己的能力,养成自主性的人格。反之,如果父母过分溺爱和保护,或者急躁,凡事为其代劳,则儿童易发展缺乏自信的人格。

(3)学前期(4~6岁),发展主动性阶段。儿童开始对发展其想像力与自由地参加活动感兴趣。儿童在这个时期能否发展主动性,克服内疚感,在很大程度上取决于他的父母对其主动性做出什么反应。如果父母对儿童提出的问题耐心听取并做出回答,对他的建议给予适当的鼓励和妥善处理,儿童的主动性可得到加强。反之,如果父母对儿童提出的问题感到厌烦,或对儿童提出的建议不是禁止便是讽刺,儿童则发展拘谨被动或内疚的人格。

(4)学龄期(6~11岁),变得勤奋的阶段。此时期的儿童大多为小学生,他们追求各种活动成就及由此得到的认可与赞扬。他们所面临的危机是勤奋上进或是失败自卑。如果成年人对儿童的努力给予鼓励,儿童也从教师那里学会学习的技巧,并经常获得成功,受到赞扬、鼓励,则有助于培养儿童进取与奋发的人格。反之,如果对儿童教育不当,或儿童在生活中屡遭失败,或其努力受到成年人过多的指责,或其成就受到冷漠地对待,则不可避免地使儿童自视不如他人,发展成自卑的人格。

(5)青春期(12~18岁),建立个人同一性的阶段。如何形成统一的自我,克服自我角色的混乱是这一时期的矛盾。12~18岁之间的青少年由于生理上的变化使其性特征更加明显,对周围世界有自己的判断和评价,自我意识增强,情感更加丰富;但他们又缺乏对世界的实际了解,缺乏独立的自立能力,思想、情感常处于一种冲突和混乱之中。如果学校或家庭给予正确的诱导,提供适当的工作或锻炼的机会,将有助于他们建立稳定的角色。反之,如果诱导不当,锻炼不够,提供活动的内容和形式不当,则自我混淆。

(6)青壮年期(18~30岁左右),承担社会义务阶段。该阶段的核心问题是获得亲密感,避免孤独感。青壮年期与青少年期不同的是后者在寻求统一而有意义的自我,前者则在与人分享其已获得的统一的自我,即与他人建立亲密的个人关系,其中包括恋爱、友谊。如果无法建立这些关系,个人则陷入痛苦的孤独之中。

(7)中年期或壮年期(65岁以前),显示创造力感的阶段。该时期有了职业与家庭、社会角色实现,事业发展到顶峰,其社会化的关键是获得成就感或创造力感,避免自我关注。"创造力感"是指个人不仅关心自己现有的小家庭,并且关心整个社会与国家。如果个人有强烈的事业心和责任感,关心家庭和后代,造福于社会,则他会以报国为荣。反之,那些未能成功地获得这种创造力感的人会陷入一种自我专注的状态,以利己为荣。

(8)老年期(65岁起),达到完善的阶段。完美无憾感与悲观绝望感的矛盾。老年人退休后享受家居生活,自主休闲与工作。一个有信任、自主、首创、勤奋、统一、亲密与创造力等健全人格的人,进入老年期回顾一生的历程会感到满意、欣慰。反之,如果感到一生蹉跎、悔恨,则会陷入悲观失望的境地。

埃里克森从人格发展入手,卓有成效地分析了人在社会化的各个阶段的基本矛盾和内心冲突,对社会化理论主要有如下发展:他认为人格的发展持续于人的一生,而不是弗洛伊德所认为的童年期的经验就决定了人的一生;注意了主体的自我作用与社会文化的影响;对人格发展的每一阶段都提出了一个具体的心理社会问题,对学校教育中学生人格的培养、对精神病的预防与治疗都有很大的现实意义。然而,埃里克森未能从根本上超脱弗洛伊德本能论的观点,同时他的立论多从经验观察而得,缺乏客观的科学实验根据。

(二)认知发展理论

1.皮亚杰的道德发展理论。瑞士心理学家皮亚杰(J. Piaget)提出的"认知发展论"主要从认知的发展角度来研究人的社会化,他强调个体在认知过程中具有一定的认知结构,在认知活动中表现出同化和顺应两种功能。同化是把环境因素加以过滤和改变而纳入现有的认知结构之中;顺应则是在现有认知结构不能同化客体时,改变或调整原有的结构而去吸收、掌握新的经验。这样,认识的发展就表现为主体和环境积极互动的过程。因此,社会化不能理解为规范和价值从上一代向下一代简单地传递,个体本身也是他所在社会的道德法则的积极加工者。皮亚杰特别强调儿童的道德发展,他认为儿童的道德发展和其认识发展水平是平行的,即儿童的道德判断能力随着他认知结构的变化和认知水平的提高而提高。皮亚杰把人的认知发展水平划分为四个阶段,即:①感知运动阶段;②前操作阶段;③具体操作阶段;④形式操作阶段。在具体操作阶段以前,儿童的思维活动不能脱离眼前的现实。到了具体操作阶段,特别是到了形式操作阶段以后,儿童就能超越眼前具体的现实而进行想像,进行抽象的和逻辑的推理了。他认为,儿童的道德判断要经历两个发展阶段。在第一阶段,儿童根据行为的现实后果来判断是非,道德判断服从权威,以成年人的观点为标准;在第二阶段,儿童根据行为者的意图来判断行为的是非,并且以自己的观点为道德判断的标准。举个例子来说,处于第一阶段的儿童,看到一个男孩子为了帮助妈妈做事打破子15只杯子,而另一个男孩子企图偷吃果汁时打破了1只杯子的时候,他会认为第一个孩子更坏,即他们判断是非只考虑后果;而处于第二阶段的儿童则会结合行为者的意图,认为第二个孩子更坏。

2. 柯尔伯格的道德发展理论。美国心理学家柯尔伯格(L. Kohlberg)把儿童的道德发展过程分为前习俗、习俗、后习俗三种水平,每种水平再分为两个阶段,共六个阶段。

他设计了一些两难问题来测定儿童的道德判断水平。例如,一个名为海因的人,其妻病危,但握有特效药的医生索价太高,海因家境清贫无力支付,为救其妻窃取了特效药。柯尔伯格真正关心的不是对这个故事的回答"是"或"否",而是支持回答的推理,即"该偷"或"不该偷"的理由是什么。

(1)前习俗水平。处于这一水平的儿童,对是非的判断取决于:行为的后果,或服从权威、成人意见。阶段1是服从与惩罚。道德判断建立在对外力的屈从或逃避惩罚的基础上。例如,认为海因应该偷药,"否则他的妻子会死去";认为海因不该偷药,"否则他会受到惩罚,坐牢房"。阶段2是天真的利己主义。判断行为的好坏,以能否符合自己的利益、能否导致自己的满足为根据。例如"海因该不该偷药,取决于他是否爱他妻子"。

(2)习俗水平。判断是非能注意家庭与社会的期望。阶段3是"好孩子"定向。按照善良人的形象来行事,注重别人的评价,希望在自己和别人心中都是一个"好孩子"。例如,认为海因不应该偷药,"因为好孩子是不偷东西的";认为海因该偷药,"因为好孩子是帮助人的"。阶段4是遵守法律和维护社会秩序定向。例如,认为"如果找到一个充分的理由就去违反法律,那社会就只有混乱"。

(3)后习俗水平。个人考虑可能超越社会法律及秩序的需要,而进入更高层次。阶段5是社会制度和良心的定向。认为个人权益和社会集体的福利同样重要,社会个别成员的权益仍需要维护。在这一阶段,回答者有一些个人价值优先法律的模糊想法。例如。一个16岁的孩子说:"在我们心目中,海因有权利这样做,但从法律的观点看,他却是错误的。到底他是错还是对,我很难说。"阶段6是普遍原则定向,把对人类尊严的公正与尊敬的原则作为道德判断的根据。例如,认为"纵然海因没有为妻子而偷窃的法律权利,但他有一个更高尚的权利,因为人是世界上最宝贵的,我们有责任挽救任何人"。

柯尔伯格指出,这六个阶段依照次序进展,不能超越,但不是所有的人都能达到最高水平。他认为道德判断能力的发展除成熟因素外,还依赖于智力的发展和社会经验的获得。

(三)社会学习理论

美国心理学家班杜拉(A. Bandura)认为,儿童的许多行为并不是按照强化——惩罚方式学到的,而是通过观察——模仿学会的。观察学习有四个过程:①注意过程。某一形式只有引起了人们的注意时,人们才会去效仿。电视之所以在生活中有巨大影响,关键在于电视的形式和内容成功地引起人们的普遍注意。②保持过程。经过一段时间的反复模仿学习,人们必须采用符号的形式记住动作的某些方面。③行为再现过程。必须具有一定的运动技能,才能重复再现模仿的动作。例如,一男孩观察其父亲用锯子,但他力不胜任,观察只获得一个新的反应模式,只有到一定年龄才能再现这些动作。④强化和动机过程。人们能够通过观察获得新知识,但不一定对这些模式进行操作,操作是由强化——奖励和惩罚控制的。例如,某一男孩听到别人讲的脏话,学会一些新词,但他是否重复将取决于他是受到别人的赞赏还是惩罚。班杜拉还指出,对模仿的操作除了受到强化的影响,还受到个体的自我调整的控制,即人们为了达到目的,除了强化的作用外,人们还会自己奖励自己,对成绩的满足和不满是人们努力的动因。这种以个体内在的行为标准和期望结果来解释人们的目的行为被称为"自我调整"。

社会学习论者把模仿的概念引进社会化研究。他们强调强化和惩罚对儿童实际操作再现某种模仿行为的影响,而不是对儿童学习某种行为的影响,把社会化的过程看做有机体和环境的"交互作用"的过程。该理论强调人对变化的环境的反应能力,强调了社会环境、文化因素、榜样等的作用。

(四)正常成熟理论

该理论是由美国儿童心理学家格塞尔(A. Gesell)等提出。他们认为人的社会化并不单纯是由社会规范、社会压力等外部力量塑造的,而是一个相对独立的自然成熟过程。支配儿童心理发展的因素是成熟与学习,但成熟是发展的主导因素。格塞尔并未完全否定环境的作用,他提出儿童需要一个好的环境以保证其天赋的顺利实现,不过,当"环境因素支持、改变和控制"成长时,"它并不导致发展的根本进步",这些进步来自内部。格塞尔认为儿童的发展是"按阶段和自然的程序成熟的。坐先于站;喃喃自语先于说话;先说假话,后说真话;先画圆圈,后画方形;先利己然后利他;先依靠别人然后依靠自己。所有他的能力包括道德都受成长规律支配"。

正常成熟论过分推崇遗传因素而受到人们的批评,主要集中于他提出的年龄常模的方式,认为他的常模包含太多的一致性,人们无法知道在任何特定年龄到底可以期待有多少差异。他的常模又是以美国中等阶级儿童为基础的,不能适用于其他文化背景。

三、社会化的结果

社会化的结果,就个体方面而言,是人格和自我意识的形成;就社会方面而言,是社会角色的被承担和扮演。

(一)社会化与人格(personality)的形成

人格有时又译为"个性"。该词来源于拉丁语"persona"(面具),原意是指希腊罗马时代戏剧演员在舞台上戴的面具,他表现剧中人物的身份。在心理学中,人格是指一个人从整体上表现出来的心理面貌,包括需要、气质、性格、能力等。它是关于人的行为、思想、情感、态度、信仰、价值、动机等独特的动力组织。其中社会价值起着核心的调节作用。当个体与环境发生相互作用时,会表现出独特的、显著的、持久而一贯的特点。人格的独特性决定了各人的人格有所不同。

人格是个体在社会化过程中形成的独特心身组织。在社会化中,遗传的素质仅为人格的形成和发展提供了某种可能性,而人格的形成与发展主要取决于个体所加入的社会生活,取决于个体经历的社会化过程。社会化的影响主要体现在宏观的社会文化层次上和微观的个体生活情景的层次上。

人的社会化是以一定的社会文化为内容,把一个自然人教化为社会人的过程。但是,通过社会化塑造出来的社会成员并非完全一样,每个人都具有自己独特的风格和个性。通过文化、学校教育和传播媒介等完成的社会化,一方面使生活在同一民族、同一阶级、同一时代的人的个性中有某些共同的特征,即在个性当中都内在地包含了民族性、阶级性、时代性等共性的一面。但是社会化又不可能造就完全相同的个性或人格。所以,社会化是人的社会共性和独特个性的有机统一过程。

美国心理学家奥尔波特(F. Allport)的"人格特质理论"在人格研究中也有很大的影响。他把人格构成的基本单元看做人格特质,认为人格的结构主要是由特质表现出来的。例如,一个男子歧视妇女,而且是他的一贯行为,那么"歧视妇女"就是他的一个人格特质。这名男子在社会生活中会遇到许多与女人有关的刺激,如妻子、女同事、女员工的提薪要求等,这些刺激可以变成功能上等价的反应,表现为夸大男性体格或智力上的优越,发表对女性敌对的谈话,批评妇女解放、拒绝女职工升职的要求等。

(二)社会角色

社会角色是沟通和衔接个人和社会的桥梁,是指个人在社会团体中被赋予的特定身份,以及该身份所应发挥的功能。每一个人都要充当一定的角色,如做父母、做子女、做教师、做学生、做医生、做患者等等。

1. 社会角色概述。社会角色是由一定的社会地位所决定的符合一定社会期望的行为模式。它包括行为规范和行为期待两方面。首先,社会对处于特定地位的人,都做出了权利与义务两方面的规定。一方面,这种角色有权要求别人进行某种活动;另一方面,别人有权要求这种角色进行某些活动,表现出某种行为。例如,作为一个护士的角色,她有权要求病人服从她的安排,如治疗、卧床等;另一方面,病人及家属也有权要求她承担护士角色应有的义务,送药、打针、换药都要认真负责,要关心爱护病人。其次,社会也通过行为期待或角色期望,希望他按照这套行为规范行事。如教师应该为人师表,医生应该救死扶伤,干部要勤政爱民、不谋私利等等。如果他不能满足人们的期望,他所承担的角色就是不称职的。

社会角色是人的多种社会属性和社会关系的反映,或者说,社会中的人是他所扮演的各种角色的总和。一方面,在社会生活中,每一个人都承担着多种社会角色。如一个女医生,在家要承担妻子、母亲、女儿、姐姐等角色;在医院也可能同时承担着儿科医生、科室主任、医学会成员、工会会员等角色;在社会公共场所,她还要承担乘客、顾客、游客等角色;在国家政治生活中,她要承担选举人与被选举人等角色。这些都是她的多种社会属性的反映。另一方面,任何一种社会角色都不是孤立存在的,人的多种社会角色是其多种社会关系的反映。如这位女医生在医院要同病人、病人家属、护士、药剂师、检验人员、其他科室医生、医院领导等多种角色打交道,这样一组相互依存的角色是医院所存在的多种社会关系的反映。

2. 角色学习和角色扮演。角色行为过程包括角色学习和角色扮演。角色学习既包括形成角色观念,如角色地位观念、角色义务观念、角色行为观念和角色形象观念,又包括学习角色技能,如该角色所必备的知识、智慧、能力和经验等。当一个人具备了充当某种角色的条件,并按照这一角色所要求的行为规范去活动时,就是社会角色的扮演。角色学习是角色扮演的基础和前提;角色学习是通过角色扮演而进行的,在角色扮演中个体逐步地形成、培养角色观念和学习角色技能。

角色扮演是角色的实现,通常要经过角色期待、角色领悟和角色实践三个阶段。角色期待,是指社会对某一角色的行为模式的期望和要求。无论是承担父母、子女等家庭角色,还是承担医生、护士等职业角色,都会感到社会对这些角色的期待。角色领悟,又称"角色认知",是指角色扮演者对其角色规范和角色要求的认识和理解。如果说角色期待是一种社会观念或外在力量,那么角色领悟则是一种个人内心的观念或内在的力量。由于每个人的思想觉悟、道德水平、价值观念以及所处环境的不同,导致对同一社会角色的理解不同,甚至截然相反,而形成了千差万别的角色行为。角色实践,也叫"角色行为",是角色扮演的实际过程,是角色领悟的发展。由于受到主客观多方面条件的制约,在实际中角色实践与角色领悟可能不完全一致,而产生一些偏差,即"角色差距"。在角色扮演过程中,角色扮演者必须加强角色学习和角色整合,缩短或消除其角色差距。

3. 角色失调。由于每个个体都处在复杂的社会联系中,扮演角色的过程不可能都是一帆风顺的。不仅会出现角色差距,而且常常会产生矛盾,遇到障碍,甚至遭到失败,即角色扮演的失调现象。常见的角色失调表现有:

(1) 角色紧张。当一个人同时进行多重角色扮演时,面对各种不同的角色要求,个人在时间和精力的分配上发生矛盾,就会产生角色紧张。避免办法是合理安排生活和工作,适当取舍、授权他人等。

(2) 角色冲突。在社会角色扮演中,在角色之间或角色内部发生了矛盾、对立或抵触,妨碍了角色扮演的顺利进行,就产生了角色冲突。角色之间,如夫妻双方因经济收入、子女教育等问题发生尖锐对立时所产生的角色冲突,还有医患之间、上下级之间等关系处理不当,也会发生角色冲突。而当一个人承担了多种角色,由于角色紧张或者角色规范相互矛盾也会引起他自身内部的角色冲突。如:当家庭中出现婆媳之争时,儿子左右为难。要想摆脱角色冲突,就必须正确处理角色关系。一方面通过角色学习、技能的培养和训练而努力提高角色扮演者处理各种不协调角色期望的能力;另一方面,要努力协调统一角色互动对象对角色的各种期望,使他们对某一角色采取合作的态度和行为。

(3) 角色不清。由于社会的迅猛发展,人们常感到许多角色的行为规范超出了他们过去习以为常的范围,不知道这些角色应该做什么、不应该做什么和怎样去做。如对当代大学生应有什么形象和是否可以结婚的讨论,反映了大众或大学生对角色行为标准的不清楚。

(4)角色中断。它是指一个人所承担的前后相继的两种角色之间发生的矛盾。如我国实行干部制度和企业制度改革后,一些同志从领导岗位退下来,甚至下岗,不能很快适应新的角色,往往处在角色中断的境地。解决角色中断的办法是,角色承担者正确地设计人生,了解人的一生中不可避免地要相继承担的那些角色的特点,为未来的新角色做些准备工作。家庭和社会也应给予必要的指导和帮助。

(5)角色失败。它是指由于多种原因而使角色扮演者无法成功地扮演其角色,从而出现严重的角色失调现象。例如夫妻用离婚来停止夫妻角色的扮演、学生经常考试不及格而中途退学等。角色失败通常是件坏事,会给个人或社会带来不利影响甚至恶劣后果。但如果处理得当,如角色承担者及时调换所扮演的角色,也可以转变为好事。

第五节　逆反心理与青少年个体社会化

一、逆反心理的含义

逆反心理是指客观环境要求与主体需要不相符合时所产生的一种强烈的反抗心态。它是一种比较稳定的、对客观事物表现出与一般人对立或相反的情绪体验或行为倾向。

逆反心理主要有两种表现:一是一般社会成员反抗权威、反抗现实的心理倾向。如惟上是反、惟制度是反、惟先进是反等等。作为社会心理现象,它具有鲜明的针对性、自发性、盲从性等特点。它往往与社会腐败、经济利益分配不公、政治民主不落实、教育方法不当、个人思想认知偏差等多种因素有关。二是青少年成长中为求自我独立对父母或师长所表现出来的反抗心态。如你让他向东,他偏向西;你让他做,他偏不做;你不让他做,他偏要做。具有鲜明的年龄阶段性、半成熟和半幼稚的特征。

逆反的实质是表现个性、突出自我,心理学界称为对态度变化的"心理上的抗拒"。当个人自觉或不自觉地感觉到在某些方面享有的自由被剥夺时,自身激发出一种抗拒心理,目的是想确保行动的自由。而且这种自由对个人来说越重要,则心理上的抗拒越大。也就是说,当个人发现外界压力或无视其自我时,为了保护或突出自我,产生了用各种手段和方法与阻碍自我的外界作对的心理状态,并在内心筑起一道"防感染层"。所以,一定独立意向的盲目性和突出自我是逆反心理的两个本质特征。

产生心理上抵抗的另一个主观因素是由于人们好奇心的驱使。如有些文学作品,本身有不少缺点,宣传者的目的是想让大家否定它们,于是提出了种种禁止的办法,但宣传往往起了相反的作用。尤其是青年人,他们单纯、幼稚,错误地认为凡是被否定、被禁止的东西,内容肯定是新奇的、独特的、有魅力的,于是千方百计想要拥有它、了解它。

二、青少年逆反心理的机制

逆反心理是青少年在社会化过程中的一种心理现象。目前我国青少年人数占全国总人口的 1/5 左右,年龄从 11～19 岁不等。他们在生理、心理等方面均处在一个从未成熟到成熟、从未定型到定型的急剧变化并且相当敏感的特殊时期。随着生理机能的变化,青少年在认知、情感及个性特征等方面也出现了明显的变化,认知能力发展显著,情感更加丰富,个性发展则比较紊乱,易兴奋、激动、对抗。青少年逆反心理主要表现在:对正面宣传作反向思维、对榜样及先进人物持否定态度、对不良社会行为的认同、对思想教育的蔑视、对纪律约束的对抗、对知识的逃避等。

青少年逆反心理是一系列心理活动过程的结果。其心理机制的过程是:首先,是教育(广义的)的内容及相关的信息在特定的教育情景中引起受教育者的注意;其次,是受教育者接触并理解教育的内容,并将所理解的信息及形成的观点和态度与自己原有的认知结构(包括思维方式、价值观念、知识修养)和态度观念加以比较;最后,经过比较、分析,做出接受或抵制的态度反应。如果受教育者经过比较分析之后,确认与原来的认知相悖,就产生抵制,进而产生逆反心理。因此,逆反心理是一种特殊的反对态度,是青少年在社会化过程逐渐形成的一种稳定的逆向心理倾向。

三、青少年逆反心理的原因

逆反心理现象产生的原因有主观与客观两个方面。

1. 主观原因。

(1)青少年时期由于大脑的发育成熟并趋于健全,脑机能越来越发达,思维的判断、分析作用越来越明显,思维范围越来越广泛和丰富。特别是思维方式已经越出了童年期简单和单一思维的正向思维,向着逆向思维、多向思维或发散思维等方面发展。尤其在接触社会文化和教育过程中青少年渐渐学会并掌握了逆向思维的方法。正是思维的发展和逆向思维的形成、掌握,为逆反心理的产生提供了心理基础和可能。

(2)青少年时期由于性发育逐渐成熟,导致性别意识、性意识逐渐强化和建立,处于心理上的"断乳",进而形成强烈的个性意识、独立意识、成人意识。自我意识的觉醒,使他们认为自己已长大成人,理应自己管理自己、决定自己。而成人的老师与家长在较多场合中忽视了青少年极为敏感的心理需要,苦口婆心的教育反使青少年自尊心受挫折,进而有意无意地回避、反感甚至背离。

(3)青少年的生理和心理的发展尽管有了极大的飞跃,但又是不平衡的,甚至是矛盾的。由于阅历和经验不足,造成其认识的不坚定性和易动摇性;由于看问题偏差

第二章 社会化

太大,从而出现认识上的片面、偏激、固执和极端化。把老师与家长的教育往往看成管、卡、压,是和自己过不去,是对自己自尊心的伤害,进而把自己放到对立面上。青少年通过自己的示威活动引起成年人和社会对其存在和要求的重视,使自尊心和成人感获得变相的满足。

2. 客观原因。社会化过程的各种社会因素,如家庭、学校、同辈群体、大众传播以及社会文化因素的不良影响均是青少年逆反心理产生的客观原因。

(1)家庭不良因素。青少年逆反心理的形成与父母的教养方式有密切关系。专制型、放任型的父母以及残缺家庭,由于在教育手段、方法及自身素质等方面存在的问题,往往导致青少年逆反心理的形成。家长简单粗暴或命令式、专断式等,以及期望值过高、要求过严等,都无形地在孩子的心理上造成一种压力。当这种压力不断积蓄、沉淀,青少年又找不到良策排解时,便在情感上产生抵触,进而产生逆反心理。在现代社会里,由于社会文化的变迁,使父母在文化知识的占有关系上不再是孩子心目中的绝对权威。父母已不再是孩子最主要的知识传播者,如在对计算机和网络技术的掌握方面,成年人在青少年世界的权威地位受到削弱;青少年在接受新事物的意识与能力方面往往比他们的父母强;由于知识更新节奏加快,社会文化急剧变迁,家庭中出现了"反向社会化"现象,晚辈反过来向长辈传授社会变化知识、价值观念和行为规范,传统的受教育者对施教者反过来施加影响。社会文化的变迁,带来两代人之间价值观念的差异,关系不协调。文化变迁使得亲子之间的角色扮演与角色期待之间发生冲突。

(2)学校不良因素。学校是青少年成长和社会化的主要环境,学校教育的失利是促成青少年逆反心理产生的主要原因之一。如教师的教育指导思想偏离,教学内容陈旧,教学方法满堂灌和填鸭式,使学生对教育产生反感,加之应试教育片面追求升学率,学生和教师的压力都很大,无形中产生了对立情绪;部分教师不尊重学生,一味强调师道尊严,导致学生因对教育者本身的排斥,进而对教育产生逆反心理;教师对学生的性格、能力、成绩等方面不能客观评价,过于注重分数,对学生一点小错就揪住不放,使学生在情感上与教师对立、背离,甚至反其道而行之。

(3)同辈群体不良因素。青少年在追求成人感的过程中遇到成人的消极对待,不得不把交往的触角伸向同龄人中间,通过与同辈群体交往来满足自我需要,转化内心旺盛的心理能量。据日本调查,15~19岁的男子在烦恼时的交谈对象57%是朋友,11%是兄弟姐妹;女子69%是朋友,13%是兄弟姐妹。同辈群体中不良的价值观和行为倾向对置身于其中的一些青少年心理产生不良影响,如青少年学生中存在的不良英雄观、出风头、唱反调等使一些本来正常的青少年被潜移默化了,再加上青少年自身心理的不稳定和模仿性,容易促使其逆反心理的形成。

(4)大众传播媒介与社会文化的不良因素。随着信息时代的到来及大众传播事业的发展,大众传播媒介对青少年的影响日益扩大,由于媒介在信息选择、制作上忽视了对青少年群体的关照,使一些成人文化中不良的、世俗的因素或用来警示人们的内容被青少年负面地接受了。现代西方哲学和资产阶级错误思潮、国内外一些时尚新奇现象,如摇滚文化、嬉皮士等,也影响我国青少年的反文化心态和反文化意识的形成。

四、青少年逆反心理的引导

逆反心理是青少年社会化过程中的一种心理失衡现象。大多数青年都将经历社会化—逆反社会化—再社会化的反复后,才能真正实现对自我的健全认知和找到应有的社会角色位置。青少年逆反心理除了有消极的一面外,也具有积极的一面。它表现了青少年自我意识的发展和独立性的增强;表现了青少年开始尝试着从成人的角度审视社会,以自己的道德判断标准分析社会现象,表现出极强的社会责任感、忧国忧民的使命感。青少年逆反心理中存在着打破常规、反对束缚的可贵精神,也可以从另一个角度帮助成人反思学校、家庭和社会的教育。

作为青少年社会化过程中的一种心理失衡现象,应采取积极的态度,结合青少年的身心特点,从正面加以引导和矫治。包括:①尊重青少年的意愿。如给他们自主权,使他们能在自由的空间环境中完善个性。谈话要亲切,鼓励他们提出自己的意见;不强迫他们做自己不愿意做的事情。②以平等的身份沟通,与青少年做朋友,关心爱护他们,取得相互理解,建立信任感。③注意教育方式,特别是批评的方式与场合,减少粗暴地训斥,提高批评的技巧,在和谐的氛围中启发教育。④推行全面素质教育,提倡完善的自我教育,经常反思自己,发挥主观能动性,提高心理适应能力,为将来服务社会做准备。

第六节 老年人的社会化

老龄问题世界大会将60岁明确为老年人的年龄起点。我国已经步入老龄化社会,老年人的身心健康与老年人的社会化问题是值得关注的新课题。

一、老年人社会化的含义

社会化是贯穿人的一生的过程,老年人退休后,角色转换了,但并没有结束自身的社会化过程。老年期的继续社会化是人生社会化历程的最后一个阶段,是老年人随着环境和自身状况的变化而不断地学习新的角色规范,接受新的角色期待和要求,承担新的责任、义务和角色的过程。

埃里克森把人的社会发展分为八个阶段,65岁以上老年人的人格发展是完满无憾感与悲观失望的矛盾。美国教育心理学家哈维哈斯特(Havighurst)把人的一生分为六个阶段,各阶段有不同的身心发展的任务。如青年时期要学习知识和社会规范,形成一定的行为方式和人格;成年人要增强社会责任心,教育子女,奉养父母,开创事业等。他认为,老年期(60岁以上)社会化的任务主要是:能适应体力与健康的逐渐衰退;能适应退休生活和经济收入的减少;能忍受丧偶之痛并适应丧偶后的生活;能与年龄相近的老年人建立愉快而亲密的关系。老年人的社会化内容还有:接受新生事物,改变旧观念,缩短代际之间的差距;学会科学地、合理地和健康地安排休闲时间;建立起新的生活规律,养成与之相适应的良好的生活习惯;适当地承担公民的社会义务等。

二、影响老年社会化的生理心理因素

人到老年体内各器官及细胞功能开始蜕变,对环境的适应能力减退,出现了生理机能老化和心理机能老化的现象。老年人的心理变化与脑组织的变化以及机体的老化有密切联系。从人类的身体机能看,青年期是体能发展的高峰,成年期体能的效率就开始下降。身体机能下降最明显的是视力与听力,50岁以上者多半在阅读时需戴花镜,60岁以上者多半会有听力减退现象。因脑细胞脱落引起大脑的重量减轻,60岁与20岁相比大约减少了5%左右,到80岁则减少8%左右。与之同时发生的脑退化现象还有脑电图慢波化等。脑的老化在心理上的明显反应是记忆力减退、思维敏捷度减弱。老视、白内障引起的视力减退,对高频声音感觉丧失引起听觉范围缩小,味蕾数逐步减少引起味觉敏感程度降低,以及痛觉、触觉等感知觉的衰退,均使老年人与外界环境交往的效率、心理活动能力减退。如老人耳背现象,听不清楚周围的声响犹如与世隔绝,容易产生孤独感、焦躁感,甚至还会猜疑:"是不是在说我坏话?"伴随生理变化,老年人的心理变化与衰老主要表现在以下几个方面。

1. 思维记忆方面。如有些老年患者就诊时总希望将自己的病情前因后果一字不漏地向医务人员讲述,点滴症状都想从医务人员口中找到答案。由于感知能力降低,注意力转移比较缓慢,很难从对疾病的关注上转移开来。

2. 情感方面。老年人情绪上往往自尊感与自卑感共存、空虚感与孤独感共生。他们见多识广、阅历丰富,总希望周围的人尊重他、顺从他。当入住病房时,离开了原有的环境,常表现烦躁不安,孤独易怒,与周围环境很难协调。有些老年人情感脆弱,极易产生种种消极及忧伤失望情绪,缺乏克服困难的勇气,缺乏战胜疾病的信心与意志。特别是家庭无温暖、无子女或子女不孝,经济拮据,则孤独忧伤、情绪低落甚至绝望。

3. 性格方面。老年人性格变化总趋势是倾向于内心世界,沉静、多思、孤僻。心理学家把老年人的性格归结为五类:①成熟型。老人充满了完满无憾感,有继续为社会服务的热情,好交往。②依赖型。老人满足于现状,过得比较安乐,一旦得不到家庭和社会的帮助,不易生存。③自我防御型。老人不服老,常以强烈的防御心理抗衡衰老和老年期自尊的丧失,如以双倍的努力来达到与年轻人同样效果。他们以自我封闭、缩小社会交往范围来躲避社会上某些轻视老人、歧视老人的不良风气。④愤怒型。他们对社会上的一切变化都看不惯,尤其是对一些不尽人意的现象,满腹牢骚。常无端生恨,自制力差,情绪波动,容易诱发心血管疾病。⑤颓废型。老人对生活前景失去信心,自我悔恨或有负罪感,他们孤独、自卑、郁闷、沮丧、失望,甚至绝望,一旦受到刺激容易导致不幸。

在上述五种性格类型中,前三种以各自的形式适应社会、适应衰老,而后两种则不能很好地适应社会,给自己的生活带来麻烦。

大量的事实表明,老年人的生理衰老并不必然使其智能显著下降。不少老年人能顺利完成大学的学业。歌德老年时完成了《浮士德》;雨果 69 岁完成了著名歌剧《帕西法尔》,其激情不减当年;老练的外交家、政治家,他们都以丰富的经验和睿智受到欢迎。美国的里根 70 岁才入主白宫当总统,表现出相当的智力水平。古罗马演说家西塞禄说得更透彻:"伟大的事业并非体力与敏捷,而是由深思熟虑和权威学识,以及成熟的智慧所完成,而这些不但不是老年人所缺少的,恰恰是他们最丰富的。"

上海的一项调查显示,老年人产生衰老感的触发因素中,除了身体衰弱(38.9%)的生理因素外,在各种社会因素中,离退休(21.5%)是最主要的原因,其次是老伴的亡故(11.8%)。美国的调查也显示,对老年人性格变化影响最大的是丧偶和退休。

三、老年人的角色转换与心理变化

在临床上常见到某些刚刚退休的老人,就诊时主诉症状多而复杂,而阳性体征少,实验室检查阳性率低,常表现为精神状况差、情绪低落,这被称为"离退休综合症",主要是角色转型对老年人的心理影响。

离退休对老年人来说是重大的人生转折,如何重新进行社会身份定位和自我角色定位,是老年人社会化面临的首要问题。人在一生中不断扮演着不同的角色,从幼年向成年来看是呈发展型的,因为个人的社会责任和社会义务伴随着权利的增加而不断加大;但是进入老年期以后,这种角色转型就成为一种衰退性的变化,他们从工作角色转变为供养角色、从决策角色转变为平民角色,这一连串的角色转型意味着许多老年人原先已经建立起来的生活方式及生活规律已经难以延续。权利丧失、权威降低、地位下降、人际交往减少等社会因素,不断地对老年人发出不良刺激而促使其产生衰老、孤独、空虚、焦虑等许多消极心理,甚至悲观失望的情绪。

许多人一生中最重要的一个角色是工作角色。进入老年期以后,由于角色变动剧烈,老年人难免对角色转换感到不适应,甚至角色失调。如:留恋旧角色,不理解新角色,甚至不愿意接受新角色;退出了旧角色,寻找不到合适的新角色,出现了角色中断或角色断层;以旧角色行为来演绎新角色,造成角色冲突。这些都会不同程度地引起老年人心理波动。又如老年人由于退休角色的变化而带来收入减少,容易产生经济危机感;由在职时的一官半职转变为离、退休后的一般平民百姓,容易产生失落感;由父母角色转变为祖父母角色,容易产生衰老感等等。因角色转换,一时不能适应新角色,引起种种心理失调,进而诱发各种疾病。疾病缠身又产生消极悲观心理,形成

第二章 社会化

恶性循环。

四、社会环境因素的对老年人社会化的积极作用

和个人早期的社会化一样,老年人社会化的场所或途径主要是家庭、学校、同辈群体和大众传播媒介。老年人可以通过以下几个环节进行继续社会化,加强角色学习和掌握,加快心理适应,保持心理年轻。

1. 同辈群体能为老年人提供有益经验,帮助尽快熟悉新角色的行为规范。老年人在未离、退休之前,如有意识地向已经离、退休的老年朋友咨询,了解他们如何安排离、退休生活,如何克服心理不适感,如何把握新的角色行为和角色准则等经验及教训,就能帮助他做好离、退休的心理准备,并对未来生活有一个大致的估计。

2. 家庭的温暖、理解与帮助。老年人参加一些力所能及的家务劳动,包括种花、养鱼、观鸟等,也可以调节性情,激发生活情趣。老年人在行将离开工作岗位或刚退休回到家庭之际,配偶及子女应尽量多地与老人沟通交流,了解老人的烦恼、心理波动及可能会出现的问题,给予理解、支持,可以帮助老年人尽量缩短心理适应期,尽快找到新角色的感觉,从而能够安然地接受愉快、休闲的晚年生活。面对家庭变故,如老年丧偶或晚辈的亡故,这时,亲人的关爱、亲情的满足,可以解脱老人的悲伤。

3. 老年文体活动或老年大学学习,充实晚年生活的内容。老年人参加健身、旅游、读书、休闲等文体活动,也是老年人退休后的职业取向。多参加一些集体文体活动,建立良好的人际关系,既可以从同辈群体的交往中获得情感上的帮助和支援,学习其他老年人角色扮演和角色行为的经验,又可以使自己的晚年生活尽可能地多一些色彩、多一些信心,振奋精神。许多老年人在各类老年学校里如饥似渴地学习新知识,这对老年人克服消极心理,正确面对未来的人生有积极的作用。

4. 大众传播媒介,帮助不断更新。报纸、广播、电视、图书、杂志等媒介为老年人提供了关心和了解国家大事、社会新闻、经济热点、政治改革、世界动态的窗口,学习和掌握一些老年人衣食住行和养生保健的方法,从而使老年人不断地接受新思想、新知识,始终跟上社会发展的步伐。

5. 社会发展活动与创造性活动有益于老年健康。老年人退休了,但事业并没有结束,应继续追求自己的事业,参加与过去职业相关的技术协会,利用各种机会把自己的经验和技能贡献给人类。积极从事一些社会公益活动,争取为社会做出新的贡献,使自我价值继续得到体现,从中获得他人的尊重,有利于保持积极向上、乐观的心态。老年人从事绘画、书法和写作等创造性活动,可以陶冶情操,保持积极的人生态度。

思 考 题

1. 什么叫社会化?基本途径是什么?社会文化环境因素是如何影响社会化的?

2. 社会化包括哪些内容？如何实现道德社会化？
3. 你心目中理想的性别角色是什么？
4. 关于人的社会化历程的划分标准，你比较倾向于哪种观点？试列举理由。
5. 怎样看待角色扮演与角色失调？
7. 青少年的逆反心理与青少年社会化有何关系？
8. 结合老年人的社会化问题，谈谈应该如何对待求医的老年患者？

第三章

社会动机

本章要点

☆ 动机的含义
☆ 动机的行为关系与特征
☆ 社会动机的分类
☆ 侵犯的定义和利他行为的定义
☆ 影响利他行为的因素
☆ 控制侵犯行为、增加利他行为的途径

第一节 社会动机概述

在人们的共同活动中,各人所表现出来的行为及其效果各不相同,而产生这种差异的最直接、最基本的一个因素就是动机。因此,对于动机的研究是人们社会行为产生、变化和发展的关键问题。心理学研究与社会生活实践经验证明,个人的工作与学习能否获得成就,在很大程度上取决于本人能否发挥其积极性与主动性。积极性与主动性乃是个人动机力量的具体表现,其作用之大并不亚于个人的能力与知识经验。分析人们的行为时,必须分析其行为的动机。只有这样,才能判断其行为的出发点,才能预见其行为重复出现的可能性,才能做出鼓励或禁止的信号,从而实现对其行为的控制。

动机这种心理过程,它作为一种内驱力,是人和动物都具有的。在这方面,人区别于动物的,不在于有没有动机,而在于人有什么样的动机、动机从何而来、动机的实现手段是什么等等。然而,人毕竟有与动物某种相似的动机过程,因而,也就有可能把人的东西与动物的东西混淆起来。因此,搞清楚人的动机是社会本质问题,是社会动机研究的一个重要方面。

动机和人的需要是分不开的,动机和需要之间有着相当复杂的关系;研究社会动机,不能不研究人的需要,以及它们之间的联系和区别。为了说清楚动机问题,应首先从需要说起。

一、需　要(need)

(一)需要的含义

需要是有机体内部的一种不平衡状态,它表现在有机体对内部环境或外部生活条件的一种稳定的要求,并成为有机体活动的源泉。如渴了有喝水的需要,会促使个体寻找水;孤独的时候有交往的需要,会促使个体找他人交谈。在需要得到满足后,这种不平衡状态暂时得到消除;当出现新的不平衡时,新的需要又会产生。

1. 需要是由个体对某种客观事物的要求引起的。这种要求可能来自有机体的内部,也可能来自个体周围的环境。如渴时的喝水需要是由机体内部的要求引起的;父母对孩子学习的要求使学生产生努力学习的需要是由外部要求引起的。当人们感受到这些要求,并引起个体某种内在的不平衡状态时,就转化为某种需要。需要总是指向能满足某种需要的客体或事件,需要指向的对象可以是物质的,也可以是精神的;可以是活动本身,也可以是活动的结果。没有客体、没有对象、不指向任何事物的需要是不存在的。

2. 需要是个体活动的基本动力,是个体行为动力的重要源泉。人们日益发展的各种需要是促进社会生产力发展的重要因素,也是人们对事物评价的内在因素。需要一旦被意识到,就形成一种寻求满足的力量,驱使人朝着一定的对象活动,以满足这种需要。一般来说,需要的强度越大,活动积极性越高;反之越低。

3. 需要也是产生情绪的重要因素。当我们认识和评价某一事物是否具有意义和价值时,往往是以能否满足人们需要为中介的。一般地说,个体对能满足个人需要的事物采取肯定的态度,体验积极的情绪;对不能满足个人需要的事物,就容易产生否定的态度或消极的情绪。

(二)需要的种类

人的需要是多种多样的,按起源可分为生理需要和社会需要。

1. 生理需要(physiological need)。以生理变化为基础,所以也被称为"一级需要"。它是最基本的需要,是人和动物都具备的。首先,它包括身体代谢的补偿,如饿、渴、对新鲜空气的需要。第二,生理需要还包括对不愉快及有害物体、事件的逃避,如排泄、性的需要,对痛苦与恐惧的逃避。第三,生物性需要还包括体力与脑力的恢复,如休息、睡眠与放松的需要。

2. 社会需要(social need)。社会需要是在后天社会生活中通过学习获得的,是在一级需要的基础上产生的。人类的行为与动物不同,大部分是社会性动机调节,即使是生物性需要也往往受到社会性动机的控制。社会需要是人类特有的需要,如劳动的需要、交往的需要、成就的需要、社会赞许的需要、求知的需要等。这些需要反映了人类社会的要求,对维系人类社会生活、推动社会进步有重要的作用。

(三)马斯洛的需要层次理论

美国人本主义心理学家马斯洛(A. H. Maslow)提出了一种需要层次理论。马斯洛认为,人的需要是由以下五个等级组成的,如图3-1所示。

图3-1 人类需要的层次

1. 生理的需要 (physiology need)。是人对食物、水分、氧气、睡眠、排泄、性的需要。它们在人的所有需要中是最重要的,也是最有力的。

2. 安全的需要(safety need)。是对稳定、安全、秩序、受到保护的需要,以及免除恐惧、焦虑和混乱的需要。婴幼儿由于无力应付环境中不安全因素的威胁,他们的安全需要就显得尤为强烈。

3. 归属和爱的需要(belongingness and love need)。指需要朋友、爱人和孩子,渴望在群体中与同伴有深厚的关系。马斯洛特别提到这种需要是一种两个人之间健康的、亲热的关系,爱的缺失会抑制成长和潜力的发展。

4. 尊重的需要(esteem need)。包括自尊和受到别人的尊重。自尊包括获得信心、能力、本领、成就、独立和自由等的愿望。他人的尊重包括威望、承认、接受、关心、地位、名誉和赏识。

5. 自我实现的需要(self-actualization need)。就是指人的成长、发展、利用潜能的需要。

马斯洛认为,这五种需要都是人的最基本需要。这些需要是天生的、与生俱来的,它们构成了不同的等级或水平,并成为激励和指引个体行为的力量。马斯洛对低级需要和高级需要的关系进行了论述。他认为,需要的层次越低,力量越强,潜力越大。随着需要层次的上升,需要的力量相应减弱。在高级需要出现之前,必须先满足低级需要。只有在低级需要得到满足或部分得到满足以后,高级需要才有可能出现。但马斯洛并没把两者对立起来。他认识到,在人类历史上,那些为实现理想和事业成功的人,即使自己的生理需要和安全需要没有得到很好的满足,也会追求高级需要。此外,个体对需要的追求也表现出不同的情况,有人对自尊的需要超过了对爱的需要和归属的需要,他们只有在感到非常自信并觉得有价值时,才会追求爱与归属的需要。

二、动 机(motive)

(一)动机的定义

动机是直接引起、维持、推动有机体活动以满足某种需要的内驱力,是行为的直接原因和内部动力。动机是一种内部心理过程,而不是心理活动的结果。有机体的各种行为和活动都是由动机引起的。

动机是在需要的基础上产生的。当某种需要没有得到满足时,它就会推动人们去寻找满足需要的对象,从而产生动机。当需要得到满足,达到一种平衡,动机就会下降,之后又会出现新的需要,为建立新的平衡,又会产生满足新需要的动机来达到新的平衡。例如,正常人需要与人交往,会产生与人交往的需要,当与人交往过多时,人又有独处的需要,产生独处的动机,维持一种平衡。如果没有强烈的需要,个体的动机也就无从产生。人们通常在和动机相似的意义上来应用这一概念。但从严格意义上来讲,二者是有区别的,当个体的需要处于原始状态时,由于需要的目标还未被个体发现,此时的需要不能属于动机的范畴,只能作为动机产生的前提条件之一。只有当外界的事物建立了一定的联系,从而能引起个体有方向和有选择的目标行为时,这种具有一定指向性的需要才能转化为动机。

(三)动机与行为的关系

1. 动机和行为概念的相互联系。在社会生活中,不存在没有动机的行为。由动机产生行为,而行为的结果又能增强或减弱动机,甚至使动机消失。由于动机和行为具有依存性,所以,虽然在生活中动机的产生及其对个体的作用都看不见,所观察到的只是个体的行为,然而人们可以根据行为追溯到动机。反过来,当对动机的过程有充分的认识以后,也可以了解和预测个体的行为。如,通过个体对任务的选择判断其动机的方向;根据行为内容可推测动机的社会意义;通过个体的努力程度和坚持性可以判断个体动机强度的大小。

2. 行为目标是动机构成要素之一。由动机驱使的个体的一切社会行为总是指向一定的目标,它使个体行为具有方向性。因此,动机和目标二者相互依赖,缺一不可。行为目标可能是现实存在的清晰的事物,也可能是人类精神活动的某一产物,如意向、概念等等。在一定的条件下,动机可以转化为行为目标,而行为目标也可以转化为动机。因为对某一事物的反映,就其对个体的推动作用来说,是行为的动机;就其作为行为所要达到的预期结果而言,又可以是行为的目标。这里行为目标越是清晰明了,就越容易转化为动机。

动机和行为目标既有联系又有区别,首先,在许多较复杂的活动中,作为行为目标的事物,并不就是行为的动机。比如,生活在清朝末年的武训,曾通过挨揍受辱等乞讨方式来攒积钱财,这里钱是武训经受挨打受辱后的直接目标,但这一目标本身并非是主要的驱动力,推动他能忍受百般欺侮的真正动机是他一心要为乡里举办"义学"这一崇高的愿望和信念。其次,在人与人的相互作用和不同的社会情境中,同一种行为可能有不同的动机,即各种不同的动机通过一种行为表现出来。例如,同样是助人行为,不同人的动机是不一样的,有的人帮助他人是为了得到被帮助人对自己的感激,如果得不到这些,就会很生气;有的人帮助他人是为了得到身边朋友或熟人对自己的赞扬,树立在他人心目中良好的形象,身边没有熟人的时候就不一定表现出助人行为;有的人帮助他人是出于一种人道主义精神,看到需要帮助的人就伸出援助之手。另外,同一种动机也可能产生不同的行为。例如,几个人要想帮助同一个人,有的人可能会提供物质上的帮助;有的人会提供精神上的安慰;有的人会为其提供良好的人际氛围等等。

在同一个人身上,行为的动机也是多种多样的,其中有些动机占主导地位,称"主导动机";有些动机处于从属地位,称"从属动机"。例如,一个人与他人交往的主导动机是得到他人对自己情感上的支持,为了在困难时有人帮助,即多个朋友多条路;也是为了向他人炫耀自己朋友多,满足一种虚荣感。这些动机则处于从属地位。主导动机和从属动机的结合,组成个体的动机体系,推动个体的行为。所以,个体的活动往往不是受单一动机的驱使,而是由其动机体系所推动的。

在动机与行为效果的关系上,情况也是非常复杂的。这里"效果"是指行为的社会效果。一般来说,良好的动机能产生良好的行为效果;反之,不良的动机则会产生不良的社会效果,这就是动机与效果的统一。但是,在实际生活中,动机与效果不统一的情况也是存在的。如一个人想帮助一位经济紧张的朋友,就给了他一些钱,虽然是出于好心,但是他的朋友却感到自尊心受到了伤害。

由此可见,动机与行为的关系是非常复杂的,因此,只有了解一个人的动机,才能比较准确地解释其行为,并预测和控制其行为。

第二节 动机的特征及功能

一、动机特征

动机的特征包括:动机的强度、动机的清晰度、动机的更替性、动机的活动性、动机的复杂性。

1. 动机的强度。在同一时期内,个体可能是多种动机并存的,而这些不同性质的动机,可以对个体具有不同的意义,强度不同产生的推动力量不同。如图3-2所示,在驱使个体行为的诸多不同性质的动机中决定个体行为并实际发挥作用的,是主导动机。

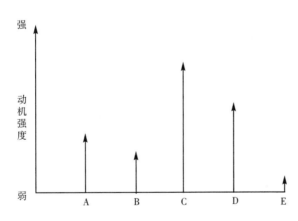

图3-2 主导动机C决定行为

在研究中,测定动机强度一般以行为的持续性为指标。当个体产生某种动机并开始行动后,一般也不会轻易放弃。倘若个体在某动机推动下的行动中稍遇阻碍便放弃主观努力和追求,则表明其动机较强。当个体为追求某一目标以满足某项需要时,如果遭遇障碍而一时难以实现目标,他会在强烈动机驱使下避开障碍,尝试用各种不同的方式,如改变实现目标的方法或改变中介目标等,来最终达到目的,则表明动机较强。

2. 动机的清晰度。动机的清晰度是指个体对可见到的或可预见到的某一特殊目标的意识程度。凡是动机,不管行为主体是否意识到,一般都指向目标。但是,在共同的活动中每个人对其行为所要达到目标的意识程度存在差异。在活动中有人可能对具体目标有清晰的意识,有人则可能模糊不清。衡量动机的清晰度一般可以采用两个指标。第一,选择行为的自觉性。倘若是个体自觉选择的行为,则动机是清晰的;反之,个体的行为选择就表现为极大的习惯性、随意性或者是无意识的。第二,可以通过对个体语言行为的测查来判断其动机的清晰度。测查的方法可以运用问卷做测验,也可以让当事人做主观报告。为避免片面性,应该把口头报告和个体的行为表现联系起来进行对照和分析,从中找出个体真正的动机。

3. 动机的更替性。动机的更替性是指在同一个时期个体会同时产生和存在多种不同性质的动机,有时候这些动机相互抵触而发生冲突,称之为"动机的斗争"。动机斗争的结果往往是强度较低的动机被强度较高的动机所取代而产生动机的更替。动机更替是经常存在的,即使个体在优势动机驱使下的行为正在进行,如果有一个强度更高的动机出现,那么经过斗争,也往往会使个体先满足后一个动机而暂时放弃前一个动机。

4. 动机的活动性。动机的活动性是指个体形成某种动机后,能对其行为发生推动作用,表现为对其行为的发动、加强、维持,直至中止。动机是推动个体行为的直接原因,因此具有清晰动机的个体较之动机模糊的个体具有较高的活动水平。例如,个体的成就动机会促使其积极的工作、思考,并且这种活动的强度、持续时间会因成就动机的强弱而变化。

5. 动机的复杂性。动机的复杂性首先表现在它与行为之间不是简单地一一对应的关系,同一动机可以产生不同的行为,同一行为也可以由不同的动机所引起。一般而言,个体的行为总是几种动机共同作用的结果,当然其中必有一种动机起主导作用。其次,个体内心存在的动机和他口头或书面表述出来的动机往往不是一致的。再次,个体在内心实际起作用的动机与他本人意识到的动机也常常不一致。因此,动机的复杂性就成为动机的基本特性之一。

二、动机的功能

从动机与行为的关系分析,动机具有以下几种功能。

1. 激活功能。动机是个体能动性的一个主要方面,它具有发动行为的作用,能推动个体产生某种活动,使个体由静止状态转向活动状态。如个体在认识蚂蚁的动机支配下,会去寻找蚂蚁较多的地方,观察蚂蚁的习性。动机激活力量的大小,是由动机的性质和强度决定的。如个体认识蚂蚁的动机强,就会不止一次地花时间去观察蚂蚁。

2. 指向功能。动机不仅能激发行为,而且能将行为指向一定的对象或目标。如在交往动机的支配下,个体会找身边的朋友或在网上找人聊天;在权力动机支配下,目标会指向聚敛财富,或用一定手段控制别人;在成就动机支配下,会废寝忘食地工作而不是去做游戏等。可见,动机不一样,个体活动的方向和所追求的目标也是不一样的。

3. 维持和调整功能。动机具有维持功能,它表现为行为的坚持性。当动机激发个体的某种活动后,这种活动能否坚持下去,同样要受动机的调节和支配。动机的维持作用是由个体的活动与所预期的目标的一致程度来决定的。当活动指向个体所追求的目标时,这种活动就会在相应动机的维持下继续下去;相反,当活动远离所追求的目标时,这种活动的积极性就会降低,或者完全停止。有时,人们在成功的机会很小时,也会坚持某种行为,这是因为长远信念在起决定作用。

三、动机的强度与工作效率的关系

人们一般倾向于认为动机强度越高对行为的影响越大,工作效率越高;反之,动机强度越低,工作效率越低,但心理学研究表明并非如此。心理学研究表明,动机强度与工作效率之间的关系不是一种线性关系,而是倒 U 形曲线关系。中等强度的动机最有利于任务的完成。也就是说,动机强度处于中等水平时,工作效率最高。一旦动机强度超过了这个水平,对行为反而会产生一定的阻碍作用。如做事急于求成,会产生焦虑和紧张,干扰做事的效率。考试怯场就是由动机过强造成的。

心理学家耶基斯和多德森(Yerkes & Dodson)的研究表明,各种活动都存在一个最佳的动机水平。动机不足或过于强烈,都会使工作效率下降。研究还发现,动机的最佳水平随着任务的性质不同而不同。在比较容易的任务中,工作效率随动机的提高而上升;随着任务难度的增加,动机的最佳水平有逐渐下降的趋势。也就是说,在难度较大的任务中,较低的动机水平有利于任务的完成。这就是著名的耶基斯——多德森定律(Yerkes‑Dodson Law),如图 3‑3 所示。

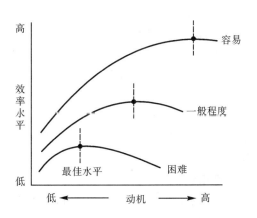

图 3‑3　动机强度、课题类型与工作效率的关系

第三节 动机的分类

一、动机分类

根据不同的分类标准,可以将动机分成以下几种。

(一)生理动机和社会动机

根据动机的性质,人的动机可分为生理动机与社会动机。

1. 生理动机(驱力)。它以有机体自身的生理需要为基础,推动人们去活动,从而满足某种生理需要。当这种生理的需要得到满足时,生理动机便趋于下降。由于人是社会的实体,人的生理需要以及满足这些需要的手段,都将受到人类社会生活的影响。因此,人的生理动机也必然打上社会生活的烙印。例如,母性动机是一种生理动机,但是,母亲对子女的抚爱与照料,不但有血缘上的关系,而且也因为母亲有照料子女的社会责任与义务。因此,在人类的个体身上,纯粹的生理动机是很少的。

2. 社会动机。以人的社会文化需要为基础。人有成就的需要、社会交往的需要、权力的需要、认识的需要等,因而产生了相应的成就动机、亲和动机、权力动机和认识性动机等。这些动机推动人们努力学习与工作,与其他人交往,希望获得社会和他人的赞许,希望参与某种社会团体,并能在其中获得某种地位等,当这些社会需要获得满足时,社会动机才会缓解下来。

(二)原始的动机和习得的动机

根据学习在动机形成和发展中起的作用,人的动机可分为原始的动机和习得的动机。

1. 原始的动机。原始的动机是与生俱来的动机,它们是以人本能的需要为基础的。如饥、渴、母性、性欲等动机,都属于原始性动机。人们受饥、渴的推动而产生觅食、找水的活动,是不需要经过学习的。人的认识性动机有一部分也具有与生俱来的性质。例如,婴儿出生后,就对环境中的新事物表现惊奇和兴奋,这种原始的动机推动婴儿注视周围的一切,并逐渐产生对物体的摆弄、抓握等行为。人对事物或活动的兴趣与爱好,就是在这种原始动机的基础上发展起来的。

2. 习得的动机。习得的动机是指后天获得的各种动机,即经过学习产生和发展起来的各种动机。例如,权力动机就是后天经过学习产生和发展起来的动机。

(三)有意识动机和无意识动机

根据动机的意识水平,人的动机可分为有意识动机和无意识动机。

1. 有意识动机。人的动机有一部分发生在意识水平上,即人能意识到自己的行为动机是什么,也能意识到自己的行为在追求什么样的目标,称为"意识动机"。

2. 无意识动机。在自我意识没有发展起来的婴幼儿身上,他们的行为动机是无意识的;在成人身上,也有无意识的或没有清楚意识到的动机。人们意识不到它们的作用,但能在它们的支配下产生各种各样的行动。如,一位教师对某个学生的印象好,认为他聪明、勤奋、成绩优秀,因而在评分时不自觉地忽略了学生试卷中存在的某些错误而给了高分;反之,对印象差的学生,即使他的试卷答得好,也不相信是这个学生的真实水平,对其试卷问题敏感而给低分。在人们日常交往、处理工作和各种事物中,人的各种无意识动机也是起作用的。

(四)外在动机和内在动机

根据动机的来源,可分为外在动机和内在动机。

1. 外在动机。外在动机是指人在外界的要求与外力的作用下所产生的行为动机。例如,为了得到他人的表扬而帮助他人。

2. 内在动机。内在动机是指由个体内在需要引起的动机。例如,由于个体认识到帮助他人是一种人道主义精神,是自己应该做的,就会主动地无论在任何场合都会帮助需要帮助的人。外在动机与内在动机的划分不是绝对的。由于动机是推动人活动的内部心理过程,因此,任何外界的要求、力量都必须转化为人的内在需要,才能成为活动的推动力量。在这个意义上,外在动机的实质仍然是一种内部动力。

二、社会动机分类

社会动机是由个体的社会性所引发的,对于现代人来说,社会动机比起生理动机对个体具有更大的影响。社会动机的种类很多,研究较多的主要是成就动机、亲和动机和权力动机。

1. 成就动机(achievement motive)。成就动机就是推动个体去追求、完成自己所认为重要的、有价值的工作,并且设法将其达到某种理想地步的一种内驱力。简单地说,就是对成就的欲求。成就,不仅包含较高的目标,而且包含切实的努力,对自己严格的要求、对意志的锻炼、不断地学习等,因此,社会心理学有时又把成就动机解释为不断克服困难,力图实现既定的较高目标的心理状态。

麦克兰德(D. C. McClelland)对成就动机做了开拓性的研究,他通过主题统觉测验以及对儿童的访问和观察,获得了两个重要的发现。

第一,家长对儿童严格的自律训练与儿童的成就动机呈正相关。即家长对儿童的自律训练越严格,儿童的成就动机就越强。根据这个研究结果,他又提出,成就动机是由自律训练特别是伴随着训练和年龄增长的感性经验而养成的。后来,罗森(B. C. Rosen)等人在50年代末通过家访、现场实验的方法,发现儿童玩积木的成就动机与家长的教育方法有关系。高成就动机儿童的母亲,一般对儿童的行为起指导性的、劝告的作用,因而儿童对成功表现出很高的热情。这种儿童的父亲一般不是权威主义的,而是对儿童经常起激励的作用。相反,低成就动机儿童的家长多数是有权威主义的倾向,对儿童的独立性要求较晚,而且在相当长的时间里给儿童很多的限制。

第二,一个社会的文化环境中成就动机的气氛对个体的成就动机具有深刻的影响。麦克兰德测量并估计了30个国家儿童读物的故事内容中所表现的成就动机强度,得出结论:一个国家形成的高成就动机气氛,将有利于青少年成就动机的提高。

此外,父母本身的智能水平、性格特点、价值观、思想方法、教养水平、教师的素质、班级风气、学校组织,以及社会政治经济情况、社会对不同性别的角色期待、宗教信仰、民族特点等等,对成就动机的形成都有一定的影响。

强度是动机的特征之一,也是成就动机的特征。成就动机的强弱影响着行为的效率。那么,影响成就动机强度的因素有哪些呢?在成就动机的强度中,有三个影响因素,即:目标所具有的诱惑力、任务的困难度、个体对于成功或失败所持的主观概率。在这三个因素中,起主要作用的是个体对于成败的主观概率。成功的主观概率低,动机的激励就降低;成功的主观概率高,不易被其他因素激励起其他动机,即在执行成就动机职能的过程中,成就动机强则其他动机的激励就会变弱。

因此,即使个体很想达到某一成就目标,如果个体认为任务困难太大,难以克服,主观成功概率很低,个体在选择时会出现动摇,缺乏克服困难的信心。这一点从专业或职业的选择上,或者学科的志愿选择上可以看出,成就动机强烈的人不完全以成功的客观概率为基准,而是同时把个人的主观成功概率考虑在内。

个体对成功所持的主观概率的大小,取决于各种因素,最重要的是行为者的能力。一个人的能力,主要指知识能力。知识能力水平不仅指掌握知识的多少,而且指价值选择能力。在通常情况下,这两种能力是分不开的,知道得越多,其价值选择能力越强。除了行为者的能力,社会环境也起到一定的作用。如行为者能否把自己的目标同社会的目标联系起来,赋予自己的目标以社会价值,这些都影响着成就动机的形成和能力发挥。又如,行为者的社会心理环境即情境的作用也很重要,假如一个人不喜欢一种环境,总觉得在某种环境下难以求成,这时候,成就动机下降;再如,物理环境、工作的物质条件,也影响着成就动机的形成。另外,奖励和报酬也是影响成就动机的一个因素。经常赋予成就目标以新的意义价值,并给予鼓励和报酬,是不断激励的过程。

成就动机研究的重要意义就在于这种动机研究揭示了人的动机职能,不是对成就目标的简单追求,而是对成就目标中包含的价值的不断追求。

2. 亲和动机(affiliation motive)。亲和动机指个体害怕孤独,希望和他人在一起建立协作、友好的联系的内驱力。美国心理学家沙赫特(S. Schachter)对亲和动机进行了深入地研究。他研究了像囚徒及修道士那样长期处于和他人隔绝的孤立状态的人遗留下来的日记,发现其中记载着许多难以忍受的精神痛苦和不安的心境。由此他提出了"经历过不安的人会有更强烈的亲和行为倾向"这一假说。为了证实他的假说,他做了有关亲和动机的实验。在实验中,他设定了以下的情境:要求被试逐个进入实验室,并分别告诉他们"要进行有关电流刺激对人体影响的实验"。半数被试被告知这种电流刺激非常难受、痛苦(高度不安的条件)。另外半数被试被告知这种电

第三章 社会动机

流刺激极轻微,只有一些发痒的感觉(低度不安的条件)。在恐惧和不安被唤起之后,再问被试:"距实验还有 10 分钟,这期间您打算怎么度过?"调查结果是,附加高度不安条件的人与附加低度不安条件的人相比,表示"希望和大家一起在大房间里等着"这种愿望的人居多。

那么,为什么在高度不安的条件下,个体会产生亲和动机呢?沙赫特在进一步的研究中发现:第一,人与人之间的亲和是为了减少不安和恐惧。第二,当个体对自己的状况模糊不清时,很难有客观的标准来说明自己的情感是否适合一种情境,于是就会产生和他人在一起的愿望,希望通过把自己的反应与他人的反应相比,来把握自己的反应,而且个体越是难以确定自己的情感,就越希望与别人在一起,以便减少这种不确定性。

沙赫特等人对亲和动机的研究具有相当重要的意义。首先,它进一步揭示了认识、情感和动机之间的关系。从亲和动机产生的心理背景看,亲和动机的产生受情感状态的限制。如前所述,高度恐惧会增加个体的亲和倾向。同时,亲和动机的产生还和认识水平密切相关。比如,初次上战场的士兵,在他不了解战火、炮声、冲锋、呐喊究竟是怎么一回事的时候,免不了恐惧、紧张,在黑暗笼罩战场、炮火、伙伴、军号都沉寂无声时,新兵们会往一起靠,希望能触摸到伙伴的手或身体,这时他们的亲和动机就很突出。但是,老兵一般不会像新兵这样,他们对战斗场面已经屡见不鲜,因此,他们的亲和动机已经减退,成就动机上升。其次,亲和动机的研究还揭示出各种动机之间的联系。亲和动机之所以成为一种重要动机,是因为它实际上是对人际关系的欲求,希望缩小人际距离,加强人与人之间在相互理解的基础上的相互依托和相互支持。由于害怕孤独和把握个体自己反应的适度性是亲和倾向产生的一个原因,所以亲和动机还常常同社会承认的欲求联系在一起,即个体就是希望和他人在一起而获得他人的认可和接受。

3. 权力动机(power motive)。权力动机是指人们具有的某种支配和影响他人以及周围环境的内驱力。在权力动机的支配下,人们表现出积极主动的参与精神,并有成为某一群体的领导者的愿望。高权力动机者,经常表现为对社会事业有浓厚的兴趣,在讨论问题时总是试图以自己的观点、看法去说服别人,在群体中希望处于领导地位,日常生活中表现得好争论。从个体行为目标上,权力动机可以分为个人化权力动机(personalized power motive)和社会化权力动机(socialized power motive)。

(1)个人化权力动机的个体。寻求权力的目的是为了满足个人的私欲或利益。他们热心活动的目的是利用这些活动来表现自己,树立个人威望或满足某种私欲。同时,他们热中于追求权力、地位,目的也是为了得到某种个人的利益。还有的人表现为追求物质财富,通过各种手段聚集财富。他们企图以优厚的物质财富来提高自己的社会地位,从而达到影响他人和控制社会的目的。

(2)社会化权力动机的个体。寻求权力的目的是为了他人。在行为上表现为关心社会,关心他人,以个人的知识、观念等方式影响他人。如以服务为目的的群众团体的领袖,他们爱人民、爱社会,一心为大众的利益服务,有一种强烈的责任心、使命感,领导大家进行社会改革,推进社会进步。他们重视行使权力后所产生的有利于人民的积极效果。如一些民族英雄、人民领袖等。还有一些人以自己的作品或精神产品去影响他人、影响社会,希望对社会做出有益的贡献,如那些敬业的教师、作家、新闻记者和文艺工作者等。还有的人是以自己的专业技能为社会服务、维持社会的安全、解除人们的痛苦,如那些全心全意为人民服务的律师、武警战士、医生等。

维罗夫和温特的研究发现权力动机有两大要素,即对无能的恐惧和对社会控制的渴求。前者常常表现为害怕失去权力,为自己的声望忧虑,并可能通过酗酒、斗殴或展示已有的威望等行为来表达他这方面的欲求。后者常表现为竭力去谋取领导职位或组织社会的权力。无能会导致自卑感,自卑感又会促使个体设法去获得补偿,而过分补偿不仅会产生妄想,而且会导致对极端权力的追求。

第四节 侵犯与权力

一、侵犯(aggression)的定义

侵犯分为广义的侵犯和狭义的侵犯。

1. 广义的侵犯。广义的侵犯是指有意伤害他人的行为。其包括反社会的侵犯、亲社会的侵犯和被认可的侵犯三种。

(1)亲社会侵犯行为是为了维护社会利益而实现的侵犯行为。如警察追捕罪犯时为防止罪犯伤害自己与别人而采取的制服措施,这种侵犯就属于亲社会侵犯。

(2)反社会侵犯是违反社会行为规范,特别是违反法律准则的侵犯行为。如杀人、纵火、强奸等等都是反社会的侵犯行为。

(3)认可的侵犯行为既不是社会所赞扬、所鼓励的,也不是社会所严厉斥责、严格禁止的。比如父母打骂孩子、教师罚学生站立等等。这类既不属于亲社会侵犯也不属于反社会侵犯,而是居于亲社会侵犯与反社会侵犯之间的侵犯行为。

2. 狭义的侵犯。狭义的侵犯指有意伤害别人且不为社会规范所许可的行为。伤害包括物质的伤害,如生命的毁灭、肢体的残害、财物的掠夺等,还包括精神性的伤害,如指责、诽谤、讽刺而伤及个人的尊严。所以,只有一个人的行为导致伤害他人身心的结果,才可以称这个人为"侵犯者"。但这一行为必须是故意的。本章所指的侵犯主要是指狭义的侵犯。伤害行动、伤害意图、社会评价,是侵犯概念的三个要素。

(1)侵犯行为必须是伤害性的。实际造成伤害的行为和可能造成伤害的行为都可以是侵犯行为。如拿刀杀人,但没砍中,未造成实际伤害,也仍然是侵犯,因为这种行为有造成伤害的可能性。

(2)判断一种行为是否为侵犯行为,必须考虑到行为者的动机,即行为的意图。

意欲伤害别人的行为,尽管没有造成伤害,也是侵犯行为。如用刀杀人尽管未造成伤害,但行为者的意图是要伤害别人,而且行为本身也确实能造成伤害,因此是侵犯行为。有些行为,虽然实际上造成了对别人的伤害,但行为者却没有伤害别人的动机,则不是侵犯。如缺乏责任能力的精神病人的伤害行为,不属于侵犯。

(3)与其他有意伤害行为不同,侵犯是社会所不允许的。警察追捕罪犯时为防止罪犯伤害自己和他人而对其采取的制服措施;个人受到侵犯时的正当防卫,虽都是有意伤害行为,但都在社会许可的范围内,因而不是侵犯。当然,非侵犯性伤害行为也可以转化为侵犯行为。警察制服歹徒后,如继续对其虐待,则就构成了侵犯。再有,父母严厉管教和惩治淘气的孩子,或教师教训学生,一般不会被认为是有意的侵犯。

二、侵犯的分类

根据不同的分类标准,可将侵犯分成以下几种类别。

1. 根据侵犯行为的强度。根据侵犯行为的大小,可分为轻微、中等与极端的侵犯。轻微的侵犯是类似于游戏性质的、对受侵犯者没有造成伤害的行为,如学生在操场上类似游戏的打闹;中等程度的侵犯对受侵犯者造成了伤害,但不至于造成残废或丧失生命;极端强度的侵犯则很可能使受侵犯者残废或剥夺受侵犯者的生命。

2. 根据侵犯行为的目的性。根据侵犯者的不同,可以将侵犯分为工具性侵犯和敌意性侵犯。①工具性侵犯是侵犯者以侵犯为手段达到满足自己私利的目的。例如,足球队员对于对方主力队员,素不相识,并无恶意。但是为了削弱对方主力使本队获胜,而有意踢伤他的腿。②敌意性侵犯是指为复仇或教训对方,以伤害对方为惟一目的的侵犯行为。

3. 根据侵犯行为的对象。根据侵犯行为对象的不同可分成直接侵犯和转向侵犯。①直接侵犯(direct aggression)是指对于造成挫折的人的侵犯。例如,由于甲受到乙的言语侮辱,并向乙拳脚相加,这种行为就是直接侵犯。在许多情况下,直接侵犯是不被社会所允许的,所以人们常用转向侵犯。②转向侵犯(displaced aggression)不是对造成挫折的人的侵犯,而是对于其他的人或物的侵犯。如受了上司批评的职员,回到家后很可能会把从上司那里受的委曲发泄到自己孩子身上,孩子由于害怕家长而不敢发怒,所以孩子可能会与一起玩耍的小朋友打架或摔打自己的玩具。在这一连串的事件中,本来无辜的一系列的人或物受到伤害,这类侵犯就是转向侵犯。

4. 根据侵犯行为的方式。根据侵犯行为的方式的不同,可以将侵犯分成言语侵犯和动作侵犯。①言语侵犯是指使用言语(包括表情)实现的对他人的侵犯,如嘲笑、讽刺、侮辱等等。言语侵犯伤害的是他人的精神。②动作侵犯是使用手脚、牙齿或身体的其他部位实现的对他人身体的伤害。

5. 根据侵犯行为的原因。实施侵犯行为的原因主要有以下几种:①个人需要未被满足。凡是妨碍个人需要满足的对方会遭到侵犯,侵犯的矛头有时指向直接妨碍其需要满足的他人,有时表现为迁怒他人,或乱发脾气,或乱扔东西;有时侵犯行为指向本人,表现为自杀等自残行为。②已经形成的侵犯习惯。人们在社会生活中形成了不良的侵犯习惯以后,变成了个人的性格,因此,往往为了一点小事动辄侵犯他人,无事生非,意气用事,称王称霸。③报复。个人过去曾经受过他人的侵犯,为了报复他人而发生侵犯行为。

侵犯行为各类之间,并不是截然对立的、毫无联系的。动口与动手往往是同时进行的,并且是相互转化的;敌对性的侵犯与工具性的侵犯的界限也不都是十分清楚的。总之,侵犯行为的分类是相对的而不是绝对的。

第五节 青少年犯罪与利他教育

侵犯行为无论对社会、家庭还是个人,都是有害的。尤其对青少年,他们的人格还不成熟,还不能很好地控制自己的侵犯冲动,所以,在一些情况下,青少年的侵犯行为往往会造成犯罪等不良后果。为了社会的安定、家庭的幸福和个人的发展,应控制侵犯行为,培养利他行为。

一、利他行为(prosocial behavior)

利他行为指一切有益于他人和社会的行为,如助人、分享、谦让、合作等。利他行为可以为他人提供时间、资源或能量,利他行为也称"亲社会行为"、"利社会行为"、"助人行为"等。

一些学者相信,利他行为有不同的动机,其中有些是明显的利己动机,例如,有人帮助他人是为了能得到奖励;有人帮助他人是为了自己的良心不受谴责;有些人是纯粹意义上的利他主义,也就是真正地为了他人幸福而帮助他人,不考虑自己的利益。对于第三种动机的利他行为,有人怀疑它的存在,但也有人相信它的存在,认为人有时候确实只考虑他人的幸福而做出助人行为。

关于利他行为,历来认为有两种对立的动机,即自我利他主义与纯利他主义。①自我利他主义的动机。指个体帮助他人是为了减轻自己内心的紧张和不安而采取的助人行为,这是自我服务性的。人们通过助人行为来减少自己的痛苦,使自己感到有力量,或体会到一种自我价值。②纯利他主义动机。是受外部动机驱使,因他人的处境而产生同情,从而做出助人行为以减轻他人的痛苦,其目的在于他人的幸福。

许多心理学家都认为,任何一种利他行为,最后都会产生具有积极意义的自我补偿的结果,因为助人行为之后产生一种自我强化,是自己对自己助人行为的肯定,如愉快、满足、自我欣赏等,这就能使个体在以后做出更多的利他行为,对自己、对他人都是有益的。至于为了减少自己的焦虑与烦恼而做出的利他行为,虽然其动机不如前者高尚,但从中也反映出个体愿意做好事的良知与社会责任感,也是值得提倡的。

二、影响利他行为的因素

影响利他行为的因素很多,主要是个人因素、情境因素、被帮助者特点等。个人因素是促进利他行为的内因,起着决定作用。在同样的外在条件下,由于个人因素不同,有人可能做出利他行为,而有人却可能不做出利他行为。

1. 个人因素。个体的认知归因、公平动机、价值观念、社会的规范和个人的信仰等都影响利他行为。维纳(B. Weiner)指出,面对失去能力而需要获得帮助的人,人们是否愿意去帮助他,主要通过认知归因来决定。例如,一个年轻力壮的乞丐和一个老弱病残的乞丐,人们一般更乐意帮助后者。因为人们会认为前者自己有能力养活自己,而后者则是迫不得已乞讨。因此,认知归因是助人行为的中介因素,如果认识到他人的困难是自己不可以改变的,就给予帮助;反之,助人行为则受到抑制。个人的公平动机也会影响其助人行为,持公平动机的人往往认为,从长远来看一切都是公平的。现在帮助别人,以后别人也会帮助自己。在这样的认知条件下会做出助人行为。

个人的认知是在社会化的过程中形成的。个体早期形成的有关利他行为的观念及父母的言传身教都会影响利他行为的发生。有人认为,父母以热情、支持和爱护的方式对待儿童,会使儿童建立起一种利他的心理倾向。

人们当时的情绪状态也是一种主观情境。社会心理学研究表明,人的情绪最能影响他的利他行为;一个人心情愉快时更容易表现助人行为。研究者提出了许多理论模式来解释积极心境对利他行为的作用。这些理论认为,人在心境好的时候可能从对自己的专注中摆脱出来,更多地去了解他人的需要。另外,好的心境之所以能增加利他行为,在于它能暂时地提高将亲社会认知转化为亲社会行为的可能性,使处于积极心境下的人的助人行为有所增加。此外,有内疚感的人比没有内疚感的人,更有可能产生助人行为。卡尔·史密斯令一组被试电击他人(实验者是同伙,其实是假电击)而产生高度内疚感;另一组被试发出噪音以影响他人安宁而产生低度内疚感,然后要求两组被试去帮助他人。结果表明,高度内疚感的被试(电击他人)所做出的助人行为多于低度内疚感的被试。还有一些研究得到了相同的结果。还有一些其他的个人因素,如身份、年龄、性别等也会影响个体的助人行为。

2. 情境因素。情境因素包括:自然环境对利他行为的影响、社会环境对利他行为的影响。

(1)自然环境对利他行为的影响。一般来说,令人不舒服的大气和坏境会促使侵犯行为的增加,舒适的天气和环境能增加利他行为。一位社会心理学家在研究中发现,人们较有可能在晴朗的天气里帮助他人,而较少在寒冷和刮风的天气里帮助他人。另外,噪音会使利他行为减少。原因可能是噪音破坏了一个人的心境,也可能是噪音分散了人们对他人需要的注意力,或者噪音是一个难以承受的刺激。因为人们在一定的时间内只能对一定数量的刺激做出反应,过多的刺激会使一个人的利他行为减少。由此可以推断,生活在大城市里的人之所以比生活在小城镇或农村的人有较少的利他行为,其原因之一可能就是大城市喧嚣的噪声和过多的刺激。

(2)社会环境对利他行为的影响。情境中的社会性因素也影响利他行为的发生。下面主要讨论他人的存在对利他行为的影响。

首先,旁观者人数对利他行为的影响。许多研究利他行为的社会心理学家认为,旁观者淡漠是特定社会情境下的社会心理现象。我们不能认为有许多人在发生紧急情况的现场,就一定会有人出来相助。事实恰恰相反,正是因为有这么多旁观者,才没有人出来帮助。为什么人们在群体里比单独时有较少的利他行为呢?对于这一点有几种不同的理论解释,其中之一就是责任扩散。所谓"责任扩散"(responsibility difusion),是指某件紧急事件发生时,如果有其他人在场,每个人帮助他人的责任减少,即帮助困难者的责任扩散到他人身上。

当一个人遇到紧急情境时,如果只有他一个人能提供帮助,他会清醒地意识到自己的责任,因而对困难者给予帮助。如果见死不救,他就会产生罪恶感、内疚感,这需要付出很高的心理代价。而如果有许多人在场的话,帮助困难者的责任以及不愿给予帮助所付出的心理代价都由大家来分担,每个人分担的责任很小,这样自然会减少利他行为。而且,旁观者甚至可能连他自己的那一份责任也意识不到,从而产生一种"我不去救,由别人去救"的心理,造成"集体淡漠"。

其次,个体对情境的社会性定义也会影响利他行为的发生。当我们遇到一件事时,要对这件事的性质进行解释,判断是否需要采取行动。当事件性质模糊不清时,我们倾向于参考他人的反应来对事件做出判断,这种受他人反应影响的对情境判断就是对情境的社会性定义。这里面包括榜样的作用和社会影响。一般说来,人们都尽力像别人一样做事,这是一种从众心理。如果事件比较严重的话,一个人也要考虑到不要显得比别人愚蠢,即关心自己的行为被别人如何评价的心理,这种反应在心理学上称为"评价焦虑"。这种想法虽然比较荒唐,但这的确是人们惯常的表现。

3. 被帮助者的特点。被帮助者的许多特征都会影响我们是否给予帮助,如被帮助者需要我们帮助的程度、被帮助者的性别、年龄、仪表等。我们更容易帮助那些我们认为他们自己没有能力而需要帮助的人,所以,老年人、幼儿或残疾人会得到更多的帮助。例如,迷路的小孩子比迷路的大人更能得到别人的帮助。人们更愿意帮助女性,这可能是由于人们普遍认为女人应付困难的能力比男人低。此外,人们更愿意帮助那些由于某些大家认为合理的原因而陷于困境,而且这种困境不是他们自己造成的人。相反,人们往往拒绝帮助那些由于自己的过错或不适当的行为而遇到麻烦的人,如酗酒者、粗心造成错误的人。人们的穿着也会影响别人是否帮助他。如果一个人穿了奇装异服,当他发生困难时,就较少获得别人的帮助。

三、控制侵犯行为和增加利他行为的途径

侵犯行为是社会所不允许的,不利于社会的安定团结,社会中应更多地培养利他行为。减少侵犯行为,增加利他行为,除改变外界环境之外,还必须改变个体心理状

况。实现这种改变的途径有以下几种:第一,使人的侵犯性冲动以社会所允许的方式表现出来,即合理宣泄;第二,个人自己意识到侵犯的后果,从而自觉控制或转移侵犯冲动,个人意识到被帮助者的心理感受会帮助困难者,这一点需要通过培养移情能力来实现;第三,培养个体成熟的个性;第四,减少侵犯行为的环境,增加利他行为的环境。

1. 宣泄。"宣泄"这一概念最早是由亚里士多德提出来的,意思是用文学作品中的悲剧手法,使人们的恐惧与忧虑等情感得以释放,以达到净化的目的。亚里士多德并未提到过侵犯问题,但他认为,通过实际地体验某种情绪,可以使这种情绪得以释放。因此,看经典的悲剧,可以培养人的同情心和消除恐惧,使相应的情绪得到宣泄。

宣泄的基本假设是,侵犯性的精神能量是一个常数,一切实际的侵犯行动或在想像中实施侵犯行为,都可以使侵犯性的精神能量得到释放,从而减少侵犯性冲动,达到减少侵犯行为的目的。

既然宣泄有利于侵犯行为的减少,那么该如何释放侵犯性冲动呢?一般认为有以下三种方法:一是用体育活动来消耗侵犯性能量,尤其是一些竞争性的游戏,如体育竞技运动中的球类比赛、跑步、跳高、拳击等;二是进行一些没有破坏性的、幻想的侵犯行为,如想像中打某个人、在心里骂某个人,或读暴力故事等;三是做一些直接的侵犯行为,如痛斥他人、伤害他人以及刁难他人等。

人们普遍认为上述第一种方法是有效的,并且是积极的,因此受到许多社会心理学家的极大支持。第二种方法是在幻想中侵犯他人。在头脑中幻想的侵犯行为实际上是不伤害他人的,通过幻想而缓和了侵犯性的紧张状态,这是一种有益的,也是为社会所接受的方法。有研究表明,进行这种侵犯性的幻想可以使人感到舒服一点,以暂时减少侵犯行为。支持宣泄理论的学者费希巴赫在实验中先有意激怒学生,使其产生挫折感,然后让其中一部分学生编写侵犯性故事,而不让另一部分学生编写侵犯性故事,最后给全体学生包括未被激怒的学生提供一次侵犯行为的机会。结果发现,那些受到激怒而产生挫折感、但曾经编写侵犯故事的学生其侵犯行为量较少。但是,两组被激怒学生的侵犯行为明显大于那些根本没有被激怒的学生。可见,幻想侵犯的作用是十分有限的。见下表 3-1:

表 3-1 编写侵犯性故事对侵犯行为的影响

条 件		侵犯行为%
被激怒的学生	编写侵犯性故事的	21.17
被激怒的学生	未编写侵犯性故事的	23.09
未被激怒的学生		14.92

释放侵犯性的第三种方法是直接对他人实施侵犯行为,这是不为社会所接受的。这种方法虽然可以暂时缓解侵犯者内心的侵犯倾向,但因为直接对他人实施侵犯行为必然引起他人的反击,矛盾会更加恶化,因此这种方法不但没有减少侵犯性,反而增加了侵犯行为,以致扰乱社会的安定秩序。

最新的研究表明,在实际社会生活中,恰当地宣泄是一种很好地消除人的怨恨与侵犯冲动的方法。日本松下电器公司的下属企业中,设有"精神健康室",也称为"出气室"。在"出气室"里有各种哈哈镜,又有几个象征经理、老板的橡皮塑像,并且备有棍子。如果工人心情不悦或对某个管理者心存怨恨,可以去"出气室",狠揍塑像,发泄不满。这样,工人就不至于把对管理者的不满转移到工作和人际关系上,而影响生产的效率和质量。

综上所述,前两种方法是有效、积极的,而第三种则的有害的。而且必须指出的是,宣泄是指已经产生了对一定对象的侵犯准备而言的,对于未产生愤怒攻击准备的人,实际地经验侵犯行为,或想像目睹别人实施侵犯行为反而会增加侵犯的危险性。所以,宣泄方法不能滥用,否则,效果会适得其反。

2. 移情能力的培养。移情是设身处地以他人的立场去体会当事人的心理感受,即所谓"将心比心",从而减少侵犯行为或产生助人行为。费希巴赫等人的长期系统研究表明,移情能力与侵犯行为之间是负相关的关系,移情能力越高,也就越少地对别人采取侵犯行为。高移情能力的人,对于有困难的人也会设身处地去帮助。

在移情能力的具体培养方法方面,费希巴赫与其助手们经过长期的研究,80年代初出版了一本由44个具体题目构成的移情能力培养方法的著作《学会关怀》。其中的题目从简单地变换看问题的角度,直到复杂的各种社会视角的分析,由此循序渐进地培养人们用别人的眼睛看世界,用别人的心体验世界的能力。

日常生活中,角色扮演的方法是培养移情能力的良好方法。使人身临别人所处的情境,暂时充当别人的角色,真实体验别人在一定情境下的内心状态,可以培养其对别人观点和情感的意识,并在真实行为中考虑别人的利益和对别人心理上的影响。

移情对于侵犯行为的抑制作用,已经为犯罪学研究所证实。犯罪心理学家发现,让性暴力犯罪者观看他所侵犯的受害者痛苦反应的录像,可以有效地降低其重新犯罪的可能性。而没有看录像的对照群体,重犯率显著高于看录像的实验组。因此,社会心理学家建议,移情能力的评价和培养,应成为罪犯改造的一个重要步骤。

移情对助人行为作用的实验也说明了移情有助于利他行为的发生。有学者设计了一个实验,让被试有机会代替一位害怕电击的妇女去接受电击,比较在两种不同情境下被试代替妇女接受电击的比例。一是让被试直接观看妇女接受电击(不回避组),二是让被试不去观看妇女接受电击(回避组)。同时告诉被试,其中一些妇女和他具有共同的兴趣、爱好以及价值观,即高移情组,另一些妇女则不是。这样就控制好了移情的条件,如表3-2所示:

表3-2 移情对助人行为影响的实验

条件	不回避组		回避组	
条件	高移情	无移情	高移情	无移情
是否愿意代人受过	愿意	愿意	愿意	不愿意

实验结果表明了移情对助人行为的作用。两组被试在高移情条件下,代人受过

的比例都很高,回避组为90%,不回避组为82%;不得不观看妇女接受电击的被试(不回避组)在两种移情条件下,都较愿意代替那位妇女受过;被试在不观看妇女接受电击(回避组)的情况下,只有"高移情"的被试才愿意代人受过。研究者认为,前一种被试可能认为这是惟一可以减少自己内心焦虑的办法,而后一种被试由于他回避了妇女受电击的情境,未能亲眼目睹妇女遭受痛苦,他们代人受过的原因不仅是减少了自己的焦虑,而更主要的是考虑那位妇女的幸福。

3. 成熟个性的培养。对利他行为的人的人格研究结果表明,某些人的人格特征使人们容易去帮助别人。研究人的侵犯行为方式的犯罪心理学家强调,个性成熟者的自我意识的控制水平较高,对他人采取侵犯性行为的可能性也较小。

(1)犯罪心理学家强调的成熟个性特征主要有以下几个方面。①有道德责任意识和成熟的敏感性。②关心别人的福利和得失。③不保留敌意与怨恨。④不歪曲现实。⑤客观认识自我。⑥对自己的行为负责。⑦懂得自己的角色是权利和责任的统一。

与个性成熟者相反,个性不成熟者自我意识水平较低,倾向于运用侵犯行为方式来达到目的。

(2)犯罪心理学家认为不成熟者个性特征主要有以下几个方面。①社会退缩,不会建立正常良好的人际关系。②留恋家庭,行为目的是以自我为中心。③缺乏独立性,自发性。④情绪不稳定,行为方式倾向于侵犯性与逃避性。⑤自我行为责任意识缺乏,缺乏忍受延搁落后的能力。⑥对外部世界和自我缺乏客观的认识。

研究表明,个性不成熟者运用社会允许的方式满足自己需要的能力较低,缺乏客观的自我意识和自我控制能力,因而运用突发性、破坏性、侵犯性行为方式满足自己的可能性大大增加。

培养成熟的个性是一个长期的过程。心理学家认为,个性的培养需要从小开始。改变自小养成的不成熟个性也是一个漫长而艰苦的过程。但尽管如此,大量研究表明,引导个人自我发现和自我矫正的心理学技术,如角色扮演,有助于改善个性。

4. 创造良好的环境。个体尤其是儿童有很强的模仿能力,个体生活的环境及其接触到的侵犯行为都会成为儿童模仿的榜样。要减少侵犯行为,增加利他行为,应尽量减少有侵犯行为的环境,增加利他行为的环境。

电视等大众传播媒介给现代儿童提供了观察学习的重要途径,而电视播放暴力节目具有很大的潜在危险。虽然在大多数包含暴力内容的电视片中,暴力或侵犯行为的实施者总会遭到惩罚,但暴力电视的消极作用不可低估。尤其是儿童,他们的辨别能力较低,模仿性却很强,因此更容易受到不良影响。有些研究者把美国少年儿童侵犯性行为的增多以及青少年犯罪率的增多,归结为是观看了许多的暴力画面的结果,似乎是有道理的。

针对这种情况,有些研究者提出了一些方法来避免暴力电视对儿童可能产生的不良影响。一方面是减少儿童接触暴力电视的机会,可以通过规定儿童什么时候可以看节目、什么时候不可以看节目,以及可以看哪些节目、不可以看哪些节目来限制。

另一方面是父母和儿童一起看电视,这样父母可以直接对节目内容进行解释、评价,帮助儿童正确理解节目中所表现出的价值观,从电视节目中学到有益的东西,减少电视节目对儿童的不良影响。同时,可让儿童多看一些助人行为,使儿童模仿助人行为。

思 考 题

1. 简述动机和行为之间的关系。
2. 动机的基本特征有哪些?
3. 成就动机的形成受哪些因素的影响?
4. 简述对侵犯行为的认识。
5. 影响利他行为的因素有哪些?
6. 控制侵犯行为、增加利他行为的途径有哪些?

第四章

自我和自我意识

本章要点

☆自我和自我意识的概念
☆自我意识的形成和发展
☆影响自我发展的因素
☆自我意识的表现
☆定位与自我实现

第四章

自然下三交信尔

第四章 自我和自我意识

第一节 自我和自我意识的形成与发展

一、自我意识的概念

自我意识是指个体对自己心身状态的察觉、认识、对待；或指个体对当前自身状态的确认。察觉是一种心理经验，是一种主观意识，在心理学中"自我"和"自我意识"是同义语。心理学词典认为，自我意识是儿童在一定年龄阶段中所产生的对主体的自我认识，如自我感觉、自我评价、自我监督、自尊心、自信心、自制力、独立性等等。自我意识是个性特点之一，也是人类区别于动物心理的重要标志之一。

心理学研究证明，人有两个自我，一是主观的"我"，或称"监督自我"，是对自己心身活动的察觉者、监督者、调节者；另一自我是客观的"我"，或称"执行自我"，是心身对外界直接反应的活动者。人类在自我意识的调节中，才能逐步完善自己的个性，有理想、有信念、自制、自尊、自爱、自信，能良好地适应环境。自我意识良好的核心是自知和自爱。要做到自知需要自我观察、自我认定、自我判断、自我评价。不能自知的人就会不自量力，承担非力所能及的工作，不仅影响工作效率，而且会由于过度紧张、疲劳而影响健康；自爱是悦纳自己、爱惜自己、保护自己、珍惜健康、珍惜自己的品德荣誉，以此取得别人的尊敬和友谊，并能善于适应环境，力求事业的进步和充分的发展，自爱的反面是自暴自弃。自尊、自信、自强、自制是自爱的内涵。

自爱以自知为基础，完全对自己不了解的人很少，但完全了解自己的也不多。增进自知、自爱、自觉修养，自知和自爱随着岁月的增长会自然养成。

自我意识不是与生俱有的，只有经过社会化过程，个体意识到自己的社会存在、社会地位、社会价值，并对自己的能力、特点，以及前途等，有所看法才构成自我意识，主动的自我控制和调节功能，是自我意识发展成熟的标志。

二、自我意识的形成与发展

自我意识是在社会化的过程中逐渐发生发展而形成的。其形成过程，主要体现在三种自我发展中。

1. 生理自我。是个人对自己躯体的认识，包括占有感、支配感和爱护感。出生8个月的孩子不能把自己与周围事物分开，他玩弄的玩具和自己的脚趾并无不同，说明他们还无自我意识。后来逐渐"发现"抓、摸、咬自己的手、脚时，有被抓、摸、咬的感觉，而抓、摸、咬玩具无此感觉。这种初步的分化，有了对象化的意识。据研究，8~9

个月的孩子已经对镜子里的形象感兴趣了;到10个月时可以主动地在镜子里看自己的形象,并想和镜子中的自己玩,但还不知道镜中的形象是自己。到2岁2个月左右,可确认镜子里自己的形象是自己(或认识自己的照片),并能用"我"字表达自己的愿望和要求。所以,生理的自我大约在8个月至3周岁左右形成。孩子到3周岁的时候,开始出现羞耻感、妒忌心和占有欲等,并出现自我中心倾向,以自己为标准解释外界现象,认为外部者是为他而存在的。这时的自我意识是以躯体需要为基础的生理自我为主的。

2. 社会自我。从3岁始是个体接受社会化最深的时期,也是社会自我迅速形成的时期。当儿童从自我中心解放出来后,以社会的观点认识和评价事物。这时,幼儿的主导活动是游戏,这是孩子发展社会自我意识的好课堂,如孩子在一起玩办医院的游戏,有的扮演院长、有的扮医生、有的扮护士,还有的扮演家长或病人。孩子们的这类游戏,实际是对成人社会实践的模仿。他们在游戏中可以体会心情,认识人与人之间的关系和社会道德规范。一旦进入学校,便进入了一个自我意识发展的新阶段。学校不同于家庭,老师面向所有孩子,对孩子是一视同仁的,这就使孩子感到自己是这个集体中的一分子。而且产生责任感、义务感,有了纪律约束,好的受到表扬,做得不好,就受批评,从而发展了孩子们的成就动机。成就动机是发展和形成自我意识的重要一环,它可使孩子努力向上,发展自信、自尊、自爱,社会自我逐渐完善。

3. 心理自我。从青春期到成年,心理自我迅速发展,生理自我和社会自我也逐渐成熟。在此期间,青春期性成熟使他们心理上产生剧烈变化,"忽然"发现自己已经不是小孩了,有一种盲目的成熟感。这时,要求独立、平等、自尊,看待事物不再像过去那样以客观为惟一标准,有了自己的观点和态度,提高了主观性和批判性。这个时期,想像力很丰富、抽象和思维能力增强,知识经验也相对增多了,开始形成自己的人生观、世界观,有了理想和信念。重视自我,珍爱自我,自我防卫,并通过自我意识的控制和调节去努力实现自己的理想。

三、影响自我意识发展的因素

1. 遗传因素。所谓"遗传",就是亲代通过生殖细胞内的一定物质基础,将许多生物特征传递给下一代。这些可遗传的生物特征,称为"遗传素质"。遗传素质主要指那些生来俱有的解剖、生理特点,如身高、性别、体型、发色、血型、高级神经活动类型。遗传素质是个体发展的内部条件和前提,它为自我意识的发展提供了潜在的可能性。把遗传在心理发展中的作用估计过高或过低都是错误的,应当承认遗传的重要作用,因为这是个体发展的物质基础和前提条件,但不能夸大它的作用。

2. 环境因素。环境系指个体生命开始之后,其生存空间对其发生影响的一切因素。从母亲妊娠就算新生命的开始,个人一生所处的环境分为产前环境和产后环境两方面。产前,新生命经历胚种(受精后2周内)、胚胎(受精后3~8周)、胎儿(从9周起至出生)三个时期。在这三个时期内,个体通过脐带、胎盘与母亲的血液循环系统相连接,既可吸取营养,又可排除废物。这时,子宫是个体的小环境,母体是大环境。因此,母亲的疾病、服药、运动、情绪等,都时刻影响小生命的成长。所以说,胎教十分重要。

小孩出生后,环境突然变大了,所接触的不仅有自然环境,还有社会环境,这两者对个体的身心发展都有巨大影响。由于人们的生活环境不同,个人所获得的早年经验也不同,这是形成个性差异的一个重要原因。心理学家为了论证环境在个体发展中的作用,进行了大量的研究和实验。哈佛大学的怀特1969年提出,与月龄相适应的适量刺激有利于孩子身心发展。

人的环境主要是社会环境,孩子随日龄、月龄的增加,受社会环境的影响越来越大。社会环境包括家庭、邻里、亲戚、朋友以及一切社会生活条件,这些因素对个体心理发展都起着潜移默化的作用,社会的物质、精神文明同时也影响着儿童心理发展的方向和水平。所以,环境在心理发展上起着决定性作用,而遗传为个体心理发展提供了自然物质基础和前提条件,二者不可偏废。

3. 教育因素。教育也是一种环境,但这种环境与自然的环境有质的区别。因为教育基于某种社会要求和观点,是有计划、有系统、有组织地施加影响的过程,这个过程在环境中起主导作用。例如,早期教育可以促进孩子智力发展,而没受过早期教育和学校教育的同卵双生子,其心理发展水平也不一样。

总之,遗传是基础,环境和教育在个体心身成长中起决定性、主导作用;另外,还要按照个体成熟的发展规律办事,不能"拔苗助长",既承认成熟的制约作用,又不能消极地顺应成熟,而是要积极主动地采取措施,适当地进行早期教育,促进个体心理健康发展。

第二节 自我和自我意识的表现

自我和自我意识总是在与别人交往时表现出来,特别是表现在一个人的态度和行为方面。比如:一个人对上级领导,自我表现为愿意听从指挥;而对下级,表现为严格要求、关心爱护;对朋友、对知己,表现为推心置腹、以诚相见。由此可见,自我在态度和行为方面,是多种多样的,是以自我与他人之间的关系作为前提的。

自我表现往往是自我意识的一部分,对待同志满腔热情,这只表现出对待同志所特有的、相应的一种关系和自我意识;而当对待敌人时,同一个人就会表现出针锋相对,对敌人所特有的、相应的一种关系与自我意识;对待国际友人则表现出不卑不亢、内外有别的一种自我意识。

另外,在人际关系中,自我与自我意识的表现往往是比较复杂的。例如,出于礼貌,自我意识表现出某种克制、控制或调整,从而使自我意识的真实性有所掩盖。例如,你走在商场里被他人踩了一脚,对方非常客气地表示道歉,你就会说"没事儿"、

"不疼"、"没关系"等,其实自我意识中察觉到疼痛。在这种情况下,不能认为自我表现是虚伪的,只能认为自我意识表现出某种克制、忍让。

如果你见到一个自高自大的人,你的自尊心倾向就会增强,你的自我表现就会显得不冷静;反之,如果对方很谦虚、礼让,你也就会比较客气,表现出自己是个和蔼的人。所以,解决人际关系中的内部矛盾,要各自多作自我批评。作为领导,在管理上对群众就要表现出理解和信任;作为同事、朋友,在交往时遇到矛盾就要在坚持原则的同时,善于降温或冷处理。

另外,个体参加了某个团体,成了这个团体的一分子,他就会自觉地维护自己所属团体的形象,从而自我表现也会发生一些相应的变化。所以,加强个体的团体所属感,如参加党,并交纳党费;参加学术团体,交纳会费,都能增强个体的所属感意识,从而表现为团体组织尽义务、做贡献。出国人员在国外的处境往往会增强作为一个中国人的自我意识,在言谈举止上表现出对祖国利益和民族尊严的积极维护。

第三节 自我评价及研究

1. 自我评价的概念。自我评价是指个体对自己的判断,是一个人自我意识的重要组成部分。自我经历着生理自我、社会自我、心理自我三个发展阶段,自我评价也相应经历了这三个阶段,在评价的内容和追求上也就出现了相应的变化。第一个阶段:个体主要从自己的家人那里对自己身体、衣着、物品以及家庭成员对自己的态度上做自我判断,从而表现出自豪或自卑;第二个阶段:主要从自己的名誉、地位、社会中其他人对自己的态度等方面作自我评价和判断,表现出自豪或自卑的自我体验,追求他人对自己的注意和重视,追求荣誉、地位以及他人对自己的感情;第三个阶段:主要表现对自己智慧、才干、道德水准方面的评价与判断,从而产生自我优越感等自我体验,追求政治上、事业上、道德上的进步和发挥自己的才智。

心理自我阶段是自我意识发展的最高阶段;在自我意识发展的不同阶段,自我评价的内容和自我追求是不同的,但各发展阶段又是相互联系的,生理自我和社会自我为心理自我打下了基础,做了准备。

自我评价作为自我意识的重要部分,同样是在社会生活实践中逐渐形成的。它是以别人对自己的态度来估计自我的,别人对自己的态度就成了自我评价的参照点。概括地说,一种经常而稳定的评价,才能作为自我评价的依据。实际上,自我评价是通过个体对心理活动的分析来实现的。

鲁迅说过,我常常解剖别人,但更经常解剖我自己。对自己的这种解剖和评价不完全依据别人,而是通过自我分析独立完成的。但这种评价往往受自身认识水平、认识方法、主观经验的局限,使个体不能如实分析、评估自己。总之,自我评价受个体社会角色、社会地位的影响,也受个体价值观、期望水平、自我理想的制约,容易带有主观性。所以,人贵有自知之明。

2. 自我评价的研究。社会心理学家做过很多自我评价的研究,早期曾提出一组描写优或劣品质的语词,如文雅、幽默、聪明、善交际、爱清洁、美丽、势力、粗鲁,让一个班的学生作为被试对同班同学和自己进行排列,而后把各人对自己的排列与自我排列进行比较。结果表明,优良品质的自我评价比别人评价高得多,而不良品质的自我评价却比别人低。研究还表明,自我评价与所属团体里别的成员对自己的评价比较接近的人,在与同志、同事的关系上也比较融洽。

迪纳(diener)和瓦尔波姆(wallbam)于1976年做过这样的实验,他们把被试分成在镜子面前做作业和不在镜子面前做作业两个组。发现后一组被试做作业有70%的人作弊,而且已到交作业时间,还有人继续做作业;而前一组被试只有7%的人作弊。说明看到了镜子中的自我,提高了被试的自我注意,减少了理想自我与现实自我之间的分裂。

自我评价能培养个体正确认识自己的能力,对个体的个性发展起着调节、引导的作用。尤其对于青年人,鼓励帮助他们对自己做出适当的评价,可以增强青年人的自信心,克服自满和自卑情绪,形成对自己稳固的、肯定的形象;建立个人对别人的正确反应,有利于自我改进和自我教育,有利于个体心理上的健康成长。

第四节 正确认识自我与自我实现

一、自我和自我实现的概念

自我是指对自己能做出全面的、合乎实际的评价和判断,正确的自我实现则是指对自己的正确判断提出远大而又能达到自我追求的目标,并付诸实践,获得成功,不但充分发挥了自我,又完善了自我。

"自我实现"是当代社会中影响最广泛、最有生命力的人本主义心理学概念之一,甚至可以说是核心概念。从1943年末到1944年初夏,是马斯洛关于自我实现理论的萌芽时期。直接影响马斯洛最后使用"自我实现"这一术语的是戈尔茨坦(Kurt Goldstein),他从第一次世界大战时就开始对脑伤患者进行研究,发现脑损伤患者不能完成已胜任的工作时,他们就会持续不断地做他们力所能及的工作,如果不让他们做,他们就会出现一种恐慌状态。他解释,脑损伤患者之所以会这样,是由于机体的"自我实现"受到阻碍。马斯洛使用这一术语,主要原因之一,就是因为戈尔茨坦使用这一术语时,有大量的研究资料做基础。在需要的层次中,自我实现是最高一层的需要,自我实现的满足状态,就是人的最佳状态,如果这种最佳状态能够较频繁出现,或能长久地、稳定地保持,就是自我实现的人了。

马斯洛对天才和自我实现作了区分：天才并不意味着自我实现，自我实现不等于天才。按照这个理论，一个普通人可以是自我实现的人。自我实现与职业没有关系，甚至也不取决于与他人比较，一个人所能体现的价值主要看他相对于自己有没有突破。

二、实现的两个基本层次

在划分自我实现的层次时，个体的人格状况、需要满足的情况、高峰体验多少等都是可以考虑的标准。

1. 作为人格的自我实现。人格是指长期的稳定的心理特征总和。作为人格的自我实现，是指那些经常能够自我实现需要的人，或称"自我实现的人"。马斯洛在《动机与人格》一书中，详细描述了这样的人：他们具有"对现实的更有效的洞察力"、"高度的接受性"、"行为的自然流露"、"以问题为中心"、"超然的独立特性"、"对环境的相对独立性"、"欣赏的时时常新"、"有较多的高峰体验"、"深沉的社会感情"、"富有哲理的幽默感"、"富有创造力"等15个主要特征。

马斯洛关于对自我实现的人的描述，使很多人望而生畏，因为的确很少人才能达到这个标准。其实，自我实现的普遍意义更加深远。

2. 作为一种需要满足的自我实现。这是指在需要层次中，人的自我实现这一层次需要进入了满足状态。作为这种自我实现，不管是谁都有可能做到。只要你自己在对环境的积极适应前提下，潜能有所发挥，体验到了"忘我"的时刻，你也就经历了自我实现。

自我实现的人也会处于非自我实现状态，这样的人可能有自我实现的时刻。这是指他们在某些时候也使自己需要的满足暂时地上升到自我实现需要呈优势的水平。不仅成年人能自我实现，儿童、青年也能自我实现。例如，青年学生在考试时、儿童在做游戏时，都可以有自我实现的时刻。但这种自我实现有别于作为一种人格状况的自我实现，后者是一种稳定的长期现象，一般只有成熟的成年人才能做到。

每个人在现实生活中，都能体验到欢乐，作为人格的自我实现也是每个人都可以从自己的状态一步步走近的目标；从自我实现的满足到自我实现人格的形成，是一个连续体，是一个从量变到质变的过程。

三、自我实现与定位

1. 定位的重要性。"定位"在现代社会中极为重要，个人、团体、群体，乃至整个国家，都有一个定位问题。说现在中国属于"社会主义初级阶段"，这是一个宏观的大定位。对于一个普通人来说，重要的是自己的定位。

随市场经济的发展、经济结构的调整，社会流动愈加频繁，人们普遍需要重新认识自己，于是"定位"一词开始流行。下岗职工的出现，在一定意义上给定位问题增加了一种紧迫感。迫使他们重新考虑自己的前途问题,考虑自己与社会的关系。刚毕业的大学生需要找工作,"干什么"、"在哪儿干",这是个定位问题。也许你已有工作,但你总觉得不如意,一直考虑调动。这说明你还没完成自己的定位。也许你已经可以安心地工作,但仍然感到不满足,在工作中取得的成绩与自己的能力和潜力不相称。因此仍在刻苦学习,希望在工作中做出更大成绩。这也是个定位问题。

定位说明社会流动的普遍性,俗话讲,"人挪活,树挪死"。机会增加了,人们有了选择的余地,这无疑是一种社会进步。

2.从自我实现理解定位。从心理学角度看"定位",它是与一个人的自我实现密切相关的问题。如果一个人对自己提出了定位问题,这就意味着他希望更加深刻地认识自己、认识环境,从而更好地发挥自己的才干。从这个意义上讲,定位是自我实现的一个前提条件。简单地说,自我实现就是在对环境积极适应的前提下,个体自身潜能的发挥。根据马斯洛的需要层次理论,人的最高需要是自我实现的需要,在择业时考虑最重要的因素,就是自己潜能的发挥。如果能一步到位地选择到自己的工作岗位,当然这是好事,如果不能呢?也许能够发现最适合我们的树。当找到了那些树后,我们就会发现,原来还有更好的果子吃,还可以使我们长得更加健康。

定位不是一次完成,也不是一劳永逸、固定不变的。人的发展分若干阶段,每个阶段都有一次"小定位";另外,社会发展有时也有些难以预测或作为个人不能把握的因素,对自己的定位需要调整。重要的是打破自身人格的萎缩状态,不要怕碰钉子,也不要好高骛远。为了发挥我们的潜能,不妨勇敢一些。马斯洛告诫我们:你潜能发挥的一个先决条件是个体必须接受挑战。挑战的大小对个体非常重要,挑战太小,个体得不到发展;挑战太大,个体无法应战。所以,自我定位的关键是寻求和接受自己力所能及的挑战。

如何搞好定位,用一个比喻来说明,跳起来能够吃得着果子。果子的高度是一种挑战,跳起来才能够得着,可以促进我们成长。当然,你可以只吃那些一伸手就能摘取的水果,这也可以维持自己的生存,但肯定你发育是不健全的。多走一走、多找一找、多跳几跳,就会发现新的机遇。

影响"定位"有客观因素和主观因素。客观因素,例如文化与时尚,由于从众心理或由于市场压力大,不可避免要考虑时尚问题。定位时要考虑时尚,又要超越时尚,否则,就难以成功地自我实现。主观因素,包括自我形象,能力特长,需要满足状况、价值观等。定位过程,也是不断深入社会、深入认识自我的过程。任何人择业,往往都会有"高不攀,低不就"的苦恼,我们认为,应努力争取符合自身特点的最好的工作,当争取不到的时候,对条件差的工作也不应排斥。

从人的潜力和创造力的发挥角度看,人的高峰期在青、壮年,这个时期也是最有创造力的时期。而创造力是自我实现的必要内容之一。人在年轻时,的确有很多发挥自己潜能的机会,有很多满足自己自我实现的机会。但是由于年轻人不成熟,很多机会被浪费了,等到进入老年,精力减退了,做事情已感到力不从心了。不过,自我实现就是做自己力所能及的事,比其他人少浪费机会,潜能发挥得就更充分。

思 考 题

1. 简述自我、自我意识、自我评价、自我实现的概念。
2. 自我意识的形成与发展有哪三个过程?
3. 影响自我意识发展有哪些因素?
4. 遗传和环境因素指的是什么?
5. 自我评价和自我意识是什么关系?对个体人格发展有什么作用?
6. 自我实现有哪两个基本层次,其具体概念是什么?
7. 定位与自我实现是什么关系,有何意义?

第五章

社会知觉

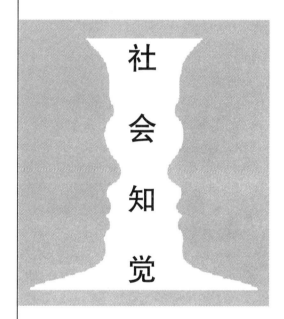

本章要点

☆社会知觉的概念
☆社会知觉与知觉的区别和联系
☆社会知觉研究

第五章 社会知觉

第一节 知觉与社会知觉

一、知觉(perception)

(一)知觉的概念

人们通过感官得到了外部世界的信息,这些信息经过头脑的加工(综合与解释),产生了对事物整体的认识,就是知觉。换句话说,知觉是客观事物直接作用于感官而在头脑中产生的对事物整体的认识。例如,看到一本书、听到一首歌曲、闻到一种菜肴的芳香、微风拂面感到丝丝凉意等,这些都是知觉现象。

1. 知觉与感觉的关系。知觉与感觉一样,是事物直接作用于感觉器官产生的,同属于对现实的感性认识形式。离开了事物对感官的直接作用,既没有感觉,也没有知觉。知觉以感觉作基础,但它不是个别感觉信息的简单总和。例如,我们所以能正确知觉正方形和菱形,就是由于我们正确知觉了组成正方形和菱形的四条线之间关系的不同,而并非把对四条直线的感觉简单相加。所以说,知觉是按一定方式来整合个别的感觉信息,形成一定的结构,并根据个体的经验来解释由感觉提供的信息。我们日常看到的不是个别的光点、色调或线段,也不是一大堆杂乱无章的刺激特性,而是由这些特性组成的有结构的整体,如房屋、树木、花草、人物等。刺激物的个别属性或特性,总是作为一定事物或一定对象的属性或特性而存在的。我们看到的红色,不是红旗的红色,就是红花或红衣的红色;我们听到的声音,不是马达的声音,就是说话的声音等。这些属性与一定的客体相联系,并具有一定的意义。在这个意义上,不与任何具体事物相联系的、完全没有客体意义的感觉是很少的。

2. 知觉的作用。知觉作为一种活动、过程,包含了互相联系的几种作用:觉察、分辨和确认(Moates,1980)。

(1)觉察(detection)。是指发现事物的存在,而不知道它是什么。例如,我们在校园内的马路上散步,忽然发现路旁有一个闪闪发亮的东西。这时我们只是觉察到一个物体的存在,还不知道它是什么。

(2)分辨(discrimination)。是把一个事物或其属性与另一个事物或其属性区别开来。

(3)确认(identification)。是指人们利用已有的知识经验和当前获得的信息,确定知觉的对象是什么,给它命名,并把它纳入一定的范畴。例如,当我们走近路旁那个闪闪发亮的东西,经过仔细观看和摆弄之后,看清它的形状是圆的,它的光亮的表面能够反映出自己的面貌形象……从而把它与其他事物区分开来,并断定它是一面镜子,这就是分辨和确认。在知觉过程中,人对事物的觉察、分辨和确认的阈限值是不一样的。如果说人们比较容易觉察一个物体是否存在,那么要确认这个物体就要困难得多,需要的加工时间也更长。

(二)影响知觉的因素

人的知觉受各种因素的影响,归纳起来可以分为客观因素和主观因素两大类。

人所处的周围环境是纷繁复杂、多种多样的,在一瞬间要感知全部内容是不可能的,其中有被清晰感知的,也有被模糊感知的。被清晰感知的事物称为"知觉的对象";被模糊感知的事物称为"知觉的背景"。影响知觉从背景中区分出对象的客观因素,有以下几个条件:

1. 知觉对象与背景的差别。知觉的对象与背景的差别越大,对象从背景中区别出来就越容易;相反,知觉的对象与背景之间的差别越小,这种区分就越困难。人极易从鸡群中将鹤、从羊群中将骆驼区分出来;相反,从皑皑白雪中把白熊区分出来是很困难的。

2. 知觉对象的轮廓线。图形的轮廓线是从背景中分出知觉对象的又一个条件。在现实生活中,通常有一条轮廓线把知觉对象和背景分开。如果图形的轮廓线不够清晰或不够完整,就很难把图形知觉为对象;如果图形的轮廓线清晰而完整,人们就很容易把对象从背景中区分出来。

3. 知觉对象的运动。在固定不变的背景上活动的物体,容易被知觉为对象。例如,街道上行驶的车辆、月夜里的流星等运动着的物体,容易被知觉为对象。

人的主观因素对知觉也有重要的影响,主要有以下几个方面:

1. 兴趣。人的兴趣是存在个别差异的,这种差异往往决定着知觉的选择性。也就是说,人们的兴趣往往会使他们把不感兴趣的事物排除到知觉的背景中去,而集中注意于感兴趣的东西。

2. 需要和动机。凡是能够满足人的需要、符合于人的动机的事物,往往优先成为知觉的对象、注意的中心。反之,与人的需要和动机无关的事物则往往不被人们所注意。例如,有时在一定的情境中所"看见"的只是我们想要看见的东西,或者我们决定要看见的东西。

3. 个性心理特性。人的个性心理特性对知觉也有重大影响。例如,不同神经类型的人之间存在着知觉深度和广度的个别差异。多血质的人知觉的速度快、范围广,但不细致;粘液质的人知觉速度慢、范围较窄,但比较深入细致。

总之,人的知觉受主客观多种因素的影响。在知觉中,主客观因素相互影响、相互作用,使人们的知觉形成了个别差异。

二、社会知觉(social perception)

社会知觉在有些社会心理学文献中又称为"社会认知"(social perception)、"人际知觉"(interpersonal perception)、"对人知觉"(person perception)。有的社会心理学家不加区别地使用这些术语,有的则略加区分。其实,因其研究的对象、内容是相似的,甚至可以说是相同的,都是研究个体对自己、他人及群体的看法,对行为、事件的解释、推断等,所以,从某种程度上可以认为它们是同一概念。

1. 社会知觉的定义。社会知觉是主体对社会现象的知觉。社会现象包括人以及人的行为、人际关系、社会角色、社会事件等等。尽管社会知觉是由社会现象、社会刺激引起来的,然而,社会性刺激是离不开刺激的物理性的。以人为例,人的行为、人的个性是离不开他的生理属性的。因此,在社会知觉里也包括着对人的高矮、胖瘦等自然属性的知觉。再者,社会知觉虽说用了"知觉"一词,但是按其产生过程和内容并不限于知觉,而且包括了记忆、思维等高级心理活动。

"社会知觉"是美国心理学家布鲁纳(Jerome Seymour Bruner)首先在知觉研究方面提出来的一个概念。布鲁纳作了一个有名的货币实验,实验材料是一套硬币,有1分、5分、10分、25分、50分等大小不同的圆形硬币;另一套是与硬币大小、形状相同的硬纸片。实验对象是30个家庭贫富不同的10岁的孩子。实验程序是,先把两套材料先后投射在银幕上,让被试依次观看,然后移去刺激物,令被试画出刚才看到的硬币与圆形纸片。结果被试画出来的图形大小和实际上看到的刺激物不完全相同,他们画的圆纸图形与实际的硬纸圆形的大小较一致,但所画的硬币圆形大小却远较他们看到的真正硬币为大,尤其是贫困家庭的孩子所画的硬币圆形更大(Bruner,1947)。这个实验说明,社会知觉受主客观因素所制约。

社会知觉比起对于自然现象、自然物的知觉来,是有一些特点的:当一个人知觉另一个人的时候,他并不停留在另一个人的衣着、高矮等外部特点上,而是通过他的外貌、言谈、举止评价他的美丑、行为动机、性格特征、道德品质等等。作为深入人的个性、品德等内部状态的凭借——人的表情、言行等都是社会知觉的线索、信息。这些社会知觉的线索与信息并不是一次获得的,而是在人际交往中逐渐获得的。再者,人对自然物的知觉的正确与否是可以用对物理属性(长度、重量等)的测量来对照的。而在社会知觉中,甲对乙的认识,甲认为乙勤奋或懒惰、诚恳或虚伪,这一认识的正确与否,通常是用其他人对乙的评价为佐证的。而其他人的评价也是其他人对乙的认识的结果,并不就是乙的个性特征的自身。可见,社会知觉无论从它的过程或结果的判断上来看,都是更为复杂、更为特殊的。

2. 社会知觉研究的兴起。社会知觉研究出现在20世纪40年代中期。在此之前,关于知觉研究的主要派别和理论观点,有生理学的、格式塔学派的和行为主义的各种理论,后来又有适应性水准理论。生理学的观点,主要是把知觉现象解释为神经中枢机能的结果,大脑细胞在受到连续刺激之后产生的细胞集合,细胞集合的整体活动是知觉形成的基础。格式塔学派的完形理论认为,知觉现象是由刺激所引起的神经生理事件的模式,从而导致知觉现象的整体性质;知觉模式不是由过去零散的经验建立起来的,而是由与生俱有的神经生理事件来决定。格式塔学派的知觉理论显然带有先天论倾向,但是,知觉完形理论的基本观点是有科学依据的、有意义的,它对后来的知觉研究影响很大。行为主义认为,知觉世界的结构不是建立在大脑的模式活动基础上,而是由刺激反应构成的,刺激反应不同,知觉世界就不同。被试者戴上变形眼镜,会逐渐适应这个变形世界。行为主义的刺激反应论,克服了格式塔学派的先天论的不足,但是,它忽视或否定了知觉反应中主观标准的作用。

适应性水准理论的倡导者是美国心理学家海尔森(H. Herson)。知觉适应性水准理论的基本观点是,现在和过去的活动水准是决定知觉的主要因素。同一个东西的大小、明暗、轻重等特性,在不同的时间里进行知觉辨别,其水准不全相同。比如,在关于重量的实验中,从 200 克到 400 克的刺激中,感到适中的刺激是 250 克;在 400 克到 600 克的场合,适中的是 475 克。250 克和 475 克的刺激量使知觉者感到合适,这种知觉现象叫做"适应性水准"。海尔森认为,决定适应性水准的因素有三个:第一是刺激物提示的顺序;第二是由原有刺激所形成的刺激系列背景;第三是主体条件,如身体情况、经验效果等。海尔森从 1928 年起就对知觉适应现象进行研究,他的适应性水准理论比以前的知觉理论有较大的发展,接触到了知觉主体本身的条件对知觉反应的影响作用,从而证明了知觉现象的相对性,为以后的社会知觉研究提供了很好的理论基础。适应性水准理论不但适用于知觉研究,而且适用于态度、情绪行为、价值、审美判断以及人格、对人行为等方面的研究。

二次大战后不久,在心理学研究中出现了以布伦纳(J. S. Bruner)、波斯特曼(L. Postman)和麦金尼斯(E. M. McGinnies)为主的 New-Look 学派。布伦纳在二次大战期间亲自参与了联合国军欧洲最高司令部心理作战部工作,研究纳粹的宣传技术,战后研究意见与人格的关系;波斯特曼也在二次大战期间作为美国国防部成员从事军事心理研究。这些军事心理研究经历,使他们在二战后很快地意识到以往知觉研究的局限性。他们认为,以往的一些知觉研究,多是忽视了欲望、价值、情感、人格、社会的因素对知觉的作用,比如格式塔学派和行为主义理论,只是把知觉反应当作生物体适应环境的一种机能。因此,他们强调人格对知觉反应的影响。于是,他们开始了社会知觉研究,又叫"动力知觉研究"。由布伦纳等人倡导的有关社会知觉研究的理论,被称之为"新思潮理论"(theory of New-Look),为社会知觉研究开辟了一个崭新的研究角度。

3. 社会知觉对健康的影响。社会知觉的许多方面涉及到我们的日常生活,其中最重要的一个领域就是它对人类健康和幸福的影响,心理学研究发现这样的影响体现在以下几个方面:

(1)社会知觉与寂寞。心理学研究表明,在社会知觉过程中,如果人们只注意生活中的消极方面,那么他就可能体验到更多的寂寞。I. R. Anderson(1994)就指出,与那些抑郁的人一样,长期寂寞的人也经常陷入贬低自己的消极作用圈,他们经常用消极的态度看待自己的压抑,经常责备自己没有良好的社会关系,把事物看成自己无法控制的等等。Jones 等人(1981)还发现,寂寞感较强的人常常用消极的眼光看待他人,比如他们会把自己的室友看成是难以共处的。

(2)社会知觉与焦虑。焦虑是我们生活中不可避免的事情,比如当你去一个公司接受面试、见一位重要的人物,或者是别人评价你的时候,人们都可能会感受到焦虑。

第五章 社会知觉

心理学家 Broome 和 Wegner(1994)就研究了我们所感受到焦虑的情境,发现人们对情境的知觉与控制可以使人避免焦虑,Philip Zimbardo(1981)等人的研究也证明了这一点。在这项研究中,Zimbardo 让害羞和不害羞的两组女大学生在实验室中与一个英俊的男士谈话。谈话开始前先把这些女学生集中在一间小屋子里,给她们呈现很大的噪声。之后告诉其中一部分害羞的女生,噪声会造成她们心跳加快,并说这是焦虑的症状。结果发现,这部分女生由于把自己在与男士交谈时的心跳加快归于噪声,而不是自己害羞或者缺乏社会技能,所以她们不再焦虑,谈话也很流畅。

(3)社会知觉与生理疾病。随着工业化进程的发展,心理学家发现人类的行为和认知对自身的健康有着重要的影响。行为医学(behavioral medicine)和健康心理学(health psychology)就是在这种思路的影响下发展起来的。在健康心理学家看来,我们对自己情绪和紧张的认知与疾病产生有着紧密的联系。一般情况下,当负性情绪产生时,人们往往紧张处理,这就容易造成人们心脏病的发生、免疫系统受抑制、自主神经系统受损等问题的产生。

心理学家在研究社会认知对健康的影响的时候指出,乐观的生活态度以及面对疾病时的乐观解释是人们身体健康的主要条件之一。比如 Seligman(1987)和 Peterson(1988)就提供了这方面的证据。他们研究了哈佛大学 1946 年的一次面谈纪录和这些人在 1980 年的健康状况,发现那些乐观的人在身体状况方面远远好于那些悲观的人。

第二节 社会知觉的范围

社会知觉的研究范围包括对个人的知觉、对人际关系的知觉,以及对自我的知觉等。其中,对自我的知觉已经在本书的第四章"自我和自我意识"中作了详细阐述,故此处从略。

一、个人知觉(person perception)

个人知觉是指根据有限的信息对他人形成印象,也就是通过对人的外部特征进而对人的动机、感情、意图等心理现象的知觉。对人的知觉不仅要"以貌取人",而且还要"听其言、观其行而知其人"。

1. 对他人印象的形成。我们把他人若干有意义的人格特性进行概括、综合,形成一个具有结论意义的特性的过程,就是印象形成。心理学家 S. Asch 最早对此进行了系统的研究,在研究中,Asch 把人格特性分为中心特征(如"热情"和"冷淡")和边缘特征(如"文雅"和"粗鲁")。结果发现,我们对他人的印象形成主要是按照中心特征来进行的,边缘特征所起的作用不大。Asch 之后,其他心理学家继续对印象形成的过程进行了研究。

(1)第一印象。在与陌生人交往的过程中,我们所得到的有关对方的最初印象叫做"第一印象"。第一印象中最重要、最有力的是评价,即在多大程度上喜欢或讨厌对方。第一印象包含很多维度,如友善、健康等,但所有这些维度都离不开评价,评价是我们对他人形成印象的基本维度。初次见面,你一旦对某个人形成有利或不利的印象之后,就会把它延伸到其他方面。所以有人总结说:第一印象并非总是正确的,但总是最鲜明的、最牢固的,它决定着我们对他人的知觉。

(2)整体印象。在知觉他人的时候往往会获得许多信息,人们是怎样把这些信息整合在一起,形成对他人的整体印象呢?心理学家 N.H.Anderson 等人从20世纪60年代开始系统地对这个问题进行研究,并在研究的基础上提出了几个信息加工处理的模型。

(a)平均模型(the averaging model)。它是 Anderson 在1965年提出来的,该模型认为在印象形成过程中,我们以简单平均的方式处理所获得的有关他人的信息。如表5-1所示:苏珊对约翰的整体印象的形成就是依据平均模型,她把自己对约翰的单个评价加起来,然后求其平均数。平均模型是我们对他人形成印象时采取的最为简单的模型。

表 5-1　第一次约会时苏珊对约翰的印象

约翰的个别特质	苏珊的评定
清　洁	+10
聪　明	+10
体　贴	+4
矮　小	-5
衣着随便	-9
整体印象	+10/5=2.00

(b)累加模型(the additive model)。指人们对他人片断信息的整合方式是累加的而非加以平均。以苏珊对约翰的评价为例,苏珊很喜欢约翰(+6),后来又知道了一些有关他的稍微有利的信息,如约翰比较谨慎(+1)。根据平均模型她将不喜欢他,因为平均数(+3.5)比原来低。但据累加模型,她会更喜欢他,因为一项正性信息加到已存在的正性印象之上,值会更大。

(c)加权平均模型(the weighted average model)。是 Anderson 于1968年提出来的,按照这一模型,人们形成整体印象的方式是将所有特质加以平均,但对较重要的特质给予较大的权重。比如对科学家而言,智力因素的权重大;而对演员来说,则是吸引力的权重大。相对前两个模型而言,加权平均模型能够解释的范围更广,它是我们对他人形成整体印象时最常使用的模型。

2.个人知觉的依据。

(1)对他人外部特征的知觉。一个人的外部特征常常是我们最先看到的信息,而

第五章 社会知觉

且也常常是我们能得到的惟一线索。外部特征包括一个人的仪表、表情等肉眼可见的特性。其中,表情一般可以分为面部表情、身段表情和言语表情。

(a)仪表的知觉。仪表是人的各种特征的重要组成部分,构成了人的具体形象。初次和一个人接触,我们先看到的是这个人的衣着、高矮、胖瘦、肤色,以及肢体是否有缺陷等等。将这些属于物理方面的特征加以整合,我们就能直截了当地对对方做出某些判断。仪表知觉虽然以有关他人的感受材料为基础,却不只是凭感觉器官的活动来进行的。在这里个人固有的经验知识以及性格等等,同时渗入了知觉活动。因此,认知者不仅仅把他人的仪表特征当作单纯的物理现象,而是把它们看做他人向自己提供的有价值的认知信息,力图从中发现其意义。

(b)表情的知觉。①面部表情(facial expression)。是指通过眼部肌肉、颜面肌肉和口部肌肉的变化来表现各种情绪状态。研究结果表明,通过观察面部各种肌肉的变化测定人的情绪是可能的。心理学家埃克曼说,人们能够比较准确地从面部表情上辨别出各种情绪,包括快活、悲哀、惊奇、恐惧、愤怒和懊恼等。不过,一个人的面部表情所能显示的情绪不止这6种;个人的情绪体验也往往不是其中单独的某一种,而是多种不同情绪的混合。此外,上述6种情绪还各有着高低强弱的差异。另外,吉特(Gitter)、布拉克(Black)和莫斯托夫斯基(Mostofsky)等人研究了辨别不同情绪的表情照片的难度差异,结果发现:最容易辨认的是快乐、痛苦;较难辨认的是恐惧、悲哀;最难辨认的是怀疑、怜悯。②身段表情(body expression)。身段表情又称"姿势"。身体的不同姿势传递着不同的信息,比如你高兴的时候可能手舞足蹈,而恐惧的时候可能紧缩双肩,紧张的时候可能坐立不安。近十几年以来,有许多以体态语言(body language)为主题的畅销书籍就指出:只要观察他人的身体移动姿势,就能正确地推测他人的思想和语言。但是在这里我们也需要注意,体态语言之所以有意义,主要是因为观察者与被观察者都了解交往的背景和文化。如果抛开了特定的文化环境,就会造成误会。比如在北美,握手代表友谊和信任,但是在日本,则用鞠躬代替,东南亚国家则是合掌。另外,手势(gesture)是表达情绪的一种重要的形式。手势和言语一起使用时,可表达出一个人是赞成还是反对、接纳还是拒绝、喜欢还是厌恶等态度和思想。而单凭一个人的手势也可体现出他的思想、情感等。心理学家研究表明,手势表情是通过学习得来的。它不仅有个别差异,而且存在民族或团体的差异。后者表现了社会文化和传统习惯的影响。同一种手势在不同的民族中用来表达不同的情绪。手势表情和身段表情合称为"姿态表情"。③言语表情(speech expression)。言语表情不是指言语本身,而是指言语中声调、快慢、音色等的变化特征,专家们称之为一种"辅助语言"。日常生活中,我们常常通过别人说话的方式判断其内心状态。比如,当一个人说话的声音尖锐、急促、声嘶力竭时,我们可知觉到他紧张而兴奋的情绪;而当一个人说话的语调缓慢而深沉时,我们可知觉到他悲痛而惋惜的情绪。所谓"听话听音"就是这种经验的总结。研究也表明,言语表情所传达的信息比言语本身更为可靠。

除上述情绪表达之外,眼神是我们最熟悉的、用途最广的,也是最神秘莫测的情绪表达。社会心理学家发现，几乎所有的内在体验都可以表达在眼神之中。如眼睛的一送、一收、一顾、一盼，皆成妙谛。而人们经常所说的"眉目传情"、"眼睛是心灵的窗户"等，也都说明了眼神在人们的相互知觉中的重要作用。

3. 对他人性格特征的知觉。了解他人的情绪状态是重要的，然而，最根本的目的乃是通过对他人情绪状态的知觉，能进一步了解他人的内心世界，尤其是他人的性格特征。

但是，认识他人的性格是比较困难的，主要是判断的准确性不够，缺乏客观的标准。所以，在现实生活中，对他人的性格的知觉，还需要通过多种途径。实际上，对他人性格的真正认知，必须通过长期的共同生活才有可能，这正如中国古语所说："路遥知马力，日久见人心。"但对于人们性格的某些方面的认知，在较短时期内也有可能办到。如说话的强弱与快慢，可能反映某人脾气的急缓，也从另一侧面推测他胆子的大小；有人做事情、写东西，往往开始认真，后面马虎，这可能与他意志的坚持性不够有关。另外，了解一个人的过去生活情况，有助于对其性格的认识。从小生活在逆境中的人和从小生活在顺境中的人，由于不同的生活条件而形成不同的性格。在逆境中生活的人，不顺心的事情多、遭受的社会挫折多，他有可能形成孤僻倔强的性格，也有可能形成软弱顺从的性格；生活在温暖安定的家庭里的人，其性格多半是乐观的、友好的；生活在备受宠爱、以自我为中心的家庭的孩子，由于家庭中众人对他过分关怀与爱护，百依百顺，生活过分优越，有可能形成自私自利、好逸恶劳的性格。

二、人际关系的知觉

人际关系的知觉，包括对自己与他人的知觉和他人与他人之间关系的知觉。在社会生活中，通过相互交往，个体往往根据他人的意见、态度、表情来推测人与人彼此之间的关系。例如，甲总是夸奖乙，而乙也总是说甲好，于是人们认为甲乙两人关系很好；相反，甲有意无意贬低丁，而丁看到甲时所产生的表情不如看到丙或其他人那样亲切，于是人们认为甲丁两人关系一般或不好。

人际关系知觉的一个明显特点是认知者的情感成分参与其中，人们知觉人际关系时，总是带有各种情绪色彩。例如，人们在知觉两人之间存在的肯定关系时，有时带有崇敬的心情，有时则会带有蔑视的情绪。当知觉对象的肯定关系是建立在正当的基础（如相互帮助、严格要求等）上时，认知者的知觉往往带有崇敬的情绪色彩；当知觉对象的肯定关系是建立在不正当的基础（如相互包庇、狼狈为奸等）上时，认知者的知觉往往带有蔑视的情绪色彩。

研究证实，一个人更愿意和与自己性格相似的人接近。一个人在选择交往对象时，颇为注意对方与自己是否相似。因此，这种相似程度构成知觉的重要项目。

第五章 社会知觉

第三节 社会知觉的特点

一、社会知觉的选择性

社会知觉是个选择过程。我们每个人都要经常面临外界刺激,但是对于同样和同量的刺激,各人所做出的反应程度不尽相同。原因在于每个人都有独特的经验和认知结构,并依此做出自己的反应:选择某一部分的刺激信息,忽略或逃避其他信息。大致说来,人们的认知选择决定两种因素:第一,以往对报偿和惩罚原则的体验。第二,刺激物的作用强度。如果某种刺激物能给主体带来愉悦,即带来报偿时,就会引发积极的认知倾向。相反,对于那些令人不快和压抑的人和事,个人将极力逃避或置之不理。另一方面,刺激的强度也影响着认知者。一般来说,刺激量越大,越易引起认知者的注意,而微弱的刺激作用则可能使人毫无知觉。

二、社会知觉的防御性

个人为了与外界环境获得平衡,适应社会,从而运用认知机制抑制某些刺激物的作用就是知觉的防御性。当代社会心理学家普遍认为,社会知觉和防卫机能息息相关。个体在情绪困扰的状态下对于社会客体的反应,与在中性情绪的作用下所产生的反应显然是不同的,换言之,情绪不同的人对于同一刺激会有不同的反应。因为个人是在特定的情绪状态下,根据已有的知觉结构来辨明刺激物的意义和重要性,从而决定应否逃避。个人的知觉防御,主要目的在于维持自我的完整。

三、社会知觉反应的显著性

知觉反应的显著性是指在一定的社会刺激下个人的心理状态,如情感状态、动机状态等,它与个人所理解的刺激物的意义密切相关。刺激物的意义对个体越是重大,那么知觉反应就越明显。比如,渴望进入某一单位的毕业生,对有关此单位的各种信息特别敏感。而对某种刺激物漠不关心的人,其知觉反应就不那么强烈,甚至无动于衷。

四、社会知觉的完整性

人们在社会知觉过程中,自觉或不自觉地贯彻了完形原则(或格式塔原则),即个人倾向于把有关知觉客体的各方面特征材料加以规则化,形成完整的印象。这种倾向在判断一个人的时候表现得尤为突出。当我们看到一个人似乎既是好的又是坏的、既是诚实的又是虚伪的、既是热情的又是冷酷的时候,便觉得不可思议,认为自己还没有完全认识这个人。我们总是无法容忍自相矛盾的判断。桑普森把这种判断的出现称为"认知分离"。他认为个人智力和知识的局限性构成知觉的剥夺体验,造成个人知觉和知觉对象之间的分离。为了消除这种分离,个人一方面加强其探求信息的欲望和动力,寻求更多的信息摆脱知觉分离。同时可能向幻想化的方向发展,即利用想当然的办法给知觉对象添补细节,使认知带有浓厚的主观色彩。

五、社会知觉的心理惯性

社会知觉现象的反复出现、周而复始,使之带有明显的惯性,对于知觉对象的变化熟视无睹。在日常生活中,对于他人人格的知觉或自我知觉,是始终如一的。人格虽然包括比较定型的、平稳的、反复出现的心理成分,但是,人格不是一成不变的。由于社会知觉的惯性特点,人们对人格特点的知觉是稳定的、无甚变化的,这种社会知觉对象恒常不变的知觉现象是心理惯性的表现,并非知觉对象本身固有的性质。

社会知觉的惯性特点,是由社会经验和生活习惯对社会知觉起作用的结果。老经验、老观念不容易识别或感觉到社会生活的变化,社会知觉比较迟钝,这是社会知觉惯性特点的突出表现。

第四节 社会知觉的效应

社会知觉是一个主观色彩较浓的认知过程,有情感因素参与其中,因此,常常会产生一些知觉偏差。而这些知觉偏差是有一定规律性的,它影响着人们的社会知觉,也影响着人们之间的相互关系。其中主要有:首因效应、近因效应、晕轮效应、慈悲效应、投射效应、刻板效应。

一、首因效应(primary effect)

首因效应是指两个素不相识的人第一次见面所形成的印象对人的认知具有强烈的影响作用。如某人在初次会面时给人留下了良好的印象,这种印象就会左右人们对他以后一系列特性作出解释。

1. 首因效应的实验。社会心理学界对首因效应进行经典实验研究者是美国社会心理学家洛钦斯(Lachins,1957)。洛钦斯编撰了两段文字作为实验材料,内容主要是写一名叫吉姆的学生的生活片段。这两段文字描写的情境是相反的,一段内容是把吉姆描写成一个热情并外向的人，另一段内容则相反，把他写成一个冷淡而内向的人。提供这两段材料如下：

材料一：吉姆走出家门去买文具，他和他的两个朋友一起走在充满阳光的马路上，他们一边走一边晒太阳。吉姆走进一家文具店，店里挤满了人，他一面等待着店员对他的注意，一面和一个熟人聊天。他买好文具在向外走的途中遇到了熟人，就停下来和朋友打招呼，后来告别了朋友就走向学校。在路上他又遇到了一个前天晚上刚认识的女孩子，他们说了几句话后就分手了。

材料二：放学后，吉姆独自离开教室走出了校门，他走在回家的路上，路上阳光非常耀眼，吉姆走在马路阴凉的一边，他看见路上迎面而来的是前天晚上遇到过的那个漂亮的女孩。吉姆穿过马路进了一家饮食店，店里挤满了学生，他注意到那儿有几张熟悉的面孔，吉姆安静地等待着，直到引起柜台服务员的注意之后才买了饮料，他坐在一张靠墙边的椅子上喝饮料，喝完之后他就回家去了。

2. 首因实验的结果与作用。洛钦斯把这两段描写相反的材料给予不同的组合。①描写吉姆热情而外向的一段先出现，冷淡而内向的一段后出现。②相反，先出示冷淡而内向的材料，再出示热情而外向的材料。

洛钦斯把被试分为两个组，分别阅读一组材料，然后要求每组被试回答一个问题："吉姆是怎样的一个人？"结果表明，第一组被试中有78%的人认为吉姆是一个比较热情而外向的人；第二组被试只有18%的人认为他是个外向的人。

后来又有社会心理学家做了类似的实验。实验者请一组被试者考察两个"学生"作业的情况。这两个"学生"解答同样的题目——30道难度相等的数学题。这两个"学生"是由实验者事先控制好的，要他们都答对其中的一半（15个题）。但一个学生被规定答对的题目大多在上半部分，另一个学生被规定答对的题目大多在下半部分。"学生"作业完毕后，实验者要求被试者对这两个学生做出评价：哪个更聪明些？多半被试者认为解题开始就能正确回答问题的"学生"聪明些，而另一个"学生"稍差些。当实验者要求被试者估计这两个"学生"各答对了多少题目时，结果前一个学生被认为答对了20.6个，后一个被认为答对了12.5个。其实两人都同样正确回答了15个。

上述实验的结果都表明，最先得到的信息对整体印象起着主要的影响作用，即首因起主要作用。

首因效应产生的原因，泰勒等把前人的观点归纳为两种：一是人们容易忽略、不注意后面的信息，因为一旦人们觉得自己有足够的信息来做判断，就不再或很少注意随后的信息。二是后面信息的重要性被打折扣，在知觉者的心目中，后面的信息不如开始的信息重要、有价值。

如果首因效应的产生是由于对后来的信息不注意、不重视，那么事先告知被试在做出判断前，要对所有的信息加以注意，就可能避免、减少首因效应产生。洛钦斯的研究证明了这一点。他还是用上述有关吉姆的材料，只是在被试阅读材料前预先告知他们，材料分前后两部分，要求他们在阅读完全部材料后再对吉姆做判断。在这种情况下,首因效应消失了。

首因效应的存在表明第一印象至关重要。因此,人们为了给他人留下好印象,总是特别注意自己的外表、言谈举止等。但是,第一印象所获得的只是一些表面特征,不是内在的本质特征,因此是不可靠的。当然,第一印象不是不可改变的,随着时间的推移、交往的增多,对一个人的各方面情况会愈来愈清楚,从而可以改变第一次见面时留下的印象。

二、近因效应

近因效应是指最后的印象对人认知具有强烈的影响。在有些时候,左右人们对某人特性作出解释的是最后形成的印象。如前面介绍的洛钦斯的实验,他换了另外一种方法进行,不让被试连续阅读两份材料,而是让被试阅读完第一种材料后进行一段其他活动,如做数学题、做游戏等,然后再让被试者阅读第二种材料。在这种情况下,大部分被试根据间隔活动后看到的材料来评价吉姆,即产生了近因效应。

首因效应与近因效应是否有矛盾之处?其实,首因效应和近因效应都在人们的认识过程中起重要作用,只是起作用的条件不同罢了。假如关于某人的两种信息连续地被人感知,人们总是倾向于相信前一种信息,并对其印象较深,这是首因效应。假如关于某人的两种信息不是连续地先后被人感知,而是先知道第一个信息,隔较长的时间后才了解到第二个信息,这第二个信息便成了最新的。这最新的信息则会给人留下较深的印象。这是近因效应。此外,有关的研究还指出,认知者在与陌生人交往时,首因效应起较大作用;认知者在与熟人交往时,近因效应起较大的作用。

三、晕轮效应(光环效应 halo effect)

1. 晕轮效应(光环效应 halo effect)的概念。晕轮效应是指当对一个人某种特性形成好或坏的印象之后,人们还倾向于据此推论其他方面的特性。如果认知对象被个体标明是"好"的,就会被一种"好"的光环笼罩着,并赋予一切好的特性。比如,你一旦觉得同学×××比较可爱之后,你就会对他的性格、态度以及能力等都会有一个较高的评价。也就是说,对可爱这个特质的高分评价影响了对其他特质的评价,使得对其他特质的评价普遍偏高。若一个人被标明是"坏"的,就被一种"坏"的光环笼罩着,他所有的特性都会被认为是坏的,有人把这种现象称作"负晕轮效应"(negative-halo),也叫做"扫帚星效应"(forked-tail)。

2. 晕轮效应的实验研究。前苏联学者包达列夫在一次实验中,向两组大学生分别出示同一个人的照片。在出示照片前,实验者向第一组被试说,照片上的人是一个恶贯满盈的罪犯,而向另一组被试说,此人是一个大科学家。然后让两组人对照片上的人进行描述。第一组的评价是:深陷的眼窝,证明了内心的仇恨;突出的下巴,意味着他沿罪恶道路走到底的决心。第二组则认为:深陷的双眼,表示了思想的深度;突出的下巴,体现了他在认识道路上克服困难的意志力。

心理学家戴恩等人(Dion. et al, 1972)的实验研究也验证了晕轮效应的存在。他们给被试看一些人的照片,这些人看上去分别是有魅力的、无魅力的和中等的。然后,要求被试来评定这些人的一些特点,这些特点与有无魅力是无关的。

表 5-2 晕轮效应的研究结果

照片上有无魅力		无魅力者	中等者	有魅力者
个人特点	受欢迎性	56.31	62.42	65.39
	婚姻能力	0.37	0.71	1.70
	职业地位	1.70	2.02	2.25
	父母能力	3.91	4.55	3.54
	社会和职业幸福	5.28	6.34	6.37
	一般幸福	8.83	11.60	11.60
	结婚的可能性	1.52	1.82	2.17

* 表中的数值越高越好　　　　　　　　　　(采自时蓉华,1998)

3. 晕轮效应的作用。由上表可看出,有魅力的人得到的评价最高,而无魅力的人得到的评价最低。被试对于容貌美丽的照片,不仅赋予和蔼可亲、沉着善良的人格特质,而且还认为他们会谋得称心的职业、找到理想的配偶、建立幸福的家庭。后来的研究进一步证明,外表有魅力的晕轮效应能类化到许多与外表无关的特性上。比如 Landy, Sigall 等人(1974)在一项研究中先让男性被试看一批名为《电视在社会生活中的角色及影响力》的论文,假设该论文各由一名女性大学生所写,论文上同时附有作者的相片。在所附的相片中,有些相片很有魅力,有些相片则无魅力;论文也是有些写得好(清晰、文法准确、结构严谨),有些写得很糟糕(思路不清、语言僵硬),被试在实验中的任务是评定论文的质量。结果发现不论论文客观上的质量是好是坏,由漂亮的人写的文章不论实际质量如何,都被被试给予较高的评价。Dion 在另一项研究中还发现:长相漂亮的小孩违反宗教或道德规范时,大人们认为不严重;而同样的错误若是由不漂亮的小孩所犯,则认为很严重。E. Aronson(1969)也发现,模拟的陪审团对不漂亮的被告判刑期更长。

表 5-3 晕轮效应对司法审判的影响

罪名	平均判刑(年)		
	有魅力的	无魅力的	控制组
欺诈	5.45	4.35	4.35
偷窃	2.80	5.20	5.10

但由外表漂亮所引起的晕轮效应也有不适用的时候,如 Sigall 等人(1975)就发现,若一位漂亮的被告所犯的罪直接与外表魅力有关,将被判重刑。在一项研究中,Sigall 向模拟陪审团描述一件案子,并将被告相片给他们看。案件有偷窃(与美色无

关)与欺诈(与美色有关),同时还有一个控制组,仅向被试描述每人的罪状而不附相片。结果证明了假设,如表 5-2 所示,利用自己的美色犯诈骗罪的被试被判重刑。

四、慈悲效应

慈悲效应(leniency effect)也叫做"正性偏差"(positivity bias),是指人们在评价他人时对他人的正性评价超过负性评价的倾向。在一项研究中,大学生把 92%的教授评定为"好的",即使学生在课堂上对他们同时有正性和负性印象时也如此。Sears 认为这种偏差只发生在评定人时,他称之为"人的正性偏差"。对于这种偏差发生的原因,心理学家有两种解释:一是由 Matlin 提出的"极快乐原则"(pollyanna principle),它强调人们的美好经验对评价他人的影响,认为当人们被美好的事物包围的时候,比如善良的他人、晴朗的天气等,他便觉得愉快。即使后来发生了一些不愉快的事情,比如自己生病、邻居对自己不友好等事情,人们依然会依照美好的经验对自己所处的环境做出有利的评价。其结论是,大部分的事物总是被评价得高于一般水平,因为与不愉快的事情相比,愉快的事情更容易被人回忆起来。

对慈悲效应的第二种解释则仅仅限于我们对人的评价。Sears 指出,人们对所评定的他人有一种相似感,因此人们对他人的评价要比对其他物体的评价更宽容。人们倾向于对自己作较好的评价,所以对他人的评价也比较高。但这种慈悲效应只发生在评价人的时候。

五、投射效应

投射效应是指在认知及对他人形成印象时,以为他人也具备与自己相似的特性。这就是那种人们常说的"推己及人"的情形。尤其当对方的某些身份特性,如年龄、职业、性别、社会地位等等与自己相同时更是如此。心地善良的人总是愿意相信别人,认为别人也非常友善,不会加害于己;疑心重的人,会认为别人在做事时往往不怀好意。

六、刻板印象(stereotype)

刻板印象是指人们对某一群体形成的一种概括而固定的看法。

1. 刻板印象的形成的原因。人们常说"物以类聚,人以群分",这是有一定道理的。人们生活在同一条件下容易产生共同点,如果人们的社会生活、地理环境、经济条件、政治地位、文化水准等方面大致相同,就会有很多共同点。例如,我国的中年知识分子,由于各方面条件的相似性,所以具有共同的心理特征——责任感强、刻苦、勤劳、俭朴等。社会上逐渐对中年知识分子产生一种比较固定的看法,这种看法发展下去往往导致一种刻板印象的产生。

在日常生活中,有些刻板印象与职业、地区、性别、年龄等方面有关。也就是说,职业、地区、性别、年龄等等都可以成为各种刻板印象形成的基础。例如,一般认为老人总是弱不禁风的、山东人总是直爽而能吃苦的、上海人大都是机灵的等等。

可以说,刻板印象普遍地存在于人们的意识之中。人们不仅对曾经接触过的人具有刻板印象,即使是从未见过面的人,也会根据间接的资料与信息产生刻板印象。

李本华等人曾调查了台湾大学生对于其他国家国民的印象,见表5-4:

表5-4 台湾大学生对各国人的刻板印象

国别 编号	美国人	日本人	前苏联人	中国人
1	民主的	善模仿的	狡猾的	爱好和平的
2	天真的	爱国的	欺诈的	保守的
3	乐观的	尚武的	有野心的	爱好传统的
4	友善的	进取的	残酷的	耐劳的
5	热情的	有野心的	不择手段的	友善的
6	进取的	有礼貌的	唯物的	容忍的
7	坦率的	小气的	野蛮的	无效率的
8	喜欢夸耀的	耐劳的	战争分子	仁慈的
9	爱冒险的	狡猾的	冷漠的	迷信的
10	慷慨的	勇敢的	投机分子	勤奋的
11	有科学精神的	国家主义的	暴露的	易满足的
12	活跃的	有经济头脑的	善于外交的	有经济头脑的
13	实际的	投机分子	国家主义的	聪明的
14	*	自私的	自私的	有礼貌的
15	爱好和平的	残酷的	耐劳的	自私的

*原表中即空缺。

关于对他国国民的刻板印象多半是道听途说,不是根据自己的亲身交往与接触,不是从各国的社会历史、政治经济、文化环境等方面去分析,而往往包括了种族的偏见,所以是弊多利少。

总之,造成同一群体中的人们持有的刻板印象具有一致性的原因可以归结为以下几种:①群体的共同目标;②相同的群体成员身份;③共同的信息来源,如大众传播工具;④相互之间便利的信息沟通。

2. 刻板印象的作用。研究表明,刻板印象对社会认知既有积极作用,也有消极作用。

(1)积极作用。第一,刻板印象中包含了一定的真实成分,它或多或少反映了认知对象的若干状况。无论是认为山东人直爽还是上海人机灵,都有一定的合理性。第二,刻板印象可以将所要认知的对象进行分类,简化人们的认识过程,起到执简驭繁的作用。谁也不可能把所有人的所有特性都搞清楚,当知道某人属于某个群体时,我们就可以根据已形成的刻板印象,对其有个大致的了解。第三,刻板印象能帮助人们更有效率地了解和应付周围的环境。我们常常要与一些陌生人打交道,在这种情况下,利用刻板印象来指导我们对对方表现出适当的言论和行动,有时还是颇有作用的。

(2)消极作用。它使人们的认识僵化和停滞化。刻板印象一经形成,具有很高的稳定性。即使现实发生了变化,它也倾向于不变。这势必要阻碍人们接受新事物,阻碍人们开拓新视野。另外,持有刻板印象的人在判断他人时,把群体所具有的特征都附加到他身上,也常导致过度概括的错误。显然,知识分子未必个个都有责任感,而老人也不见得都是弱不禁风的。

第五节 影响社会认知的因素

一、社会认知的归因(attribution)理论

归因是指人们推论自己或他人的行为及态度的原因并判断其性质的过程。在日常生活中,我们经常会对自己或他人的行为原因加以解释和推测。如"我为什么这样做"、"他为什么这样做"等等,知道了原因之后就可以加以预测,从而对人们的环境和行为实行控制。所以,归因问题已成为社会心理学领域中一个重要的值得研究的问题,现已形成了多种归因理论。

1. 海德的归因理论。海德(Heider,1958)是归因理论的创始人,他在其著作《人际关系心理学》中,从朴素心理学的角度提出了归因理论,该理论主要解决的是日常生活中人们如何找出事件的原因。他认为,每一个人(不只是心理学家)都对各种行为的因果关系感兴趣,力图弄清周围人们行为的前因后果。

海德认为,行为事件发生的原因有两种:一是行为者的内在因素,比如情绪、动机、态度、人格、努力程度等;二是外部因素,比如环境压力、天气、情境、运气、任务的难易程度等。海德认为,行为观察者在对因果关系进行朴素分析时,试图评估这些因素的作用。如果把某项行为归因于行为者的内在状态,那么观察者将由此推测出行为者的许多特点。即使这种推测不总是很准确的,它也有助于观察者预测行为者在类似情况下如何行为的可能性。但是,假如某项行为被归因于外在力量,观察者就会推断说该行为是由外力引起的,那么以后能否再度发生,则难以确定。因此,海德认为,对行为的预测与对行为的归因是相互联系的。

另外,海德还指出,在归因时候,人们经常使用两个原则:一是共变原则(principle of covariation),它是指某个特定的原因在许多不同的情境下和某个特定结果相联系,该原因不存在时,结果也不出现,我们就可以把结果归于该原因,这就是共变原则。

比如一个人老是在考试前闹别扭、抱怨世界,其他时候却很愉快,我们就会把闹别扭和考试连在一起,把别扭归于考试而非人格。二是排除原则,它是指如果内外因某一方面的原因足以解释事件,我们就可以排除另一方面的归因。比如一个凶残的罪犯又杀了一个人,我们在对他的行为进行归因时就会排除外部归因,而归于他的本性等内在因素。

2. 凯利的归因理论。凯利(Kelley,1967)吸收了海德的共变原则并提出了一种颇有说服力的理论,叫"三维归因理论"(cube theory),也叫"立方体理论"。他认为,人们行为的原因十分复杂,有时仅凭一次观察难以推断他人行为的原因,必须在类似的情境中作多次观察,根据多种线索做出个人或是情境的归因。他指出任何事件的原因最终可以归于三个方面:行为者(actors)、刺激物(stimulus objects)以及环境背景(contexts),如对某教师批评某学生这件事的归因,某教师是行为者,某学生是刺激物,批评时的环境是背景。凯利指出,在归因的时候,人们要使用三种基本信息:区别性信息、一致性信息和一贯性信息。凯利认为有了这些信息,人们就可以对事件归因。

所谓"区别性信息"(distinctiveness information),是指行为者在对待不同刺激物时,其行为表现是否有差别。例如,某学生在某教师课堂上睡觉,那么在分析其原因时,首先看该学生在其他教师的课堂上是否睡觉,若在其他教师的课堂上不睡觉,则此学生在这位教师的课堂上睡觉是特殊的。

所谓"一致性信息"(consensus information),是指行为者的行为表现与周围其他人的行为方式是否一致。如上例,若其他学生在这位教师的课堂上也睡觉,证明此学生在这位教师的课堂上睡觉具有一致性。

所谓"一贯性信息"(consistency information),是指行为者的行为是一贯的还是偶然的。例如,某学生在某位教师的课堂上睡觉是历来如此还是最近偶然如此,若是前者,则可肯定此学生确实是爱睡觉的。

在对他人行为进行归因时,根据三个不同的范围,沿着上述三方面的线索,我们就可以做出正确的归因。仍以上述例子来分析:如果区别性低,即该学生在所有教师的课堂上都睡觉,不仅是在某教师的课堂上睡觉;一致性低,即该学生在某位教师的课堂上睡觉而其他学生则不睡觉;一贯性高,即该学生在某位教师的课堂上一直都爱睡觉。综合这些信息,可以认为这是该学生自己的原因。如果区别性高,即该学生在其他教师的课堂上都不睡觉,只在某位教师的课堂上睡觉;一致性高,即不仅是该学生在某位教师的课堂上睡觉,其他学生也睡觉,一贯性高,即该学生以前也在课堂上睡觉。综合这些信息,可以归因为某位教师的教学水平太差。如果区别性高,即该学生在某位教师的课堂上睡觉,在其他教师的课堂上不睡觉;一致性低,即其他学生在某位教师的课堂上不睡觉,只有此学生睡觉;一贯性低,即该学生以前在某位教师的课堂上不睡觉。综合这些信息,可以归因为当时的情境或条件。

三维归因理论受到了很多批评。如,①模型过于理想化,人们通常得不到区别性、一致性和一贯性三种信息;②模型逻辑含糊不清,而且不必那么复杂;③忽略了归因者对特定行为的知识所起的作用。

3. 维纳的归因理论。维纳(Weiner, 1972)在 Heider 的"归因理论"和 Atkinson "成就动机理论"的基础上提出了自己的"归因理论"。他研究了人们对成功与失败的归因倾向后认为,在分析他人行为的因果关系时,除了内在的与外在的原因之外,原因的稳定与不稳定也是非常重要的。他把这两个方面看成两个相互独立的维度,就像平面坐标系中的 X 轴与 Y 轴一样。维纳进一步组合了这两个维度,如表 5-5:

表 5-5　个体成功行为决定因素分类

归因尺度	内在的	外在的
稳定的	能力	任务难度
不稳定	努力	机遇

把个体成功或失败的行为归因于何种因素,对其今后工作的积极性有重要影响。维纳等人的研究表明:把成功归因于内在因素,如努力、能力等,会使个体感到自豪和满意;若把成功归因于外在因素,如任务容易、运气好等,会使个体感到意外和感激。把失败归因于内在因素,则会使个体感到内疚与无助;若把失败归因于外在因素,则会使个体感到气愤和敌意。把成功归因于稳定因素,如任务容易或能力强,会提高以后的工作积极性;若把成功归因于不稳定的因素,如运气或努力,则以后工作积极性既可能提高也可能降低。把失败归因于稳定因素,如任务难和能力差,会降低其以后工作的积极性;若把失败归因于不稳定因素,如运气不好或努力不够等,则可能提高其今后工作的积极性。

维纳在 20 世纪 80 年代进一步发展了他的归因理论,于 1982 年提出了归因的第三个维度:可控制性(controllability),即事件的原因是否在个人的控制范围之内。在维纳看来,这三个维度经常并存,可控制性这一维度有时本身也可以发生变化。

表 5-6　改进后的归因模型

	内部		外部	
	稳定	不稳定	稳定	不稳定
可控制	特定的努力	针对某事的暂时努力	老师的偏见	来自他人的偶然的帮助
不可控	特定的能力	心境与情绪	考试难度	一个人的运气

维纳对原因三种维度的区分,使研究者能够更好地了解不同的归因结果对人的期望、情绪、动机、自信心、健康等方面的影响。

4. 琼斯的归因理论。琼斯(Jones, 1965)提出的"对应推论理论"(correspondent inference theory)适用于对他人行为的归因。当人们认为一个人的行为与其特有的内在属性,如动机、品质、态度、人格等相一致时,就是在进行对应推论。比如,看到某人好承诺却经常违背诺言,如果我们断定这是由他不诚实的品性所导致的,我们所做的归因就是对应推论。当然,推论恰当与否决定于事实上行为者的内在属性与其行为相互一致的程度。琼斯认为,一个人的行为不一定与他的人格、态度等内在品质相对应,比如一个善良的人不小心误杀了一个人,我们不能说他是一个坏人。

因此,琼斯提出了几种可能影响对应推论的因素。第一个因素是行为的社会合意程度。社会合意程度很高的行为符合社会规范,是大多数人都会采取的行为。如果行为者采取的是社会合意的行为,人们就无法从中推论其品性。相反,一般人所不愿意干的事,而某人却偏离社会规范干了此事,人们就会很有信心地推断说该行为反映了这个人的独特个性。第二个因素是行为的自由选择性,如果一个人是自由选择的,而不是在外界强大的压力之下做出的,我们也会认为他的行为代表了他的内心。

二、影响社会认知因素

(一)认知者因素

1. 认知者的哲学观点。认知主体在对他人认知时,往往会受其所持有的有关人性的哲学观点的影响和指导。这些关于人性的哲学观点主要有:性善论、性恶论、利己论、利他论、理性论及非理性论等。如果一个人持有人性本善的看法,那么,他就愿意和别人交往,把对方看成可信任的、可依赖的,甚至对对方的一些过错也能够原谅和包容,表现其宽宏大量。相反,如果一个人持有人性恶的看法,那么在与别人交往中,他总是怀有戒心,留有余地,觉得对方不可信任、不可依赖,甚至把对方的一些无关紧要的行为也视为自私或奸诈之举。当然,在现实生活中,很多人并没有有意识地、自觉地或刻意地按照某种人性的观点来认知他人,形成对他人的印象,但在实际中,人们头脑中的这种关于人性的观点确实或多或少地影响着对他人的认知。

2. 认知者的原有经验。人们原有的经验对认知过程产生着特殊的影响。个体在一定的基础上,形成某些概括对象特征的标准、原型,从而使认知判断更加简捷、明了。如果我们没有关于"聪明"、"大方"的原型,我们就无法很快地将对象认定为聪明、大方的人。巴克拜(Bagby,1957)曾做了一项实验,利用立体镜的两个同图像,反映了经验与生活方式等因素对认知的作用。他以美国人与西班牙人作为被试,立体镜一边是展示着斗牛图,另一边则出示棒球比赛图。尽管给所有的被试左右两眼同时看到两种不同图景,认知结果却大不相同。美国人被试的84%说看到了棒球比赛,而西班牙人被试的70%说看到了斗牛情景。

3. 认知者的心理需要。需要是有机体内部的一种不平衡状态,它表现在有机体对内部环境或外部生活条件的一种稳定的要求,并成为有机体活动的源泉。正因为人们的需要指向不同的方向,才会使人的认知结果有所差异。

仍以布鲁纳的货币实验为例,其被试来自两种家庭,一是经济富裕的家庭,一是经济贫困的家庭。他们一起观察了两种不同社会价值的圆形后,多数孩子画出了比实际货币大的圆形。但比较起来,其中来自贫困家庭的孩子比来自富裕家庭的孩子更多具有这种倾向。这一实验表明,需要不同而认知结果也不相同,实验者认为,家境贫穷的孩子对金钱的需求大于家庭富裕的孩子。(这一结果不可避免会产生一种阶级偏见。大量事实证明,家境富裕的孩子对于金钱的需要,不见得小于家境贫困的孩子。社会中的盗窃、抢劫等犯罪率很高,其罪犯并非都是出生于家庭贫困的缘故。心理学实验选取了不同经济背景的儿童为被试,并以此说明贫富儿童需要的不同,这至少不符合我国国情。不过,若就事论事而言,实验结果是能说明问题的。)

4. 认知者的价值观念。个人如何评判社会事物在自己心目中的意义或重要性,直接受其价值观念影响。而事件的价值则能增强个人对该事件的敏感性。奥尔波特等人做过一个实验,目的是检测各个背景不同的被试对理论、经济、艺术、宗教社会和政治的兴趣。实验者将与这些部门有关的词汇呈现于被试面前,让他们识别。测验结果发现,不同的被试对这些词汇做出反应的敏感程度也不同;背景不同的被试由于对词汇价值的看法不同,识别能力显出很大差异。

5. 认知者的情感状态。个人的情感体验如何直接影响其认知活动的积极性。巴特利特证明,应征入伍的人比未应征的人把军官的照片看得更可怕,并且还能指出哪位军官有较强的指挥能力。墨雷证实,处于恐惧状态下的人,对恐惧更为敏感。在一次实验中,他先让一些女孩做一种很吓人的游戏,再让她们和其他女孩一起判断一些面部照片。结果是做过游戏的女孩比没做过游戏的女孩把面部照片判定得更为可怕。日常生活中的许多现象也表明,情绪饱满的人,活动领域也比较开阔,往往消息灵通;一个人情绪低落,则更容易把周围看得灰暗一片。此外,菲德勒的研究还发现,好恶感会影响对他人个性的认识。当我们对某人怀有好感时,容易在对方身上看到和自己相似的个性特点。比如,谈到一个好朋友,我们往往说他和自己"志趣相投";而对于和自己"格格不入"的人,我们便会觉得他处处和自己不同。

(二)认知对象因素

1. 魅力。构成个体魅力的因素既有外表特征和行为反应方式方面,又有内在的性格特点方面。说一个人有魅力,意味着他具有一系列积极属性,如容貌美、有能力、正直、聪明、友好等等。但是,在实际的认知过程中,个人往往只需具备其中的某一两个特性就可能被认为有吸引力,如前面所谈到的光环作用。

美貌通常最快被人认知,且直接形成对人的魅力,从而往往首先导致光环作用。前面提到戴恩等人在实验中让被试通过外表上魅力大大不同的人物照片来评定每个人其他方面的特性。结果发现,在几乎所有的特性方面(如人格的社会合意性、婚姻能力、职业状况、幸福等),有魅力的人得到的评价最高,而缺乏魅力的人得到的评价最低。

除了相貌之外,态度也同魅力相关。对于认知者来说,对方的态度是否同自己接近,决定着其魅力的大小。人们把自己作为判断别人是否和自己相似的参照系,同时还常常会观察别人对自己的态度。按照弱化理论,人们喜欢爱自己的人而讨厌恨自己的人。在这个意义上,只要认知对象的判断对自己有利,认知者就会把他看成有魅力的并对他持积极肯定的态度。

2. 知名度。一个人知名度的大小了影响着别人对他的认知。在一个人有一定知名度的情况下,人们通过某种社会传播媒介或周围其他人传递的有关他的信息,实际上已经开始了对这个人的认知。这时,人们所依据的都是间接材料,受他人暗示的成分较大。无论是否相信这些材料,都已经形成了一定的判断。所以一旦真正接触到知名人士,认知者必须首先检验原有的看法。一般说来,知名度高、社会评价积极的人,对于认知者的心理有特殊的影响力。人们常常把这样的人先入为主地看成有吸引力的人。

3. 自我表演（self-presentation）。自我表演也叫"自我展示",它是指人们在别人对自己形成印象时所做的显露。在日常生活中,人们总是想让他人对自己有一个良好的印象,所以自我表演的方式也是多种多样的。社会心理学家 Jones(1982)总结出了6种自我表演的策略：①自我抬高（self-promotion），通过行动或语言把自己的正性信息呈现给别人。②显示（exemplification），向他人显示自己的正直和有价值，引起他人的内疚。③谦虚（modesty），故意低估自己的良好品质、成就和贡献。④恳求（supplication），向他人表达自己的不足与依赖，引起他人同情。⑤恫吓（intimidation），用威胁的方法使他人接受自己的观点。⑥逢迎（ingratiation），说他人喜欢的话，俗称"拍马屁"。

在多数情况下,认知对象并不是认知活动中完全被动的一方,而是"让"别人认知的一方。因此,认知对象的主观意图势必要影响他人对自己的判断。

按照戈夫曼的理论,每个人都在通过"表演",即强调自己许多属性中的某些属性而隐瞒其他的属性,试图控制别人对自己的印象。这种办法有时很成功,使得不同的认知者对同一个人形成完全不同的印象,或者使同一个认知者在不同的时间和场合下对同一个人得出不一致的看法。比如,对同一个人,有人觉得他心胸开阔、热情大方,有人则认为他固执、沉静;有时使人感到深不可测,有时则使人觉得他诚挚、坦率。在这里,认知对象的自我表演对于认知者的作用是不可否认的。

（三）认知情境因素

在社会认知中,除认知者和认知对象因素外,认知情境也具有重要作用,人们对认知情境的理解能够转换到认知对象身上,影响对该对象的认知。

1. 空间距离。空间距离显示交往双方的接近程度。在认知活动中,它构成一种情境因素。霍尔认为,人际空间距离可分为4种：亲昵区（3～12 英寸），表现在夫妇、恋人之间；个人区（12～36 英寸），表现在朋友之间；社会区（4.5～8 英尺），表现在熟人之间；公众区（8～100 英尺），表现在陌生人之间或一般公开的正式交往场合。这些距离是人们在无意之中确定的,却能影响认知判断。比如,我们希望陌生人不要过于接近自己,但是如果他莫明其妙地一步一步地向自己靠近,自己就会感到窘迫、紧张甚至恐惧,同时我们会断定这个人缺乏教养、不懂礼貌或者有侵犯性。特别是在认知他人之间的关系时,空间尺度往往成为一种判断依据,看到两个人在低声交谈,我们就知道他们所说的事不愿意让别人听去,并推断他们可能有较深的关系等等。

2. 背景参考。在认知活动中,对象所处的场合背景也常常成为判断的参考系统。巴克指出,对象周围的"环境"常常会引起我们对其一定行为的联想,从而影响我们的认知。人们往往以为,出现于特定环境背景下的人必然是从事某种行为的,他的个性特征也可以通过环境加以认定。有学者请大学生被试分别观看用同一个人处在不同情境中的两张照片,一张照片的背景是学校校园,另一张照片的背景是类似监狱中的铁栅栏,请大学生对照片上的人物任意用一个形容词加以描述。结果一组学生对前者描述为"善良的"、"和蔼的"、"慈祥的"、"亲切的"、"诚实的"等等;另一组学生对后者描述为"阴险的"、"冷漠的"、"孤独的"、"可怜的"、"忧郁的"等等(张德,1990)。

环境背景对于认知这种影响可以在判断个体感情的文献中得到证明。20 世纪 20 年代以来的许多实验研究一致表明,画中所描绘的刺激人所处的背景对于决定被试做出什么样的判断非常重要。被试做出如何判断以及判断的准确程度,受到判断对象周围景物和色调的强烈影响。科尔曼等人甚至认为,单是人的面孔和身体所传达的一致情况是不多的。背景可以提供最强的线索,把感情归属于人物。例如,假定一个人在笑,那么只有情景的线索才能显示出这一动作究竟是表示高兴还是难堪。

思 考 题

1. 什么是社会知觉?社会知觉研究的范围包括哪些方面?
2. 社会知觉的特点是什么?
3. 社会知觉常常产生哪些方面的效应?它们对我们认识他人有什么样的影响?
4. 举例说明影响社会认知的因素有哪些。
5. 结合自己的认识谈谈社会认知对人的健康有什么样的影响。
6. 试述海德、维纳、凯利和琼斯的归因理论。

第六章

社会态度

本章要点

☆社会态度的概念及形成
☆社会态度与行为之间的关系
☆社会态度的转变过程
☆社会态度的理论
☆社会态度的测量

第六章 社会态度

"态度"(Attitude)的研究在社会心理学中是一个最古老、最重要、最经典的研究领域,在社会心理学的发展中也占有十分重要的地位,并且一直是社会心理学理论和研究中的核心内容。态度本来是指身体姿态、行为前的精神准备、行动倾向的意思。把这个概念最早引入心理学领域的是斯宾塞(Spencer,1862)和贝因(A.Bain)。他们认为,态度是一种先有之见,是把判断和思考导致一定方向的先有观念或先有倾向。

托马斯(W.I.Thomas)等人在研究波兰移民问题时,为了说明社会环境的变化对个人行为的影响,以及社会与个体之间的关系,具体研究了态度及其内涵,并假定了"态度"这个概念。当时"态度"概念的提出得到了许多心理学家的欢迎。托马斯等人甚至认为,社会心理学实际上就是"态度的科学"。自此以后,"态度"便成了社会心理学中的一个基本概念。

态度是社会存在物作用于人们心理活动所产生的反应,是一种心理反应倾向。现实生活中存在的一些自然现象和社会现象都会使人产生各种各样的态度。

第一节 社会态度的概念及形成

一、社会态度的概述

(一)社会态度的定义

态度是人类社会生活中最常见的心理现象。从心理学角度而言,任何人对与其相关联的人、事、物及其自身都会有一定的态度。不论它是正确的还是错误的,都无时无刻不影响着人的生活。在现实生活中,每个人都有一定的世界观、人生观、价值观,这就是个人对现实生活的态度。"态度"在社会心理学中是一个很广泛的概念,它所涉及的方面很多。西方学者对态度进行了广泛的研究和探讨,但概念也并不完全相同。在社会心理学中,我们主要研究的是人们对社会现象的态度,称为"社会态度"(social attitude)。

心理学界最早肯定态度的是19世纪末的心理学家朗格(Lange,1888),他在一项研究反应时间的实验中发现,被试如果特别注意自己即将要做出的反应时,即当被试心理上对自己需作的反应有所准备时,则其所做出的反应时间就会比其他被试要快。被试心理上的准备状态(或预备状态)(readiness)支配着个人的记忆、判断、思考和选择。这种心理上的准备状态,实质上就是态度。在此之后,社会心理学家们开始了对态度的各种各样的说明和解释。

奥尔波特(G.W.Allport)1935年曾在《社会心理学手册》中专章论述"态度"。他认为,"态度是一种心理的或神经的准备状态,它是由经验构成的,对于个人对有关事物的反应施加指导性或动力性的影响"。指出态度是一种潜伏在内部的准备状态,是一种行为的反应;强调态度是根据经验而组成的一种内在心理结构(mental structure),反映了个人行为的倾向。这个定义被社会心理学界誉为态度的古典定义。

克雷奇(Krech)和克拉兹菲尔德(Crutchfield)1948年专著《社会心理学的理论和问题》中认为,态度是"一种和个人所处的环境有关的动机、情绪、知觉和认识过程所组成的持久结构"。这一定义着重强调的是个人当前对环境的主观反应,着重点在于人的主观内部因素,不涉及人的行为反应问题。

弗里德曼(M.Friedman)等在《社会心理学》教材中指出:对于任何一个特定物体,观念或人的态度是一种带有认知成分、情感成分和行为倾向的持久系统。认知成分是由个人对于有关对象的信念构成的;情感成分是由和这些信念有联系的情绪感受构成的;行为倾向是指行为反应的准备状态。弗里德曼认为,这是今天大多数心理学家都比较满意的定义。但是,这也还不能算是所有社会心理学家所公认的定义。

里帕(Lippa,1990)认为,"态度是对某一目标的一种评价性反应(喜欢或不喜欢)",但他强调"态度是社会心理学研究中的一个中介变量"。所谓"评价性"(evaluative)反应,即泛指对某种事物的价值予以评定的历程。所谓"中介变量"(或中介变项)(intervening variable,简称 I.V.)乃是指它不是可触摸的具体客体,而是一种假设的建构,可以推断出,但无法直接观察。而迈尔斯(Myers,1993)认为,"态度是对某物或某人的一种喜欢与不喜欢的评价性反应,它在人们的信念、情感和倾向性行为中表现出来"。迈尔斯的"态度"定义被认为是对于"态度"相对比较完整的定义。

综合各家观点,我们认为,态度应该是指个体自身对社会存在所持有的一种具有一定结构和比较稳定的内在心理反应倾向。

1.态度的对象是社会存在。社会存在是指与个体有关联的他人、他事、他物,以及个体自身等具有社会意义的存在物。态度是在主体与客体的相互联系之中形成的。没有这种联系、没有一定的社会存在,也就不会出现态度;没有对一定社会存在的心理反应倾向,也就无所谓态度。

2.态度是一种心理反应倾向。我们每个人对不同的人,都会有不同的态度。比如对父母有对父母的态度、对朋友有对朋友的态度等等,都是作为对一定社会存在和心理反应而出现的。态度作为一种心理过程,具有明显的反应倾向性,例如对父母是尊重、对朋友是关爱等。

3.态度的构成具有一定的结构。态度作为一种心理反应倾向,不仅由多种成分组成,而且呈现出一定的结构。正因为如此,态度才具有其独特的心理功能,对人的内潜心理和外显行为起着动力作用。

4.态度是相对稳定的心理反应倾向。心理反应倾向具有各种形态,但不一定都构成态度。因为态度是一种持续的心理状态,具有比较持久的稳定性和一贯性,能够持续一定的时间而不发生改变。

5.作为态度的心理反应倾向是内在的。存在于个体自身内部的,是难以直接观察到的。态度作为心理反应倾向,由经验组合而成,包含有不同的内容。人们通常所表露于外的意见、看法、观点等,只是态度的表达或态度外化的产物,而不是态度本身。

(二)社会态度的特性

1. 社会性。社会性态度是人类所特有的一种社会心理现象。态度是人的态度,而人是社会的人。它与本能行为虽然都有一定的倾向性,但本能是天生的,态度并不是生来就有的,而是个体在后天的社会生活中通过学习而获取的。婴儿刚刚从母体中出生时,对于外界的事物基本上不存在任何态度。以后在社会环境中,随着其意识的成熟、情感的丰富、经验的积累,才逐步形成了其独有的态度。这就是说,个体是在其后天长期的社会生活中,通过与他人的交往和自身能动性相互作用,通过接受周围生活环境和社会文化的不断影响,逐渐形成了对他人、他事和他物的态度。就态度本身的内容及其变化而言,充分体现了其所包含的社会特性。

2. 内隐性。行为是外显的,而态度则是内隐的。它是由某一对象所引起的一种内部的心理体验。个人的这种主观体验不易被直接观察,但某人持有何种态度是可以借助对其行为(包括言语、动作、表情等)的观察加以分析和推测的,如从某人一贯孝敬父母的行为中可以推测他对父母抱有热爱的态度。但是,态度与行为也有不一致的时候,这也是为何人们的行为有时自相矛盾的原因。态度的这种内隐性,使其不易被真正了解。因此,对某人态度的了解,应建立在长时间对其大量相关行为的观察与分析的基础上,而不能只凭一时一事的印象。个体的某个具体行为往往具有不同程度的偶然性,受很多因素的影响。

3. 统合性。态度这种心理过程不出现在过程的开始,而是在其他心理过程(如感知、情感、意志)的基础上产生和发展的,它是这些心理过程整合的结果。态度由多种心理成分组成,但它不是这些成分的简单相加,而是由它们统合或有机结合而成,作为整体进行心理活动和发生作用。所以,当人们的心理活动表现为特定的态度时,它已经不是哪一种心理过程的单独表现,而是全部心理过程的具体体现。

4. 主观经验性。在社会心理学的研究中,个体的精神世界可分为两种:一种是观念的世界,它是在后天社会生活中不断积累各种经验的基础上形成的,其中包含有以一定的观念形态而存在的信仰、价值观、人生观及其他各种思想观念;另一种是经验的世界,它是在个体与周围环境的直接相互作用中形成的,其中包含有以一定的经验形态而存在的认知、判断、评价及各种体验和感受。态度则介于这两者之间,一方面它与个体的观念世界,尤其是其中的信仰和价值观有密不可分的联系,常常反映个人所特有的各种思想观念;另一方面,它又包含了相当大的经验成分。因此,态度本身就具有了主观经验性。

5. 媒介性。态度作为一种统合性的心理过程是行为的准备阶段,是由心理构成转换为行为的中间环节或媒介。一般来说,评价某一事情有意义,才会有兴趣、有热情去做;认为没有意义的事情,就不会去做。只有在心甘情愿时,我们才会坚持做好某一件事情。当然,在实际生活中违心地去做某件事也是有的,但是在这种情况下,一方面行为者的内心是不愉快的,甚至是苦恼的;另一方面,这种与心理不合的行为,又是迟早会改变的。总之,态度作为一种统合性的心理过程,是为行为做准备的,没有这种心理反应倾向,行为就无从做起。

6. 动力性。态度对个体自身内隐的心理活动和外显的行为表现,都具有一种动力性的影响,同时,对个体与他人的相互作用和个体对社会生活环境的适应也具有着这种影响。表现为一种激发、始动和调整、协调的作用,如和蔼、真诚、坦荡的态度,会使他人有安全感并亲而敬之;专横、虚伪、狡诈的态度,会使他人产生戒心并疏而远之。

7. 稳定性。态度不是一成不变的,但这并不是说一个人的态度时时都在发生着显著的变化,它具有相对的稳定性。人的态度是在社会生活中逐渐形成的,他同人的个性倾向性相联系,在行为反应上表现出一定的规律性。如一个性格内向、沉静的人,往往对体育运动持有不积极的态度。在态度形成初期,其转变较容易,而态度一旦形成和巩固后,其转变则较为困难。究其原因,一方面个体的整个态度体系中的各种态度之间具有内在统一性,他们相互影响、相互制约;另一方面,态度内在的各种因素之间也相互影响、相互制约。其中,情感因素尤为持久、稳定,甚至具有定势效应,因而态度具有稳定性。

(三)社会态度的构成

态度是一个复杂的心理过程。对态度构成要素的认识往往是和对态度的概念的界定相联系的。从这一角度来看,在态度构成要素的认识上所出现的分歧和在概念界定上的分歧是并行的。从社会心理学界对态度研究的历史来看,主要有三种不同的观点。

1. "行为一元论"观点。持这种观点的主要代表人物是 F.H. 奥尔波特和 G.W. 奥尔波特等。他们对态度的界定多主张态度是一种"行为反应的准备状态"。例如 F.H. 奥尔波特就认为态度是"神经肌肉系统中布置好的反应的准备",是"实际反应以前的预备";G.W. 奥尔波特也提出,"态度是一种心理和神经的准备状态,由经验组织而成,对个体的反应实施着一种指导的或动力的影响",强调态度本身所具有的行为意义及以往学习所得对态度形成的作用。

2. "行为二元论"观点。持这种观点的主要代表人物是卡茨等。他们对态度的界定则着重于态度本身所包含的认知和情感成分,认为态度是由这两个因素所组成,而将行为倾向成分排除在外。如卡茨就认为,"态度是个体以赞成的或不赞成的方式对其生活中的某些符号、事物等方面进行评价的预先倾向"。并指出,态度既包含了情感的成分,如喜欢不喜欢,也包含有对态度的对象和其特征以及与其他事物之间的联系进行描述的认知的成分。

3. "行为三元论"观点。目前大多数社会心理学家对态度所持的是这种观点。其主要代表人物有罗森伯格、霍夫兰德和迈尔斯等。即认为态度是由认知,情感和行为意向三部分组成。这种看法较早是由罗森伯格和霍夫兰德提出的。

迈尔斯(Myers.1993)指出,态度有三个维度:情感(affect,以 A 代表),即态度的情感特色;行为意向(behavior intention,以 B 代表),即态度的行为倾向性;认知(cognition.以 C 代表),即态度的信念、认知部分。故又称"态度的 ABC"。它们构成了知、情、意三个因素。他们认为,态度是个体以特定的方式对刺激做出反应的预先倾向。这种特定的方式即是认知的、情感的和行为意向的。这种观点对后来的研究具有较大的影响。

时至今日,在态度的界定及构成问题上虽仍未得出一个为大家公认且都能接受的看法或主张,但大多数的研究者都赞成态度是人的一种内在的心理状态,知、情、意是态度构成的三大要素。

(1)认知因素。指个体对态度对象所具有的知觉、理解、信念和评价。态度的认知成分常常是带有评价意味的陈述,即不只是个体对态度对象的认识和理解,同时也表示个体的评判、赞成或反对。态度的认知对象必须是明确的,它既可以是人、物、群体、事件等具体的事物,也可以是代表具体事物本质的一些抽象概念物。

(2)情感因素。是个体对态度对象所持有的一种情绪体验,如尊敬和轻视、喜欢和厌恶、同情和冷漠、热爱和仇恨等。根据当代大多数心理学家的观点,态度是评价性的,但它涉及到喜欢与不喜欢。态度定义的中心论点是假定人们具有某种态度后,即有一种情绪上的反应(Lippa,1990)。

(3)行为意向因素。是指个体对态度对象的一种内在反应倾向,亦即行为的准备状态,准备对某对象做出的某种反应。但行为意向并不是行动本身,而是做出行动之前的思维倾向。行为意向与需要的关系很密切,如想靠近——想远离、想占有——想丢弃等都是。

一般地说,尤其是从理论上来看,态度的三种构成因素之间是相互协调一致的。但在现实生活中,这三种因素之间的关系问题并非如此简单,往往在一定程度上存在着不一致。如某人对某个决定,理智上认为它是正确的,但情感上还一时难以接受,因此在行动上往往不积极主动。这说明从认识上改变人的态度较之从思想感情上来转变要容易一些。可见情感因素在态度中起着极为重要的作用。当三者发生矛盾时,情感因素居于主要地位。

研究结果还表明,态度的认知、情感和行为意向三大要素相互之间的关联程度也不尽相同。情感和行为意向的相关程度高于认知与行为意向的相关程度。由此可见,在三种要素中,认知因素的独立程度要更高些,与其他两种因素之间的相互影响也相应较小。

(四)社会态度的功能

社会心理学家们指出,人们之所以持有某种态度,是因为态度具有能够满足人们的某种需要,特别是心理上的需要的功能。就是说,态度的功能可以看做态度形成或改变的最深层的内趋力。在社会心理学的历史上,过去曾出现过两种功能理论,一种是由史密斯(Smith)等人提出的,一种是由卡兹(D.Katz)提出的。两种功能理论是极为相近的,虽然存在一些差别,但其主要观点是基本一致的。见表6-1:

表6-1 卡兹与史密斯关于态度的观点

卡兹的观点	史密斯等人的观点
1.工具性、适应性或功利性	1.社会性
2.自我防御	2.外化
3.认知性	3.对象评估
4.价值观表达	4.表达的品质

由此可见，这两种观点在对态度所具有的功能的论述方面各有不同，现在心理学界比较认可和推崇的是卡兹(Katz,1961)的态度功能理论。卡兹认为态度对人们具有多方面的功能，概括起来共有下面四大类：

1. 工具性、适应性或功利性功能。个体为了适应社会环境，求得生存、发展，得到社会或他人的接受和承认，就必须对所接触事物的价值进行判断，然后决定其行动，并且预先做好行动的准备。态度的这种功能，可以保证个体对社会生活的适应。卡兹认为，人们所以对某一态度对象持有积极肯定的态度，是因为这一对象对满足个人的需要是有用的、有效的；而对某一态度对象持有消极否定的态度，则是因为其阻碍和不利于个人需要的满足。而且，个体的态度不仅反映和体现了个体的内在需要，且能够帮助和促进个体需要的满足。态度对自己来说，是表达内心状态的出口；而对于别人来说，则是衡量其内部欲求、向往、情感、意见等的尺度。

2. 认识和评价的功能。卡兹认为，形成和改变态度，是为了满足人们理解和支配自己所处世界的需要。个体所持有的态度，也是个体认识周围环境的一个重要途径。每个人都想理解其自身周围的各种知识、经验和信息，并对它们加以汇集、整理和分类，使其与各种事物相联系，使事物具有意义，使个体能够对其周围的事物有所认识和了解，并将这种认识、理解和评价，组织进自己的态度之中。态度能帮助人们组织和吸收外界复杂的信息，从而为个体的行为反应提供具体有价值的信息。也就是说，态度能使个体有选择地接受对自己有利的、积极的信息，拒绝不利的、消极的信息，也可能曲解地接受错误信息而产生错误的认知，形成偏见。

3. 价值观(value system)表达功能。价值观是指态度的对象对人的意义。人们对于某个事物所持有的态度，取决于该事物对于人们的意义大小，亦即是事物所具有的价值大小。社会心理学提到态度，就离不开态度对象的价值。这就是说，价值观是态度的核心。奥尔伯特(Allport,1935)等人认为人们的价值观有六个方面：经济价值观：认为生活的主要目的是财产的得失；理论价值观：力求在知识系统内发现新东西；审美价值观：把美作为人生的根本追求；权力价值观：认为人生的目的在于为了支配他人；社会价值观：认为最有意义的工作是增进社会福利；宗教价值观：把精力放在向往神秘的东西上。态度能表达人们深层的价值观。

卡兹认为，人们都具有自我表现的需要，而这种需要的满足正是通过态度而得以实现的，通过态度表达自己的价值观，充分显示自己的人格和对人生意义的追求。由于环境与教育条件的不同，每个人都具有不同的价值观。因此，同一事物对人有无价值、具有什么价值，这不是绝对的，而是取决于人的需要、兴趣、信念和世界观等心理倾向。同样一个事物，由于人们的价值观不同便会产生不同的态度。所以说，态度具有表达个人价值的功能。

4. 自我防御的功能。人们生活在复杂的社会环境中，难免会遇到这样或那样的矛盾、压力和困惑，而产生相应的心理紧张、焦虑与不安。为了缓解不适、平衡心态、战胜挫折，个体就会采取各种方式进行自我保护或自我防卫，而这正是态度的自我防卫功能。卡兹认为,一个人之所以形成和改变态度,正是为了保护自己,回避自身所产生的不适,摆脱外界的不良侵害,从而维护个体的正常人格和心理健康。

由此可见,态度的不同功能是与个体不同的内在需要相联系的。卡兹的态度功能理论强调了态度所具有的需要满足功能,在理论观点上具有兼收并蓄的特点。它不是以一家的理论思想贯穿始终,而是各取所需,融合各家于一体。其不足之处是,在实际应用中人们很难对态度所满足的需求进行客观、准确地测量。因此,这一理论在应用方面具有很大的局限性。

二、社会态度的形成

一个人的态度并非与生俱来,它是个体在社会生活中,经过社会化和社会交往而逐渐形成的,是后天习得的。态度的形成与社会化过程相一致。态度一旦形成,便具有一定的稳定性。但这种稳定性是相对的,通常,随着主客观因素的改变,个体的态度也会随之发生变化。在现实社会中,除新生儿之外,态度的形成与改变,是态度活动过程中的两个不可分割的组成部分。旧态度的改变总带来新态度的形成,而新态度的形成总是以旧态度的改变为前提。只是为了研究和说明的方便,社会心理学中才经常把态度的形成和改变进行分别叙述。

(一)影响态度形成的因素

态度的形成过程,实际上也是个体的社会化过程。个体态度的形成,一方面要受到社会生活环境中各种因素的影响和制约,另一方面也是通过联想、强化和模仿等方式而不断学习的结果。

1. 社会环境的影响。社会环境对个体的影响,自个体出生之时起直至生命结束,始终都存在着。这种影响主要是通过社会规范和社会准则的要求和制约、各种思想观念的宣传和教育、风俗习惯的潜移默化,以及文化的熏陶等方式进行的。

(1)社会环境对个体态度形成的影响具有选择性。即只让个体了解或接触事物的某些方面、某一部分或某一种类,弃恶从善、趋利避害、扬正抑邪,从而使个体形成一定的符合社会要求的态度。

(2)社会环境对个体态度形成的影响还具有持久性。即这种影响时刻都在不断地对个体发生作用,而且这种影响伴随个体一生,是持久而深远的。

(3)社会环境对个体态度形成的影响具有多元性。即社会环境的不同方面或不同因素,对个体态度的形成会产生不同的影响,积极的与消极的并存、有利的与不利的同在,造成的影响常常是不相一致的,甚至是相互矛盾的。社会环境影响的多元化导致了态度形成或改变的复杂性。社会环境的影响对个体态度的形成来说,本质上是一种宏观的影响,对人们的态度形成起着导向作用,因而其对个体态度形成的要求和约束也往往是一般意义上的。

2. 家庭的影响。对于个体态度的形成,家庭及父母的影响也具有十分重要的作用。个体幼时在家庭生活中所受到的教育和抚养,对其态度的形成及以后态度的变化和发展具有决定性的作用。在社会生活中,父母及家人往往是儿童获取知识的主要来源,一个人最早的启蒙老师往往就是自己的父母;从父母那儿所获得的知识,又往往是一个人对周围事物形成某种态度的最初知识。童年得自父母的知识是以后发展中吸收新知识的基础,这种知识基础更是不易改变的。而且一旦有新知识与原有的知识结构发生冲突或不协调,原先存在的知识往往占据优势,具有根深蒂固的效用。因此,早期形成的态度往往会一直保持到成人期,有些态度则可能会影响一生的发展。

家庭对个体的影响还通过家庭成员之间的人际关系以及家庭成员共同生活的方式而表现出来。家庭成员之间除了以血缘辈分为基础的长幼先后的关系外,还包括有互相之间的情感关系,而这一层关系对个体态度的形成具有较重要的作用。情感关系较融洽,则互相之间的影响就较大,在态度上也易趋于相近或相同。此外,家庭共同生活的方式也具有显著的影响。从小就生活在一个充满民主、平等气氛家庭中的孩子,容易形成良好的与人相处的态度,学会采用平等的方式与人相处,用民主的方式解决问题。

3.同伴的影响。随着个体年龄的增长,父母及家庭的影响作用会逐渐减少,而同伴、朋友的影响作用越来越大。在青春后期,同伴已成为首要的参考群体。个体开始经常把自身所持有的态度、观点,与自己同伴的观点、态度作比较,并以同伴的态度、观点作为依据来调整自己原有的态度,使自己与同伴保持一致。对大学生所作的研究表明,朋友和同伴对各种态度都有影响。纽科姆(T. Newcomb.1943)对贝宁顿学院学生的研究被社会心理学界称为"对同伴影响的经典性研究"。他研究了一名大学生在大学四年中,在自由派态度和保守派态度上的改变情况,发现原先相当保守的新生,在入学后因逐渐受到高年级学生较为开放和自由的态度的影响,到了毕业的时候,也已经变成相当开放和自由的了。

另一项重要研究是德福勒和韦斯提(1958)的同伴对于行为效果的研究。他们在实验中要求被试说明他们是否愿意摆好姿势与一个不同种族的人照一张友谊相。他们也有权决定该相片用在哪些场合,从图书馆直到全国性的宣传运动。学生们做出决定以后,研究人员便问他们,是否有参考群体而影响了他们的选择。71%的人说有,他们从一个或许多参考群体方面关心自己的形象。且几乎所有指出群体的人都说,同伴是一个因素。由此可见,绝大多数学生的决定与同伴有直接关系。

4.团体的影响。个体自身所参加的团体,对其态度的形成也具有明显的影响作用。每一个团体都有自己的行为规范和准则,并要求其团体成员必须共同遵守。当个体加入了某一团体之后,其一言一行就必须与团体保持一致,个人所持有的态度也必须与团体保持一致。由此,通过团体对个体的这种影响和约束作用,可以促进个体态度的形成和转变。团体对其成员所具有的影响力的大小,主要取决于以下几方面的条件。

(1)团体对其成员吸引力的大小。如果团体对成员有较大的吸引力,那么,团体所具有的影响和约束力就较大;反之,则较小。

(2)个体在团体中所处的地位。一般来说,个体在团体中的地位越高或越重要,

第六章 社会态度

则其感受到的团体规范的压力和约束力就越大;反之,则较小。

5.观察学习。观察学习,也称"模仿学习",主要是指个体通过对他人言行的观察而进行的学习。这种学习同样可使个体学得许多新的行为。儿童在日常生活中,从观察其父母的言行而学得相同的言语和行为表现。个体在对他人进行观察时,将他人的言行举止记忆在自己的头脑中,在以后遇到相同或相似的场合时,再将自己头脑中所储存的这些言行方式表现出来。人们态度的习得,同样也可以通过对他人的观察来进行。例如,通过电影、电视和电脑网络,人们就可以习得对某些事物和对象的基本态度。通过观察他人而进行的态度学习,基本上是依靠在观察以后对他人进行模仿而实现的。一般来说,模仿还会受强化的影响。个体在对学习对象有了较好的观察,又受到了强化因素的激励后,就能够较好地进行模仿,从而习得一种新的态度和行为。

(二)态度形成的阶段

态度的形成是指个体从没有某种态度到具有某种态度的过程。态度形成以后,个体便具有内在的心理结构,从而产生一定的倾向性。态度不同于一般的认知活动,它具有情感、意向等因素,比较持久、稳固,所以形成态度需要较长的时间来孕育和准备。因而,态度的形成也就较为复杂。奥尔波特1935年在给"态度"下定义时说过,态度是由经验积累而成。他在说明态度的形成和变化时,又提出四种形成方式:把许多类型相似的特殊反应综合起来,即经验的累积;正负未分化的反应对某种特殊对象形成一种特殊反应倾向,即分化;由外伤经验(trauma)构成的歪曲心理倾向凝固起来,即某种特殊反应倾向凝固;模仿或获得既成的态度,即模仿或学习。对此见解,不同的学派有不同的解释。

凯尔曼(H.C.Kelman)根据自己的研究,于1961年提出了态度形成或改变的三阶段理论。他认为一个人态度的改变不是一蹴而就的,而要经过模仿或服从、同化、内化三个阶段。

1.模仿或服从阶段。在凯尔曼看来,态度的形成(或改变)开始于两个方面:一是出于自愿,不知不觉地开始模仿;二是产生于受到一定压力后的服从。我们每个人都有模仿和认同他人的倾向,尤其是倾向于认同他所敬爱崇拜的对象。而在这种模仿的过程中,也就会认同不同的对象而习得不同的态度。父母常常是孩子的认同对象,他们以模仿父母的态度作为形成自己态度的开端。随着年龄的增长和交往的增多,他们通过模仿不同的对象,不断习得态度或改变态度。以模仿习得态度,作为形成自己态度的开端,这是人们形成和改变自己态度过程中最常见的一个途径。

除了模仿之外,还有另一形式,即服从。服从是人们为了获得某种物质或精神上的满足,或为了避免惩罚而表现出来的一种行为。服从的特征往往表现为本身的行为和观点,是受到外界的影响而被迫发生的。导致服从的外界影响主要有两种情况:一种是在外力的强制下被迫服从,另一种是受权威的压力而产生的服从。在现实生活中,人们要遵守许多规范,产生许多服从,不管你愿意不愿意,都会如此。当然,服从许多时候都是在无内心冲突中产生的,但有时也可能是被迫的,被迫的服从形成习惯之后，就变成自觉的服从，产生相应的态度。例如，不随地吐痰，开始有的人不习惯，然而有关部门做出规定，凡随地吐痰者罚款，迫使人们服从。久而久之，人们便形成了习惯，形成了讲究公共卫生、不随地吐痰的态度。而有些时候服从行为并非出于个体的内心意愿，并且是暂时性的，只是为了达到自己一时一地的目的而被迫的。

2. 同化阶段。在这一阶段，态度不再是表面的改变了，即已不是被迫，而是自愿接受他人的观点、信念、行为或新的信息，使自己的态度与所要形成的态度相接近。也就是说，态度在这一阶段已比服从时进了一步，已从被迫转入自觉接受、自愿进行。这时，态度形成的动机不再像模仿或服从阶段那样，是为了获得奖励或免于惩罚，而是因为同化者希望自己成为与施加影响者一样的人。在这一阶段，个体由于在同化过程中满意地确定了自己与所要认同的个人或团体的关系，因而采取一种与他人相同的态度和行为。可见，同化能否实现，他人或团体的吸引力是一个很重要的因素。但在这时，新的态度还没有同自己原有的全部态度体系相融合。

3. 内化阶段。内化是态度形成的最后阶段。在这一阶段，个体的内心已真正发生了变化，接受了新的观点、新的情感和新的打算，并将其纳入了自己的价值体系之内，成为自己态度体系的有机组成部分，即彻底形成了新的态度。如果说在同化阶段个体还需要有意无意地把他人作为榜样的话，那么到了内化阶段，个体就不再需要具体的、外在的榜样来学习了，已达到了"行之于心、应之于手"的境界。当态度进入这个阶段之后，就比较稳固，不易改变了。

态度的形成从模仿、服从到同化，再到内化，是一个复杂的过程，但并非所有的人对所有的事物的态度都完成了这一全部过程。有人对某一事物的态度可能完成了整个过程，但对另一些事物的态度则可能只停留在服从或同化的阶段。有的时候，态度到了同化阶段也还要经过多次反复，才有可能进入内化阶段，但也可能一直停止在同化阶段而徘徊不前。所以，人们态度的形成，是一个十分复杂的过程。

第二节　态度和行为

态度与行为之间的关系问题，一直为社会心理学家所普遍关注。态度是一种内潜的心理现象，我们无法直接观察它。要了解一个人的态度，主要还是从分析其行为入手。个体只有通过行为、通过自身的活动，才能真正得以发展。实现自身的社会化，也只有通过行为才能与他人发生联系、对他人产生影响。态度只有落实到行为上才有意义。如果脱离了行为，那么对个体态度的考察就会变得毫无价值。态度与行为之间到底是一种怎样的关系呢？社会心理学家们经过大量的研究，现在一般认为，态度与行为是一种交互作用的关系，不但态度可以作用于行为，而且行为还可以反作用于态度。

第六章 社会态度

一、态度与行为交互作用

1.态度对行为的影响。个体的态度决定个体的行为吗？在社会心理学研究的最初，它只是被假设为，一个人的态度决定他的行为。例如支持某一政治家的人，很可能投票选举他；如果你喜欢酒，就可能去喝它；如果你对黑人抱有偏见，就不会把自己的孩子送到黑人占多数的学校。但对这个假设一直是有争论的。由此也说明态度和行为之间的关系十分复杂，学者们纷纷提出了自己的看法。

1934年，拉皮尔(R.T.Lapiere)作了一项态度与行为关系的著名研究。他与一对中国留学生夫妇作了一次环美旅行，行程一万多英里。他们曾在66家旅馆和汽车游客旅馆、184家饭店歇脚。虽然当时美国特别歧视东方人，但所有的旅馆和汽车游客旅馆都给了他们床位，饭店也从来没有拒绝招待他们。6个月后，拉皮尔给那些他们曾经居住过的旅馆、饭店和一些他们没有光顾过的旅馆、饭店寄去了一份问卷，其主要问题是："你愿意在你那里接待中国人做客吗？"在光顾过的旅馆饭店中，有128家作了答复，92%表示不愿意。而实际上这对中国夫妇却在他们那里得到了很好的接待，但在随后的信访中，却得到了普遍的歧视。拉皮尔和他之后的许多人，都解释了这一实验结果，认为它反映了态度与行为之间较大的不一致性。

后来，对于这一早期研究到底有多大的代表性，一直有许多争论。许多社会心理学家坚信态度在很大程度上可以预见行为，问题在于应该确定有关的变量，使之得到精确地测量和控制。不过，更多的社会心理学家认为，态度与行为存在着相互制约的关系。1984年，凯利(H.H.Kelley)和米尔(T.W.Mirer)作了一项关于投票行为的研究，他们分析了从1952年至1964年间，美国四次总统竞选所进行的民意调查资料。他们的研究发现，在选举前访问投票者所得到的关于他们的政治态度，与他们实际投票行为有着很高的相关，也即在投票日之前20天进行的，访问者中有85%的受访者其政治态度与实际投票行为是相互一致的。同时，凯利和米尔还发现，随着选举前的接见更接近选举日，预言选举结果的错误在迅速减少。

里帕(Lippa,1990)指出，态度能影响行为，因为研究者假定态度是行为反应的中介。态度对行为发生影响，是以一种一般动机性方式进行的(Oskamp,1977;Petty & Cacioppo,1981)。但是，态度与行为并不是一一对应的关系，因为行为除了受态度的影响之外，还受其他因素的影响，特别是受当时情境(situation)的影响。可以说，态度与行为的不一致主要决定于当时的情境。例如，人们往往不愿意和他不喜欢的人坐在一起，但他若在长途旅行时，发现车上只有一个坐位空着，旁边坐了他所不喜欢的人，他也不得不在空位上坐下来。这一行为与他的态度是不一致的，但当时的情境迫使他这样做。逢场作戏的抽烟也是如此，一个人不喜欢抽烟，也无抽烟习惯，父母也不赞成他抽烟，但在大家都抽烟的情境下，他也可能抽烟，这就是情境使他的态度与行为发生不一致。

2.行为对态度的影响。在现实生活中，不仅态度能够影响个体的行为，而行为反过来也会影响到个体的态度,这已被许多科学研究所证实。行为有多种类型,不同的行为方式可能改变一个人先前的认知、情感和意向,也将使人们产生新的态度。

德威纳·贝姆(1972)提出一种包括态度与行为不一致性在内的有趣理论。他认为,正是我们的行为影响我们的态度而不是其他别的情形影响我们的态度。人不能直接地觉察到自己的内在因素,而只能以观察自己的行为来推测它们。比如,你问某人:"你喜欢吃黑面包吗?"他回答:"我想我是喜欢的,我总在吃它。"很明显,此人的行动是其态度的根源。

列伯曼(S. Lieberman)曾经对新升为"领班"和新升为"工会代表"的工人进行了实验考察,研究其角色改变后工作态度的变化。显然,新的角色要求新的行为。不久,这些人也就由于从事新的工作,而形成了新的工作态度。实际上,在日常生活中,我们也可以看到这种职业角色对人们态度的塑造和影响力。当了警察,就会形成对执法和违法的新的认识;作为教师,就会以身作则,为人师表。如此一来,由于职业角色上的要求,个人的人格和态度都会深受其影响。

由于人们所扮演的角色或从事的行为会影响到其内在态度的变化,已经为经验和实验所证实。那么为什么会这样呢?社会心理学家曾认为存在有三种可能:

(1)当人们的行动与其态度相背时,就会产生内在的认知不协调,进而引起心理上的紧张;而当事者为了消除这种紧张,就要努力去为自己的行为进行辩护,于是就会改变自己原来的态度。这种可能是由认知失调理论的代表人物费斯廷格(L. Festinger)假定提出的。

(2)当人们的态度不明朗或者是模棱两可时,可以通过观察自己的言谈举止来了解自己的态度倾向,推断自己的真正态度。这种可能是由自我觉知理论的代表人物贝姆(D. J. Beem)假定提出的。

(3)当人们从事与自己态度不相一致的行为时,会接触到以前没有接触到的信息和感受,或受到行为结果的不同强化或反馈,从而引起态度的改变。这种可能是由行为主义心理学家所假定提出的。

二、影响态度和行为的因素

我们知道,态度与行为是一种交互作用的关系,从理论上讲,有什么样的态度就会有什么样的行为,态度和行为应该是一致的。那么,为什么在现实生活中态度与行为有时候一致、有时候又不一致呢?社会心理学家们对此进行了深入的研究。认为,虽然态度与行为是一种交互作用的关系,但不能简单地依据个体的某一态度去推测其某一行为。二者的一致性是在一般情况下笼统而言的。也就是说,态度是个体一种内在的心理结构,它只表现为行为的一种倾向。也就是说,它只是提供了行为的一种心理上的可能性,这种可能性要变成现实,即形成具体的行为,还要受许多因素影响。

有哪些因素可能影响态度与行为的一致性呢? 卡利和罗伯特(1965)在一项研究中指出,情境的某些方面很重要。他们在研究中发现,某些黑人大学生出于父母压力才不参加争取种族平等的黑人游行。有的黑人学生说,他们参加游行完全是由于同学的强迫。这说明黑人学生的态度可能对示威都是赞成的,但是由于不同的情景原因,他们的态度与行为才不一致。还有些研究指出,对一个人的行动所期待的结果能影响态度与行为的关系。比如,库特纳、威尔金斯和亚罗(1952)就相信,许多持偏见的旅馆老板之所以给黑人和其他种族群体提供膳宿方便,是因为他担心因歧视而受到当局的制裁。

博班姆和贝恩(Birnbaum & Benne,1983)指出:行为是态度与环境相互作用的结果,但影响行为的因素除态度与行为两者相互作用之外,还有个人的一般认知态度(不属于对某一对象的认知)、当时的情绪好坏,以及个人对外界环境的一贯倾向等,都对其行为发生影响,如图6-1。

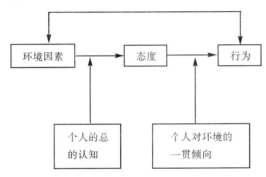

图6-1 态度和行为关系结构图
(采自 Wayne & Cascio,1987)

有一项关于捐献血态度和捐血行为之间关系的研究,证实了上面所述的观点(Bagozzi,1981)。对捐献血的积极态度会影响到实际行为,但习惯也起作用,过去的捐血行为有助于预测该人是否去捐血。也就是说,先前的经验对行为有直接影响。

费希本和艾杰森(Fishben & Ajzen,1975,1980)提出了合理行动理论(theory of reasoned action),用以解释态度和行为间的关系,比较有说服力,引起了广泛地重视。该理论认为,预测人们行为首先要了解他们的意图,而意图决定于两个因素:一是对人、物、事件的态度;二是个人对于采取该行为的主观规范(subjective norm),即个人主观上的行为标准。一般说,人们意图中这两个因素是一致的,即态度与主观规范是一致的。参见图6-2。

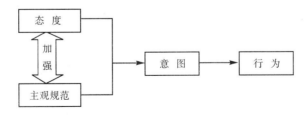

图6-2 费希本和艾杰森的合理行动理论图示
(采自孙晔,1988)

里斯卡(Liska,1984)从传统的阐述态度是否决定或能否预测行为的问题转向于讨论社会态度是怎样决定行为的问题,他曾经也提出一个复杂的模型,表明态度与行为的关系是复杂的,而且还充分说明了态度是一个中介变量。

综上所述,态度只是一个中介变量,而人的行为又十分复杂,所以态度与行为能否保持一致性是不能完全确定的。综合来看,我们认为影响态度和行为的因素主要有以下几个方面:

1.个体所持的态度因素。从个体持有某一特定态度的角度看,态度与行为之间的关系,往往会受到态度本身的构成因素,包括其认知与情感的关系的影响。

(1)认知与情感的协调程度。个体对某一事物所持有的态度,如果在认知上的看法与在情感上的体验是保持一致的话,则这种态度与行为就能保持较高的一致性;但如果认知与情感并不一致,甚至相互矛盾,那么态度与行为之间的关系就常常是不一致的。

(2)个体态度的由来。如果个体对某一事物所持有的态度,是通过对这一事物的亲身体验和了解形成的话,那么,根据这种态度来预料和推测有关的行为表现,就会有较高的准确性;反之,如果个体所持有的态度是道听途说即是通过获取间接经验的方式而形成的,那么这种态度就很难起到准确预测行为的作用。

(3)态度的抽象程度。个体所持的态度是比较一般的、笼统的,还是较为具体的、特定的,也与其行为表现密切相关。许多研究结果都表明:个体对某一事物所持的一般和笼统的态度,与个体对这一事物所做出的行为反应之间存在着低相关,两者之间的一致性程度很低;反之,两者之间的一致性程度则很高。

(4)态度与个体的关联程度。态度所指的对象、事物,与态度持有者本人往往会有着不同程度的关联。如果关联程度较高,则对个体的生活、工作和学习就会有较大的影响,那么个体的态度与其所做出的行为反应,就会表现出较高的一致性;反之,两者的一致性就较低。

2.个体行为反应因素。从个体行为反应所具有的特点来看,影响态度与行为一致关系的因素,至少有如下两种:

(1)单一行为或多重行为。个体对某事物持有某种态度,但在表露这种态度时所采取的行为方式可能是多种多样的。换句话说,态度与行为之间的关系未必是一对一的。因此,在考察态度与行为的关系时,如果仅着眼于某一种行为,往往就可能得出态度与行为不一致、无关联的结论;但如果着眼于多种可能与态度保持联系的行为时,就不难得出态度与行为相一致,或有关联的结论。

(2)即时行为或长久行为。即时行为指的是即刻和短时内作出的反应,长久行为指的是长时间和久远内作出的行为反应。研究表明,即时行为与态度保持较高的一致性,根据态度来预测即时行为则较为准确;而长久行为变化的可能性较大,因而其与态度的一致程度较低,根据态度来预测长久行为则较为困难。

3.个体自身人格因素。有些人的态度与行为表现出较高的一致性;有些人则易受他人或环境的影响,其态度与行为之间的变化较大。这种个别差异,与态度者个体自身的人格因素有关。例如,自尊心强的人,就不会轻易受他人的影响;而自尊心较弱的人,则容易为他人所左右。另外有一些研究资料表明,具有较高自我控制行为能力的人,在某种程度上其行为会较少受自己情绪等内在心理因素的支配,而更多的是根据环境的要求去表现;而具有较低自我控制行为能力的人,其行为与态度的一致性则会相对高一些。

4.个体所处情境因素。个体的行为不仅受其态度和人格特征的影响,同时也受情境的制约。个体的行为无法脱离环境,就必然受环境的影响。尤其是当环境对个体的压力较大时,个体的行为便会倾向于顺从环境的压力,尽管这种压力与自己的态度可能是不一致的。"逢场作戏"便是指此类情况。

第三节 社会态度的改变

态度的改变是一个复杂的动态过程。因为在态度改变的过程中,必然要涉及各种各样的因素,要有效地改变他人的态度,势必要充分把握这些影响态度改变的因素。态度改变是指一个人已经形成的态度在接受某一信息或意见的影响后而引起的变化。引起态度改变的因素是不可能排除的。所以说,态度的改变在现实社会生活中更是常见的和重要的。从社会心理学角度来说,态度改变的过程也就是信息传递(说服)的过程。个体的态度改变了,其行为也会随之发生改变,而态度往往又可以预测行为,所以研究态度转变具有现实意义。

一、态度改变的信息传递(说服)模型

事实上,生活在现代社会中的每一个人,从早到晚都会遇到大量的、各种各样的信息,会接收到各种各样的信息传递,也就是说,我们每个人都在面临着新的信息,都在面临着不同程度的态度改变。

1959年,美国著名社会心理学家霍夫兰德(C. Hovland)提出了一种以信息交流过程为基础的态度改变模型——信息传递(说服)模型,是社会心理学界公认为有效的模式。并曾被前苏联社会心理学教科书引用。我们可以通过图6-3来了解这种态度改变的信息传递(说服)模型。

在上述模型中,我们可以了解到影响态度改变的各种因素,而信息传递(说服)的效果也是由这些因素的相互关系或作用所决定的。在该信息传递(说服)模型中,霍夫兰德认为,任何一个态度改变的过程也正是一个信息传递(说服)的过程,都是从某一"可见的说服刺激"开始的。也就是说,每一个态度改变的过程都离不开下面四种构成要素:

1.信息传递者,也叫"信息传播者"。在态度改变过程中,信息传递者是一个重要的角色。他对某一问题形成一定的观点,并力图通过信息传递说服他人也持有同样

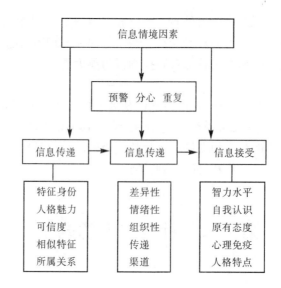

图 6-3 态度改变的信息传递(说服)模型

的观点。要做到这一点,他必须对"传递的信息"进行精心加工和组织,诱使或劝说他人改变自己原有的态度、立场,从而和他自己的观点与态度相一致。

2.信息的传递过程。信息传递者传递信息的内容、形式和方法等构成信息的传递过程。不同的内容、形式和方法也将直接影响到态度改变的最后效果。

3.信息接受者。他是信息传递者传递信息的目标对象。信息接受者是一个并不完全可知的变量,他对某一对象或事物早已有自己的态度,而这些事前的态度及其本身的特点,将直接影响到其对有关说服信息的接受程度。

4.信息情景因素。信息的传递过程并不是在传递者和接受者之间与世隔绝的情况下进行的,这里有一定的客观情境在影响着信息传递的效果。

上述四个方面的因素就构成了态度的改变过程。态度改变的研究也就是对这四方面因素的研究。

二、态度改变的过程

根据对霍夫兰德态度改变的信息传递(说服)模型的分析,我们知道,改变人的态度是一项十分复杂的工作。因为在态度改变的过程中,必然要涉及到信息传递者、信息的传递过程和信息接受者,以及相关的情境等各种各样的因素,要有效地改变他人的态度,势必要充分把握这些影响态度改变的因素。这是态度改变过程中的基本要求。

(一)信息传递者

在态度改变的过程中,信息接受者会不会在接受传递信息之后改变原有的态度,信息传递者本身是一个很重要的因素。信息传递者自身所具备的各种特点常常对态

第六章 社会态度

度改变的过程有着极大的影响。例如,一个人对某一信息传递者的评价越高,就越容易受他的影响;信息传递者传递的信息的真实可信度越高,也就越容易被接受。因而,在改变态度的过程中,有的人费尽口舌却可能毫无效果;而有的人通过会心的交谈,却会引起信息接受者心悦诚服地改变其原来的态度。社会心理学家们一般认为,信息传递者在发挥其自身的信息传递功能时所表现出的特性主要有以下几点:

1. 特征身份。特征身份包括专家身份和社会身份。专家身份是由信息传递者所具有的教育程度、专业训练水平和所从事的社会职业、所具有的专业身份决定的。研究表明,专家的身份足以使信息传递者在某些特定的方面所传递的信息比没有专家身份的人更易被人接受、更令人信服。不过专家身份所具有的劝说效用只是在特定的、有限的范围或领域内才能奏效,一旦涉及与其不相干的领域时,则其劝说作用就不会有多大影响。例如,对一种新药的评价如果是出自一位名医之口自然会比一个普通医生更有说服力。对于一个有心理障碍的人,心理咨询专家的指导和劝告当然要比一个普通人有效得多。

社会身份是指信息传递者所具有的社会地位、社会名望、知名度及年龄、经验等权威性和经验性的身份特征。事实证明,在一些不属于或不涉及专业性知识内容的问题上,信息传递者的权力和威信的高低直接影响着态度改变效果的强弱。一般而言,二者是成正比的。因为威信高的人易赢得别人的信服和尊重,有助于人们态度的转变。一般来说,信息传递者的权威性越大,目标对象改变自己态度的可能性就越大。

2. 可信度。可信度是指使目标对象对信息传递者相信的程度。一些与信息传递者直接有关的因素,比如信息传递者的人格特征、外表仪态及信息资料情况等,都会影响到这种可信度。例如一个办事坚决果断、雷厉风行的人就比做事唯唯诺诺、犹豫不决的人能够使人感到可靠和可信。

霍夫兰德(1953)等人曾提出信度高比信度低更能引起态度的变化。他们做了这样一个实验:用《生物医学》杂志和《大众月刊》杂志向被试宣传一种药物的效用,然后测定被试在接受宣传之后的态度的变化。在实验前,先对两种杂志提供的消息信度进行测定,有81%～95%的被试对前一种杂志提供的消息评价为可信的;有1%～21%的被试对后一种杂志提供的消息评价为可信的。在被试接受宣传之后发现,前一种场合,有23%的被试态度发生了变化;后一种场合,只有6.6%的被试态度有变化。这一研究显示出,信息传递者的可信度往往比信息本身的逻辑性与合理性更重要。同时,霍弗兰德等人(1988)还发现,信息传递者的可信度的影响在其信息刚刚传递后的效果最大,时间一久,就逐渐变小,然而原来低可信度的传递者的效果却随时间的推移而上升。这种现象被称之为"睡眠者效应"(或"事后效应")(sleeper effect)。

社会心理学家所进行的有关研究表明,信息传递者的意图和动机也是一个影响可信度的重要因素。一般来说,如果信息接受者知道信息传递者是出于高尚的动机来改变自己的态度,则其态度较易转变;而如果信息传递者的动机是卑鄙的,是为了个人私利,则即使发出的信息内容正确,也不容易被接受,甚至会使接受者产生抗拒、逆反心理。正因为如此,我们在改变他人态度时,一定要注意避免因信息传递者自身主观的不利因素而引起的负向效应。

3. 人格魅力。信息传递者的人格魅力及各方面能力等也会影响态度转变的效果。如一个品德高尚的人易使人信服,而若一个品行不端的人大谈伦理道德则只能让人感到厌恶和反感。信息传递者所具有的人格魅力,也会明显影响到信息传递的程度和效果。通常,信息传递者的人格越是高尚、完美,越是具有吸引力,也就越可能增加其说服力和信息传递的效果。在这里,人格魅力主要是指信息传递者是否具有一些令人尊敬和喜爱的特征,以及其本身所具有的吸引力,不论这种特征是内在的还是外显的。一些社会心理学家通过实验研究证明,人有模仿自己喜欢对象的倾向,一个具有较强人格魅力的人,人们不只是被吸引,而且更容易接受他的观点,受他的爱好和行为方式等影响。喜欢一个人的程度越高,那么受其影响而改变态度的可能性也会越高。

4. 相似特征。相似特征是指信息传递者自身的身份、职业、背景及其观点、看法等与信息接受者有相似或相近的特征。研究表明,人往往更容易接受那些和他相似的人影响。相似不仅能增进喜爱,而且也意味着背景的共同性。一般地说,信息传递者和信息接受者之间在身份、职业、参加的团体以及年龄、性别等方面相似或相近,会促进双方在态度上的求同存异,从而导致信息接受者的态度的改变。例如,在日常生活中,同龄人更易于接受对方的劝说,同他人取得一致的看法;有着共同经历、相似的经济条件、社会地位的人往往也具有某些相同的价值观念,也容易取得一致的态度。

5. 所属关系。所属关系是指个体与某一特定群体之间的关系。在社会生活中,群体也往往是影响信息传递的一个重要因素,群体关系更是说服力的重要来源。群体可以大到一个国家、民族,也可以小到学校的一个班级、车间的一个小组、一个家庭等。我们每个人都生活在特定的社会群体之中,群体意见对个人态度的影响是社会心理学中讨论最多的问题之一。群体在引起个人态度改变方面所以有效,取决于个人对所属群体的关系。假如某一个体十分尊重他所从属的群体,这一群体对于他就成为一个十分可信的、具有强烈影响力的说服者。实际上,群体的意见已成为他们自身态度和行为的标准。他们会认为自己的意见和群体保持一致,才是正确的或"正常的"。因此,当他们的态度不符合群体的标准时,他们倾向于改变自己的态度。与此同时,群体同意某一成员的意见,这对于他是强大的支持,他将更倾向于坚持自己的态度,更容易抵制外来的说服和影响。也就是说,群体还有支持其成员使他能抵制外来干扰的作用。

(二)信息的传递过程

信息传递者必然要通过信息的传递过程来达到预期的目的。改变态度的过程,实际上是一个通过传递信息作用于目标对象,从而引起态度变化的过程。这里所说的"信息的传递过程"包括传递信息的内容、组织形式和方法等重要因素。它们在信息传递和态度改变的过程中,也会影响到最终说服的效果。例如,同样的信息内容在采用了不同的传递方式和技巧后,所产生的劝说效果往往是很不相同的,通过对信息内容进行有效合理的组织编排,就有可能提高其劝说效应,增加其对信息接受者的影响。由此,社会心理学家认为,在信息的传递过程中,影响信息传递效果的主要变量有以下几种:

1. 信息的差异特性。信息的差异特性指传递的信息所阐述的观点和目标对象的原有态度之间的差异程度。要改变目标对象的态度,传递者所提供的信息必然会与目标对象已有的态度形成对比。这种对比或差异的存在,是促使态度改变的压力。差异越大,促使改变的潜在压力也愈大,这是一般的规律。但差距和态度改变量之间的关系并不是这么简单,差异越大产生的压力越大,但并不一定导致更大的态度改变。当差异太大时,目标对象会感到很难使自己态度改变到消除差距所需要的程度,这时反而会引起他对信息来源的可信性产生怀疑。也就是说,在高差异压力下,个体倾向于贬低信息来源,而非改变态度,以求紧张缓解。据波奇纳(S. Bochner)和英斯柯(C. A. Insko)的一项研究表明,当差异大到一定点以前,态度改变会随压力增加而增大;但当差异超过一定点而继续扩大时,态度改变反而会下降。这种不同和信息传递者的可信程度有密切关系。

2. 信息的情绪特性。要改变目标对象的态度,信息传递者既可以借助理性说服,也可以借助情绪唤醒。一般说来,两种方式中情绪唤醒的劝导效果更好一些,能激发好感或能引起恐惧的信息,会更容易促使信息接受者态度的改变。社会心理学家曾对恐惧的唤起和态度改变的关系进行过大量的研究,研究结果表明,恐惧和态度的改变并不是绝对的正相关关系,其中还有许多复杂的因素要考虑。詹尼斯和费斯巴赫(Janis & Feshbach,1953)研究了关于打破伤风预防针的课题。他们以中学生为研究对象,把被试分为三组,分别接受不同宣传,以引起不同程度的恐惧,结果态度转变分别为 39%、31%、15%。日本学者(原岗)也重复了这一实验,结果相同。这说明,信息所引起的心理压力愈大,则其态度愈易转变。大量的实验材料也都证明,恐惧、害怕有助于态度的改变(Higbee et al,1982)。

恐惧信息对态度改变的影响可以从日常生活中看到。我们规劝某人不要干某种事情时,往往要把干某种事可能招致的危险作为劝说的理由,目的就是要引起他的恐惧感,使他放弃原有的打算。唤起他人的恐惧感往往也是说服别人做某件事的最自然方法之一。例如,劝人不要吸烟,说吸烟会诱发肺癌;劝人不要酗酒,说酗酒可能引起酒精中毒;父母告诫孩子,不要随便吃陌生人给的东西,否则就可能会被拐骗;医生规劝上了年岁的人睡觉起床时动作不易过急、过大,因为那样极易出现心肌梗塞而导致猝死。一般来说,在大多数情况下,恐惧的唤起能增加传递信息的说服效果。

事实证明,信息发生的情绪作用与理智作用是不同的,在适当的水平下,唤起恐惧或利用信息传递者的情绪认同,将会有助于态度的改变。

3. 信息的组织特性。要改变目标对象的态度,信息传递者还可以通过对信息内容及传递方式进行不同的组织编排,来增强信息传递的效果。

(1)单一传递与全面传递。在信息传递过程中,信息传递者只是单方面地叙述自己的观点主张和看法,或者是一味地强调对方的种种缺陷、漏洞与不足,其他则闭口不谈。这种信息传递的方式即为单一传递。与此相反,既表明自己的观点、主张和看法,同时也指出与自己相反的观点等存在的价值,并灵活地运用语言技巧让目标对象领会自己新的信息优于其原有的观点。这种信息传递的方式即为全面传递。单一传递与全面传递在劝说他人改变态度的过程中可以说各有利弊,而二者所产生的作用又很不相同。

霍夫兰德等人曾进行了一项关于信息传递方式对态度变化影响的实验研究。他们将单一传递和全面传递这两种方式不同的信息传递录在磁带上,让被试听录音,然后测定被试的态度变化。实验结果发现,单一传递与全面传递的说服效果并没有绝对的高低优劣之分。其对态度改变的实际效果,一般取决于两个重要因素:一是目标对象的教育程度。单一传递易使受教育程度较低的被试改变态度;而全面传递易使受教育程度较高的被试改变态度。二是目标对象原有态度的一致性。当目标对象的原有态度与传递信息一致时,则单一传递的效果显著;当目标对象的原有态度与传递信息矛盾时,则全面传递更为有效。霍夫兰德等人在第二次世界大战后期所做的实验结果也证明了上述观点。所以总的说来,在考虑究竟采用哪一种传递方式来改变他人的态度时,应视具体情况而定。

(2)首因效应与近因效应。在信息传递过程中,往往会遇到这样一些问题,如采用单一传递方式劝说他人改变态度时,是开门见山地提出自己的观点主张呢? 还是最后提出好呢? 采用全面传递方式劝说他人改变态度时,若其他因素保持不变的情况下,是先阐述正面的支持并证实自己的观点主张好呢? 还是最后阐述好呢? 所有这些都涉及传递信息的呈现顺序对信息劝说效果的影响问题。在社会心理学中,我们一般把先呈现的信息所产生的较大影响称为"首因效应",把后呈现的信息所产生的较大影响称为"近因效应"。在信息传递过程中,究竟是应先阐述自己的观点还是后阐述自己的观点,要依据自己所面临的具体情境而定。

米莱(Millag)和坎普贝尔(D. T. Canpbell)在研究中发现,产生首因效应还是近因效应,取决于先后呈现两种信息时间隔的时间,以及呈现信息后态度测评时间隔的时间。如果阐述一个观点后紧接着阐述相反的观点,信息接受者隔一段时间后才表明态度或行动,即产生首因效应,也即先呈现的信息会有更好的说服效果;如果阐述一个观点后,隔一段时间才阐述相反的观点,信息接受者又需马上表明态度和行动,则会出现近因效应,即后呈现的信息会有更好的说服效果。

4. 信息传递的渠道。信息传递有多种渠道,它们各有优点,适合于不同的目标和目的。根据传递信息的不同个体交流形式来看,主要包括私人交流和大众传播两种。其中以大众传播为主。

(1)私人交流。私人交流是指个体与个体之间进行面对面的信息传递的一种方式。它是信息传递的一个最基本的渠道。这一渠道的效果很好(Lazarsfeld & Mcphee,1954;Katz & Lazarsfeld,1955)。因为面对面地传递信息更具体、更有针对性、更易引人注意,可以激发人们对信息加以更多的思考和关注。

(2)大众传播。大众传播是指在信息传递过程中人们借助于一定的手段或工具来进行信息传递的一种行为方式。它的主要优点是可以迅速地将信息传达给许多人。在现实生活中,大众传播的方式众多,如报纸、杂志、广播、电视、电影等等。而不同的方法、手段对信息传递的效果所产生的影响也各不相同。

有一实验比较了各种大众传播方式的效果(Chaiker & Eaghy, 1983)。实验材料是关于大学准备收取高额学费并减少助学金的信息,渠道是书面、录音及录像,让各组被试接受一种信息渠道,实验中又增加了一个变量,即信息传递者本身的吸引力大小。然后测量各组被试态度变化的程度并加以比较。研究结果发现,态度转变的强度既与信息渠道方式有关,又与信息传递者吸引力大小有关。信息传递者若具有吸引力,他在录音、录像(影)中更具说服力;若无吸引力,则他在书面信息中较具说服力。

(三)信息接受者

信息传递者所进行的信息传递内容的影响,最终必然会体现在目标对象—信息接受者身上。因此,信息接受者本身所具有的某些特点对最终的劝说效果也具有相当的影响作用。作为说服过程的终端,他们或者是接受劝说信息的影响,或者是阻碍或消极抵制劝说的进行。这将取决于他们自身的主观条件。研究信息接受者的主观条件,既有助于找出增强劝说效果的途径,也有助于提高抵制消极阻抗的能力。

1. 智力水平。很多研究表明,高智商和低智商者在信息接受上没有显著差异,但二者的关系是复杂的,也并不像人们设想得那么简单。高智商可能增进人们对信息的理解,却会降低他们接受信息的程度。对复杂而合理的信息,高智商者较低智商者更易接受,而对简单的信息则不然(Eagly & Warren, 1976)。一般而言,高智商的人能较主动地改变自己的态度,而低智商的人则较为被动,其态度的改变往往依靠外力的影响。

2. 自我认知。信息接受者的自我认知对态度改变也会带来一定的影响。这方面的研究则是自20世纪70年代随着认知心理学的发展而开始兴起的。研究表明,个体本身接受传递的信息的过程,也就是信息在个体头脑中进行加工、存储和提取的过程。个体对信息进行的加工处理的方式不同,不可避免地也会影响到信息的劝说效果,从而影响到态度的改变。卡西乌勃等人的认知需要测验的研究,也证实了这一观点(Cacioppo & Petty, 1982)。

3. 心理免疫。心理免疫研究建立在霍夫兰德的单一传递和全面传递研究的基础上。专家认为,信息接受者能否接受劝说的信息,还与其是否经过心理免疫有关。经过心理免疫的个体,会对劝说信息产生抵制,这类似于医学中增强机体的抗病能力来预防疾病的道理。社会心理学家麦克奎尔(W. MeGuire)及其同事,在改变态度过程中引进了心理免疫的概念。麦克奎尔认为,个体的抵抗力越强,就愈能抵抗劝说。而提高个体抵抗力的方法有两种:一是为其提供附加的论证,直接支持和巩固其原始信念,麦氏将此称之为"支持预防"。二是进行"防御注射",增强其抵制有害观点的能力,麦氏将此称之为"接种预防"或"心理免疫"。麦氏曾强调,像对付疾病一样,提高抵抗力最有效的方式,是要建立心理免疫。

4. 原有态度。态度的改变总是以原有态度为基础来进行的,它受原有态度特点的影响。波什纳和英斯柯(Bochner & Insko,1966)的一项关于睡眠的实验研究结果表明,信息传递者的信息能否被对方接受,与信息接受者原有态度的差距有关。在一定范围内,差距越大可能态度改变也越大,但超过一定的范围可能效果减小。

5. 人格特点。社会心理学家们曾经做过许多研究,来探讨目标对象的人格特点与态度改变之间的关系。例如,霍夫兰德和杰尼斯进行了一系列的实验,结果发现,被试若在某一情境下较易接受劝说信息,则在其他情境下也同样较容易接受。与信息接受有关的人格特点,主要有两点:一是自尊或自信心。低自尊者往往比高自尊者更容易接受劝说信息,因为低自尊者对自己的意见评价较低,他们不重视自己的意见,也容易放弃自己的意见。二是智能或能力。一般说来,智能高的人很少受到不一致或不合逻辑的论点的影响,智能低的人则很少受复杂而困难的论点的影响。从性格特征来看,依赖性强而独立性差的人较容易改变自己的态度,而固执己见的人则不易改变自己的态度。

(四)信息情境因素

信息的传递过程并不仅仅是在信息传递者和目标对象之间孤立地进行的,而总是在一定的情境条件下进行的。因此,一定的情境因素也会对劝说效果产生重要的影响。影响信息传递的情境因素主要有预警、分心和重复等。

1. 预警。如果一个人在遭受某一与之相反的观点袭击前,能预先知道(预警)将会发生的情况,他将更有力地进行抵御,这就是所谓预警的作用。与我们常说的"遇事要有思想准备"是同一道理。社会心理学家曾进行实验证明预警的效果和作用。例如在被试听取一场说服演说之前十几分钟让一些被试先知道演说的要点,另一些被试未接受预警。结果,受到预警的被试比未接受预警的被试更能较强地抵制说服,这表明预警使他们抵制传递的信息而影响说服效果。

2. 分心。在信息传递过程中,分心对劝说效果的影响也是复杂的。分心的作用主要是干扰目标对象对传递信息的注意程度,以便削弱他对传递信息的防御和抵制。费斯廷格(L.Festinger)和麦考比(N.Maccoby)的一项实验表明,当目标对象原来反对信息传递者的观点时,如能使目标对象分心,则劝说反而会更加有效。这时分心有促进态度改变的作用。相反,若未分心,该信息将很容易受到防御和抵制。

金巴尔多(D.Zimbardo)等人指出,分心对劝说效果的影响,取决于目标对象注意信息的程度和注意分散刺激的程度。当注意传递信息时,分心会提高劝说效果;当注意分散刺激时,分心会降低劝说效果。而过度分心将使说服性信息完全未被摄入,效果为零。因此,分心刺激不能过强,否则会干扰对传递信息的注意,削弱劝说效果。

3. 重复。重复在一般情况下能促进态度改变,反复多次地重复某一信息会加深人们的印象,巩固对其记忆,从而增强这一信息对人们的影响。但重复的作用也有一定的限度。实践证明,重复达到某一点以后,便会引起厌烦情绪,以至于出现逆反心理。因此,在信息传递过程中,我们一方面要很好地利用重复达到预期目的,另一方面也要预防重复过度产生相反的效果。

第六章 社会态度

由以上分析可知,在改变他人的态度过程中,首先要清楚地认识到态度改变的复杂性,要学会从不同的角度,有效地利用各种相关因素来进行态度改变的工作,既要把着眼点放在信息的组织加工和增加态度改变的策略上,还要把注意力放在了解信息接受者原有的见解及其人格特点等方面,以及我们如何利用自身的特性来提高信息传递的功能和效果。总之,认识到影响信息传递效果或态度改变的因素,是研究信息传递的劝说效果、提高态度改变质量的至关重要的问题。

第四节 社会态度的理论

在社会心理学中,形成与转变是态度的两个不可分离且紧密相连的部分。社会态度的形成与转变是一个统一的过程,新态度产生的同时,也就必定完成了旧态度的转变。例如,对于赌博,从无所谓的态度到赌博成瘾,既是新态度的形成,也是旧态度的转变。对于社会态度的形成与转变,社会心理学家提出了一系列的理论,这些理论各有自己的侧重点,对态度改变与形成的解释也不尽相同。当前比较有影响的态度理论主要有行为派的强化理论、认知派的平衡理论和失调理论,以及心理反抗理论,其中认知派的各种理论比较占优势。

一、强化理论

行为主义学派认为态度就是习惯,认为人们态度的改变过程实际上是一个学习的过程。这种学习的基本过程,实质上是在强化原理的支配和控制下所进行的特定刺激与特定反应的联结过程。强调在态度的形成与改变的过程中,具有重要作用的是联想(association)、强化(reinforcement)以及模仿(modeling)。其中强化是基本条件,起着决定性作用。所以行为主义关于态度形成与改变的理论称之为"强化理论"(theory of reinforcement),是行为主义早期的理论。其主要代表人物是耶鲁大学的霍夫兰德等。

强化理论认为,人们的许多态度往往是通过强化而形成的。例如,一个不爱劳动的小孩,参加劳动之后,及时给予表扬、奖励等积极性强化(阳性强化),他就可能养成爱劳动的好习惯,对劳动形成肯定态度;而对于一个特别爱吃零食的孩子,及时给予批评、惩罚等消极强化(阴性强化),则有可能使他改掉爱吃零食的毛病,形成对吃零食的否定态度。按照霍夫兰德等人的观点,态度和意见就是反应,它们和任何其他反应一样。态度尤其"趋向接近或回避一个确定的物、人、群体或符号"。在某些条件下,劝导性的沟通可以诱使一个人改变自己的意见或态度。这种改变就像新习惯的获得一样,其中必有某种诱因或强化,这种诱因或强化通常采取报酬形式和对于不愉快环境的回避形式。在他们看来,当一个人面对的劝导性沟通所要求的态度和他自己的态度不同时,就会发生两件事:一是他以自己的态度做出反应。二是他以这一沟通所要求的态度做出反应。这是按照对新意见的接受情况而确定的两种形式。当这种强化大于原有意见的强化时,就会发生态度的改变。

斯塔茨等(张德译,1990)做了一个实验,给被试呈示一些中性词的人名(人们对此既无好感也无恶感),当出示"汤姆"一词的同时,说出一些肯定性的形容词,如漂亮的、幸福的、有才华的;当出示"比尔"一词时,则说出一些否定性的形容词,如丑陋的、讨厌的、愚蠢的,随后要求被试对提供给他们的包括汤姆、比尔在内的许多人各加以评价,说明自己的喜欢程度。结果发现,被试对于与肯定性形容词相联系的人名感到愉快,产生积极的态度,这就是由于语词的强化而形成了某种态度。

霍夫兰德等人的强化理论虽然曾经极大地推动了态度研究的发展,但它在当时的那种重要性现在已经不复存在了。导致这一理论影响减弱的原因有:新的理论方法的补充。认知平衡理论的提出也许是致使强化理论影响减弱的最重要原因。这种理论观点开始引起了人们的怀疑(英斯柯,1967)。因为作为反应一个人真实态度的陈述,必须要来自于更深刻的、更内在化的水平。

二、认知平衡理论

认知平衡理论是当代西方社会心理学的一项主要的理论,认为人们的态度是符合他们认知结构总体的平衡状态的,强调人在认知中总是寻求一种平衡和一致的状态。一个人如果有几种信念或观点,彼此不协调,他将力图使之趋向平衡。在20世纪50年代后期,社会心理学界提出了关于认知平衡理论的几个模型。它们都是假设社会态度的转变起因于个人的社会认知不平衡。

海德(Heider)在1958年出版的《人际关系心理学》中提出了认知平衡理论。这一理论的核心是心理均衡状态。他认为,人们在生活中都希望自己的认知是协调的、均衡的。平衡的认知状态,能引起一种满意的状态。反过来说,当认知处于不平衡时,人们就力求改变现状趋向于平衡。由此,海德假定了八种认知状态,用图6-4表示。

在这一图解中,P、O、X三者的关系呈现八种模式。图中"+"表示肯定关系,"-"表示否定关系。海德假设P是认知者,O是与P有一定情感关系的另一个人,X是某个对象。海德认为,"在三个实体的情况下,如果三种关系从各方面都是肯定的,或者两种是否定的、一种是肯定的,则平衡状态存在"。也就是说,P-O-X三者的关系如相适应,则P-O-X的体系呈均衡状态,P的态度无需转变。否则,不平衡关系就会引起应力或张力。这种应力使得P凭经验去行动以恢复平衡。海德的理论试图揭示出三个实体之间的关系,其主要意义在于,它以较为简单的概念说明了认知平衡理论的基本想法,易于掌握。同时它也证明了不平衡可以用多种不同的方式解决。然而,该理论的局限性在于,未能指出该用怎样的行动来解决一种非平衡性的认知状态。

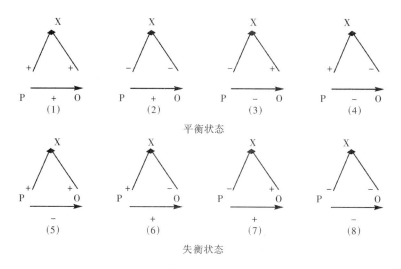

图6-4 海德的认知平衡模式图
（根据 Heider,1958 资料绘制）

与海德的平衡理论同时期,纽科姆(Newcomb,1958)捏出了 A-B-X 模型,它与海德的 P-O-X 模型有相同之处。如果 A、B 两个人之间保持友好或敌对的关系,则这两个人对第三者 X 就发生相应的态度,A、B、X 三者总会构成一个体系,若此体系内部发生了不平衡,那么为了求得平衡,必须在体系内部进行调整,从不均衡转向均衡。例如,A 与 B 两人关系很紧张,他们都喜欢玩篮球(X),当两人偶然聚到一起感到很别扭,于是 A(或 B)就走开,以消除紧张心理,从不均衡转为均衡状态。这一点与海德理论相同。所不同的是,海德认为,P-O-X 三者发生不平衡,要使三者的关系趋向平衡,必须通过认知者 P 的认知体系来调整。纽科姆则认为,A、B 两者中,不必确定谁是认知的主体,只要 A 或 B 任一方主动加以协调,三者的关系就会达到平衡。由此可见,他们两人的理论观点并无本质上的差别,但纽科姆的认知平衡理论在海德的理论的基础上又有了重大突破,更具现实意义。

三、认知失调理论

认知失调理论(cognitive dissonance theory)是著名社会心理学家费斯廷格(L. Festinger)于 1957 年首次提出来的。所谓"认知失调"是指个体所持有的认知彼此矛盾冲突,处于相互对立的状态。费斯廷格认为,"认知"是一个广泛的概念,人的认知结构是由若干知识、思想、信念、观点以及人们认知上所感知到的行为组成的,每一种知识、思想、信念、观点等都是一个认知因素。这些认知因素之间,一般存在三种情况:协调、失调、不相关。认知因素之间的关系若是协调的,人们就不会改变自己的态度;而当处于失调状态时,就会带来心理上的不快感,这时人们就会设法消除或减弱这种失调。失调的强度越大,人们要消除失调的动机就越强。例如,"我喜欢篮球运动"和"我喜欢看 NBA 录像",这两个认知就是协调的。"他酷爱吸烟""和"吸烟易得肺癌",这两个认知便是相互矛盾的和不协调的。而"我喜欢篮球运动"和"吸烟易得肺癌",这两个认知就是无关的。

费斯廷格认为,当认知出现失调时,个体心理上就会产生不愉快和不舒适的感觉体验,造成心理上的紧张感,会使人形成一种压力,迫使个体想方设法去减轻或消除失调状态,使认知互相协调一致,达到和保持协调状态。影响认知失调的因素主要有:认知差异的大小,二者的差异越大,失调的程度也越高;认知差异的多少,如果存在矛盾冲突的认知有多种,其所引起的失调也随之增高;认知协调的数量,协调的认知越多,失调的程度越低;认知的重要程度,关键性的认知与无关紧要者相比,其失调程度较低。当然,这几种因素之间也是相互关联、相互影响的。

个体的认知出现不协调之后,都迫切想要解除这一矛盾,通常消除失调状态的方法有如下几种:

1. 改变认知。改变原有认知,使其与其他因素之间不协调的关系趋于协调,是消除失调状态的最基本的方法。比如,"他酷爱吸烟""和"吸烟易得肺癌",是不协调的两个认知因素,只要改变其中的一个,就可以达到认知协调。如可以把"吸烟易得肺癌"改为"吸烟不一定会得肺癌",这样二者之间就变协调了。

2. 协调行为。使对行为的认知与其他认知保持一致。如上面的例子,那个有烟瘾的人只要戒烟,就可以使两个认知因素趋于协调。

3. 强调某一认知的重要性。比如,强调吸烟的重要性,"他喜欢吸烟,吸烟能提神,有利于学习和人际交往;吸烟可以减轻精神紧张,有利于心理健康。这才是最为重要的,别的都无所谓"。也可通过强调吸烟危害性的认知因素,即"肺癌能危及生命,为了自己的健康和家庭的幸福,他虽然酷爱吸烟,但也应尽快戒掉"。这样,两种方式也都可以使自己的认知因素相互协调。

4. 增加新的认知。费斯廷格认为,认知因素之间的失调会使个体心理上产生压迫感。可以通过增加新的认知因素,改变失调状况,从而合理解决原来认知之间的矛盾。例如,仍以上述"吸烟"为例,个体会想到现在的香烟含尼古丁很少,不会得肺癌;肺癌只要早期发现和治疗,不会有生命危险等。

费斯廷格认知失调理论把复杂的认知关系简化为认知因素之间的协调和不协调的关系,能说明人们的行为及其态度的变化。与海德和纽科姆的理论模型相比,具有较大的灵活性和适用范围。但这一理论对协调与不协调本身的规定往往不是很清楚,因而不易把握,也很难加以测量。尽管如此,费斯廷格通过一系列实验,从微观的认知领域跨越到了广大的社会领域,建立了自己的理论体系,在西方影响较大。以致后来有关认知失调的研究被看做20世纪60年代社会心理学蓬勃发展的一个重要标志。他从更高更广的视野考察社会认知和态度变化,对社会心理学研究和理论的发展,做出了极为重要的贡献。

四、心理反抗理论(theory of reactance)

心理反抗理论是美国心理学家布鲁姆(Brehm,1966)在其专著《心理反抗理论》中首次提出的。

继霍夫兰德之后,有些学者在信息传递理论研究中发现,有些时候信息接受者的态度变化与劝说方向完全相反,对劝说进行积极的心理反抗。这种现象人们现在称为"逆向心理"(或叫"逆反心理")(rebelliousness)。由此证实,人们的态度是否转变,与个体本身内在的心理状态有关。心理反抗理论就是把这种心理反抗现象和它的反抗效果,作为一种态度进行研究,是阐明人们难以转变态度的主观原因的理论。这种研究从60年代末期以来,成了态度变化研究中最有力、最有兴趣的重大课题之一。

心理反抗理论认为,信息接受者在接受传递的劝说信息之前,都有自己对问题的固有看法、固有的选择倾向,如果某种劝说信息与信息接受者的观点相反,或者剥夺信息接受者信息选择权利,就会激起其不满情绪,产生攻击性心理反应。也就是说,当一个人的行为自由受到威胁时,他会处于一种动机唤醒状态,驱使他试图去恢复自己的自由。这种动机状态,布鲁姆称之为"心理反抗",认为"它是自己行为的惟一主宰者"。

布鲁姆指出,个体在某一时期总有一套可供自己自由选择的行为,称为"自由行为"(free behaviors)。行为人必须具备从事某种行为的身体和心理能力,具备一定的经验、习惯,以及有关法律或其他相应的知识。如果个体的一套自由行为中有一种行为被剥夺或者可能被剥夺的话,他将发生心理反抗(psychological reactance)。1966年,布鲁姆等用剥夺被试行为自由的办法进行试验,结果发现,被试对于自己已经选择的行为,总是希望能够做到,一旦这种行为自由被剥夺,便立刻产生对抗情绪;被试对自己的选择越抱有希望,对这种剥夺的心理反抗就越强烈。当然,这些实验研究都是在可控条件下进行的,尚不足以验证现实生活中存在的极其复杂的心理反抗现象。但是,这些研究揭示了心理反抗现象的普遍性。

为什么信息接受者会出现心理反抗呢?布鲁姆认为,之所以会出现这种现象,是由于个体心理存在以下一些主观因素。

1. 自由的期望值。个体对自由的期望值越高,则当自由被剥夺时,其心理反抗力量也越大。反之,如果个体根本不想享有某种行为自由,则该自由被取消时也根本无所谓。

2. 自由的安全性。有时候,个体的某种自由行为并未被剥夺,只是有可能被剥夺,即这种自由只是受到威胁,人们也会产生心理反抗,企图使自己保持这种自由。

3. 自由的关联性。如果个体的某种自由被剥夺,还会影响到其他自由也被剥夺,则其心理反抗会更强。

4. 自由的重要性。个体自由越重要,则当这项自由被剥夺时,其心理反抗也越大。所谓"重要性",指这种自由行为更能满足个体的需要,而无法用其他行为来替代。如果某项自由对他无关紧要,则心理阻抗极少发生。

心理反抗理论认为,心理反抗一旦产生,将会影响其态度的转变,表现在认知、情感和行为倾向三个方面。它提示我们,在对不同的个体进行信息传递时,一定要注意信息传递的技巧和方法是否得当,如果使用不得当,则可能出现适得其反的效果,从而不利于态度的转变。

第五节 社会态度的测量

态度作为一种内潜的心理活动,人们无法对其进行直接观察。所以对态度的了解和认识,实际上都是通过人们的言语、行动以及其他方面表现由外向内的间接推断而获得的。凡是社会中各种社会角色、社会群体、社会问题等,都是人们态度的对象。要研究人们的态度,就必须对之进行测量。

态度测量(the measurement of attitudes)的技术是在20世纪30~40年代兴起的。此后,测量态度的技术有了进一步发展,大部分用的是某些自我报告的形式。态度的测量即是对人们的外显行为进行观察、记录,并据此进行间接推断的过程。目前常用的测量技术有:自我评定法、自由反应法、行为反应测量法等。

一、自我评定法(self-rating method)

自我评定法又称"作量表法"、"自我诊断法",是运用根据一定的测量、统计原理而编制的量表来测评个体所持态度的一种方法。也是社会心理学中最精炼、最常用的一种方法。目前人们常用的自我评定量表有等距量表、总加量表、语义差异量表、社会距离量表、娱乐态度量表等。

1. 等距量表。等距量表又称"瑟斯顿量表"或"瑟斯顿—蔡夫量表"。瑟斯顿(L. L. Thurstone)和他的同事蔡夫(F. Chave)1929年出版《态度的测量》一书,曾对态度多维性做出分析,认为通过人们的意见就能测量出人们的态度来。测量态度的最好办法是:首先选取一组有关某一问题的陈述,其次要求被试对其中的每个陈述做出一种反应,最后总结其结果。此种结果就代表被试者对某一事物所持的态度及态度的强弱。其具体步骤是:首先,确定测试态度的一系列项目,并提出测试用的陈述句。然后把所有陈述句按类别分为许多组,以一末端组代表反对的一级,以另一末端组代表赞同的一级。然后,计算出每一陈述句的量表值。最后经过筛选形成一套约20条意义明确的陈述,被试只需回答"是"或"否"就行。中选陈述的平均量表值或中项分数就是被试者在这一问题上的态度分数。如表6-2所示。

此量表较侧重于态度的认知维度,编制方法较为严谨,对于它的陈述,被试只需回答"是"或"否"就行,所以被广泛运用于态度的测量。而它的局限性主要表现在:一是测量者的主观因素对确定项目得分的影响。二是其在个体水平上经常缺乏说服力。三是量表构造起来比较繁杂,困难较大。

表6-2 态度测量分组分类法

等级类别	非常赞成	赞成	中立	不赞成	非常不赞成
组 别	1	2	3	4	5

2.总加量表(Summated rating scales)。总加量表是利克特(Likert,1932)所创用的,故又称"利克特量表"(或"利氏量表")(Likert scale)。是一种现已广泛运用的简化测量方法。此量表由两部分构成,第一部分为设计测量对某事持好恶态度的一组陈述句(20个以上)。第二部分是提供被测量者进行自我评定的各等级量表。如五级量表(即非常同意、同意、无所谓、不同意、非常不同意,如表6-3所示)等。每个级别都对应一定的分数。被试根据自己的观点对每一个肯定或否定的陈述句都可以做出由同意到不同意的不同程度的表达,然后可以把被试对每一陈述句表态的量表等级分值相加而得出测量总分,以代表该人对某个对象的态度。

表6-3 利克特态度量表(1-5级量表)

等级	非常同意	同意	无所谓	不同意	非常不同意
分值	1	2	3	4	5

与等距量表相比,利克特的总加量表较注重情感的难度。制作起来比较简明易行,是目前在各种社会态度调查中应用得最普遍的量表之一,但由于统计方法过于简单,因而对较复杂的态度测量不够准确,具有主观性。

3.社会距离量表。1925年,博格达斯(E.S.Bogardus)制定了一种单维量表,被称作"社会距离量表"。是通过测量人与人之间的社会距离来判定其态度的。博格达斯曾对种族之间的社会距离进行了测量。他编制一系列陈述句,按人际关系的亲密顺序予以排列,并确定各句的量表值。要求人们就"你愿意同黑人保持一种什么样的关系"的问题,任意选择一个陈述句作为自己的态度。陈述句的量表值愈大,意味着对态度对象愈持否定态度,也就是说,该人同态度对象之间的距离愈远。参看表6-4。

表6-4 社会距离测量表(根据Bogardus,1925)

问题:你愿意同黑人保持一种什么样的关系	
陈 述 句	量 表 值
1.可以结亲	1
2.可以交朋友	2
3.可以做邻居	3
4.可以在同一行业共事	4
5.可以作为国民共处	5
6.只能作为外国移民	6
7.应被驱逐出境	7

博格达斯的社会距离量表是测量人与人之间的亲疏态度的一种方法，有很高的参考价值，只要按照不同的测试问题适当调整陈述句的内容就可推广应用。而且具有某些有效性，但有时社会距离的表现并不一定真正反映人们的行为。

4.语义差异量表。语义差异量表由奥斯古德（C. E. Osgood）等人所制。该量表不以笼统的肯定和否定的两极系列测量为标准，而是提出了三种不同的态度范畴进行测量：情感范畴——以好或坏为两极，称为"评价向量"；强度范畴——以强和弱为两极，称为"潜力向量"；速度范畴——以快或慢为两极，称为"活动向量"。如表6-5所示。测试时要求被试按照自己对于有关对象的看法在有关范畴系列中圈定一个数字，这个数字就作为对于有关对象一定范畴的态度的分值，分值越高，表示被试对有关对象的态度越趋向肯定。各范畴测试分值的总和代表被试对有关对象的总态度。

表6-5　评价、潜力、活动三范畴的意义测量（采自Osgood,1957）

范畴								
评价向量	好	7	6	5	4	3	2	1	坏
	美	7	6	5	4	3	2	1	丑
	聪明	7	6	5	4	3	2	1	愚蠢
潜力向量	大	7	6	5	4	3	2	1	小
	强	7	6	5	4	3	2	1	弱
	重	7	6	5	4	3	2	1	轻
活动向量	快	7	6	5	4	3	2	1	慢
	积极	7	6	5	4	3	2	1	消极
	敏锐	7	6	5	4	3	2	1	迟钝

语义差异量表有一定的优点，它省去了制定陈述句的程序，构建起来比较容易。适用于对群体或个人的态度的测量，但范畴的划分需要切合实际的思考，测定者主观性很大。

5.娱乐态度量表。此量表又称"斯特朗职业兴趣调查量表"。即在一定项目上标出爱好、无所谓、厌恶三种态度，要求被试快速写下自己的第一印象，然后通过对所有项目的分析，就可以确定一个人的态度。

二、自由反应法

自我评定法主要是测定态度的情感成分，而且所获得的结果常常以数字来表示。有时候，人们还必须了解态度的认知成分，这就需要让被试做自由反应。自由反应法主要有问卷法、投射法等。

1.问卷法。问卷法又称"自我报告法"。根据问卷形式上的特点，又可将问卷分为开放式和封闭式两种。开放式问卷是由研究者提出问题，但不提供任何可能的或供选择的答案，而由被试自由回答，使之能自由充分地表述自己的态度。其优点是对被试态度的了解和考察较为深刻、全面，不足之处在于难以进行统计处理和定量分析,对被试的文字能力的要求也较高。封闭式问卷是由研究者提出问题,同时提供可能的几种选择答案,由被试根据自己的观点从备选答案中选择一个作为自己的回答。其长处在于易于定量分析和操作,不足之处在于对被试的态度难以作深入的考察,带有一定的随意性和偶然性。

2.投射法(projective technique)。投射法的特点是通过间接的方法来了解人们对某个对象的态度。它是通过分析某人对某个刺激物所产生的联想来推测其态度的。这种联想是人们内心深处的想像、愿望与要求以及价值观念等在某个刺激物上无意识的反映。由于被测者事先不知道测定者的意图,猜不出测定者想要他回答什么,故难以作假,有一定的可靠性。但对其反应进行分析时,测定者主观性很大。

(1)主题统觉测验(thematic Apperception Test,简称 TAT),是一种著名的投射方法。最早由默瑞构想并与摩尔根等共同完成(Murray & Morgan,1935)。测验时向被测者出示一图片,要求他根据图片内容编一个故事,被测者在看图编故事时会不知不觉地把自己对某一事物的态度投射进去,从而表露出自己的真实态度。研究者根据测验本身的记分标准和算分方法,即可对被试的态度进行分析。

一般认为,主题统觉测验比其他方法更容易从动态方面来了解被测者对某一对象的态度,有助于了解被测者的人际关系以及对自身的态度。

(2)语句完成测验(sentence–completion test),是事先准备好几个有关某一事物的未完成的句子,让被测者把句子写完,从中也可以反映被测者的态度。

语句完成测验亦是投射方法的一种,它要弄清楚人们对于某个对象能够直接意识到的经验世界。从技术上看,因为刺激是一套未完成的短句,可使研究者更有针对性地了解人们对某个对象的态度,而且这种方法在实施过程中不需要仪器设备,又可集体进行。想了解学生对其老师的态度,可以让学生完成以下一些语句:"老师是我们的……"、"老师经常说……"、"老师就像……"等等。从学生完成的语句中就可以判断他们对老师的态度。

三、行为反应测量法(behavioral measures)

行为反应测量是把观测人们对有关对象的实际行为反应作为态度测量的客观指标,它从一定的范围弥补了上述一些测量方法依赖被试自我报告所存在的局限性。通过观察人们的行为,来估计人们对某一对象的真实态度,本人不易觉察,材料比较真实可靠。不过需要注意的是行为只是态度的一个重要参考方面,行为与态度并非一一对应的关系。因此,对个体的行为需进行长期的观察,而且此种方法应尽量和其他方法结合使用。常用的行为反应观察和测量技术有空间距离测量法和生理反应测量法。

1.空间距离测量法。阿尔伯特·麦哈比安(1967年、1968年)曾提出运用某些"距离记号"或非言语沟通得来的思想去研究态度的行为方面。麦哈比安相信,通过测量两人互动时身体间的距离、目光接触及身体紧张情况,就能够测定被试相互间的态度。距离测量(distance measures)就是通过人与人之间交往时的接近程度和亲切表现来研究人们态度的一种方法。如果交往时双方距离较远、目光较少接触、身躯后倾等,表明被试间是持否定的态度;反之,则表示肯定态度。

2. 生理反应测量法(physiological measure)。生理反应测量是通过检查被测者的生理状况来测定其态度的一种方法。生理反应测量法主要测定人们的态度的情感因素,而情感在人们的态度中起着重要作用。当人们态度发生变化时,则会伴随由于情感变化所引起的生理反应的变化,如心跳加速、呼吸急促、血压升高、瞳孔扩大等。通过生理变化指标的测定,可以测量人们的态度。专家们认为,人们的植物性神经系统较难自己控制,因此这种方法有一定的可靠性。国外常采用测谎仪(lie detector)测试犯人的真实态度来协助破案,虽然也起到了一定的作用,但是,测谎仪只是生理变化的记录仪器,它捕捉到的仅仅是机体内的生理变化,而不能反映外部动作和表情,因此测谎仪也不是万能的。

生理反应测量法这种技术与其他生理技术一样,其作用也有局限性。一是它只能探测极端反应,二是有些生理反应很难说明它是由于恐惧还是愤怒。

思 考 题

1. 什么是态度?怎样理解?
2. 态度具有哪些特性和功能?
3. 态度形成经历了哪三个阶段?影响态度形成的因素有哪些?
4. 简述态度和行为之间的关系。
5. 依据态度改变的信息传递(说服)模型分析影响信息传递的因素有哪些?
6. 简述认知平衡理论和认知失调理论的主要观点。
7. 应用于态度测量的技术方法有哪些?

第七章

人际关系与交际

本章要点

☆人际关系的概念及其类型
☆人际关系的测量方法
☆影响人际吸引的因素
☆人际关系的发展及亲密关系
☆冲突的类型、方式及其处理
☆合作是解决冲突的有效方式
☆对几类主要非语言交际方式的分析

第一节 人际关系概述

一、人际关系的概念

我们每一个人在一生中,总是要与许多人在一起,与许多人发生交往。其最后的结果,又总是要建立起各种各样的人际关系。人际关系与每个人息息相关,那么,什么是人际关系呢?

人际关系属于社会关系的范畴,它有广义和狭义之分。

1. 广义的人际关系。是指人与人之间的各种关系,包括经济关系、政治关系、法律关系、文化关系、角色关系以及心理关系等。

2. 狭义的人际关系。是指人们在交往过程中建立起来的相互联系,是一种心理关系,这也是社会心理学的重要内容之一。

人际关系包含三个密切相关的因素:行为、感情和认知。行为因素主要指活动的结果、举止动作、表情、手势和语言等;情感因素包括各种情绪状态、情绪的敏感性、对他人或自我的满意程度;认知因素指与认知有关的心理过程,是个体对人际关系状态的了解。

二、人际关系的类型和维度

(一)人际关系的类型

1. 具有普遍意义的类型。心理学家雷维奇利用"雷维奇人际关系测量游戏"方法,通过对 1000 对夫妇进行研究,把人际关系归纳为如下八种类型。

(1)主从型。主从型的人际关系特点是,一方处于主导的支配地位,而另一方则处于被支配或服从的地位。主从型的人际关系是八种类型中最基本的一种,几乎在所有的人际关系中都有主从型的因素。同时,主从型的人际关系也是最牢固的一种关系。

(2)合作型。在合作型的人际关系中,两个人有共同的目标,为了达到既定的目标,他们能配合默契,互相让步和忍耐。在双方发生分歧时,往往能够互相谦让。一般来说,人们都希望与他人结成这种类型的关系。但是,大量的研究表明,合作型关系的双方更适宜做好朋友,而并不十分适宜做夫妇。

(3)竞争型。竞争型的人际关系是一种令人兴奋、又使人精疲力竭的不安宁的关系。竞争的双方为了达到各自的目标,常常会竭尽全力去争取胜利。这种人际关系的主要优点是有生气、有活力，缺点是竞争时间过久难免令人感到精疲力竭。

(4)主从—竞争型。这是一种难以相处的人际关系。双方在相互作用时，有时呈现为主从型的人际关系，有时则呈现为竞争型的人际关系。这种不断的变化使双方不得安宁、无所适从。而且，在这种混合型的关系中，常常包含了主从和竞争型中最不好的特点。这种关系的结局常常是在他们忍无可忍时，不得不中断他们的联系。

(5)主从—合作型。这是一种互补和对称的混合型人际关系。此种人际关系较为理想，在这种关系中，双方能够和睦相处，即使有些摩擦也没有多大危害性。如果在这种关系中合作因素超过主从因素，那么双方会感到更加融洽。

(6)竞争—合作型。这是一种自相矛盾的混合型人际关系。此种人际关系的双方，时而呈现出竞争关系，时而呈现出合作关系，如此反复循环。这种关系类型最适合朋友之间，而对夫妻关系来说则不甚适合。

(7)主从—合作—竞争型。这也是一种混合型的人际关系。属于这种关系的双方，往往陷入困境，因为在他们的相互关系中，同时具有主从、合作、竞争三大类人际关系的特点，所以他们生活中的矛盾冲突比其他类型的关系要多。

(8)无规则型。无规则型的人际关系，在8种人际关系中所占的比例最小。属于这种人际关系的双方毫无组织能力，往往连他们也弄不清自己在干什么，他们的相互关系显得毫无规则，只要对他们施加一种外力，就会转变成其他类型的人际关系。

雷维奇的八种人际关系类型尽管是来自对夫妇关系的测试，但是对于大部分具有经常性的互动者之间的关系来说，是具有一定的普遍意义的。对于人们选择什么样的人际关系以及如何处理好与他人的关系，也具有一定的指导作用。

另外，心理学家舒兹(W.C.Schutz)也从人际反应倾向的角度研究了人际关系的类型。舒兹认为，每个人都需要别人，因此都具有人际关系的需要。在人们的交往中，每个人对别人的需要方式不同，因而也就使每个人对他人的基本反应倾向有所不同，这种基本的人际反应倾向叫做"人际反应特质"。

舒兹把人际关系的需要分为三类：

(1)"包容"需要：一为来往，二为结交，即希望从交往中与人建立和谐关系。

(2)"控制"需要：即在权力或权威的基础上与别人进行某种良好调节的希望。

(3)"感情"需要：即在友爱的基础上与人建立并维持某种良好关系的希望。

根据以上三类人际反应特质，舒兹把他们分为主动的表现者和被动的期待他人的行为者，从而得出六种基本的人际关系倾向（如图所示）。

人 际 关 系 倾 向

需求种类	主 动 型	被 动 型
包容需求	主动与人交往	期待别人接纳自己
控制需求	支配他人	希望别人支配自己
感情需求	主动表示友爱	等待别人对自己亲密

舒兹认为，一个包容需要动机很强的人，同时又是行为的主动者，他一定是一个性格外倾的人，喜欢与别人交往，积极参加各种社会活动。如果他同时又是一个感情

需要动机很强的人,不仅喜欢与别人交往,而且还关心别人、同情爱护别人,自然会受到大家的爱戴。

2.中国社会中的人际关系类型。传统中国社会被认为是一个关系本位的社会,人际关系在中国人的社会生活中具有特别的重要性,中国人的人际交往方式与西方人有很大不同。对于华人社会中的人际关系类型已有很多研究,下面简要介绍几种比较有代表性的观点。

(1)家人关系、熟人关系和生人关系。杨国枢根据亲疏远近,将中国人的人际关系分为三类,即家人关系、熟人关系和生人关系。在家人关系中,双方要讲责任,不太在意对方是否回报;在熟人关系中,双方要讲人情;在生人关系中,双方都讲利害。

(2)情感关系、工具关系与混合关系。黄光国根据华人社会人际交往的理论模式,将中国人的人际关系分为情感性关系、工具性关系与混合性关系三种类型,在不同的关系中,遵循不同的交往法则。

第一,情感性关系。通常存在于家人、亲密朋友之间,是一种长久、稳定的关系,它可以满足个人在关爱、温情、安全感、归属感等情感方面的需求。在情感性关系中,人们基本上是本着"各尽所能、各取所需"的"需求法则"交往的。第二,工具性关系。通常存在于陌生人之间,是一种短暂的、不稳定的关系。人们与他人建立工具性关系的目的,是以这种关系作为达到其他目标的手段或工具。例如,店员与顾客之间、公共汽车司机与乘客之间的关系就属于工具性关系。第三,混合性关系。界于情感关系与工具性关系之间,双方有一定程度的情感关系,但并不深厚,没有达到可以随意表现出真诚行为的地步。一般来说,亲戚、邻居、师生、同学、同事等关系就属于混合性关系。混合性关系在时间上具有延续性,双方预期将来有进一步的交往。

(3)核心区、可靠区及有效区。阎云翔在《礼物的流动——一个中国村庄中的互惠原则与社会网络》一书中,分析了一个中国村庄中的互惠原则与社会网络。他通过研究发现,一个村民的私人关系可以根据可靠性程度的不同而划分为几个区域,分别是核心区域、可靠区域、有效区域和村庄共同体,再往外就是外部世界。在外部世界,关系是一种办事的手段,相应地,送礼也是一种短期的、工具性的活动。但是,在村庄边界以内,送礼和关系则有不同的含义。

第一,核心区域。由一个人的家庭成员构成,包括族亲与姻亲,这是一个亲属网络的中心。第二,可靠区域。由一个人的好友们组成。核心区域与可靠区域之间的界限并非很严格,因为对一些人来说,最好的朋友可能比亲戚还亲近,从而可能进入核心区域。第三,有效区域。由一般亲友组成,包括的人数较多,在吸收新成员方面也更加开放。阎云翔的研究发现,个人与核心区的人交换的礼物最多,可靠区次之,有效区再次之。

(二)人际关系的两个基本维度

中外心理学家最新的研究表明,情感上的"亲疏"与地位上的"尊卑"是人际关系中两个最基本的维度。

1.情感上尊卑维度。当互动双方在"尊卑"维度上表现出互补性(一方的支配行为引发另一方的顺从行为),而在"亲疏"维度上表现出对等行为(如一方的友善引发另一方的友善)时,双方关系比较和谐;相反,互动双方在"尊卑"维度上表现出对等性(双方都表现出顺从)。

2. 地位上的亲疏维度。在"亲疏"维度上表现出对立性行为(如一方友善,另一方却带有敌意)时,双方关系容易紧张。

尊卑与亲疏在中国人的人际关系中有非常明显的表现,一些研究中国人心理与行为的学者对此有很深入的分析。例如,在20世纪30年代,费孝通根据在中国农村的调查研究,提出了"差序格局"的概念。他发现中国人往往以自己为中心,把他人按亲属远近分为几个同心圆圈,与自己越亲近的,处于与中心越贴近的小圆圈内。人们以不同的交往法则来对待属于不同圈层里的人,离中心越接近的,对他们越好。而且,尊卑有序也是中国乡土社会人际交往的一个特点。

三、人际关系的测量

人际关系测量,是社会心理学中一个重要的研究领域,尤其对于一个群体中的人际关系,它有着十分重要的实际作用。因为通过人际关系的测量,可以反映一个群体的内聚力,以及一个群体的生产和工作效率等。下面介绍一些较为经典的人际关系测量方法。

1. 社会测量法。社会测量法是由美国心理学家莫雷诺(J. Moreno)于20世纪30年代最先创立的,这种方法不断被心理学家和社会学家所应用、完善和发展,逐渐成为测量群体内部人际关系的一种最基本的方法。社会测量法采用问卷的形式,一方面可以了解个体在群体中的地位、领导能力、适应性,以及群体成员彼此之间的心理关系;另一方面也可以了解群体的特性、群体的文化、群体的领导作用、群体的内聚力,以及群体气氛等等。具体步骤如下:

第一步,确定测量目的。社会测量法可以了解群体内部的许多信息:谁最受欢迎、谁最孤立、谁最受排斥等等。对于不同的信息,可能需要采用不同的问题去收集。因此,测量之前应该明确测量目的,找出测量要收集的关键信息是什么。

第二步,确定测量标准。在进行测量时必须提出各种问题,以便让被试进行选择,如,"你最希望跟谁一起旅游"、"你愿意跟谁同座位"诸如此类的问题称为"社会测量标准"。标准有强弱之分,涉及到被试生活中最重要与意义最大的方面的标准称之为"强标准",如与被试工作、学习等密切相关的标准;与被试生活、工作、学习等没有重大联系的标准,就是"弱标准",如完成一次性的任务、挑选值日、做游戏等。在测量中最多可用5~7个标准,而且要强弱搭配,否则就无法准确地测出群体成员的关系。

第三步,确定被试选择的数量。在实验中一个被试可以选择多少个对象,一般有两种情况,一是选择没有规定数量,被试任意选择自己所要选的人数,它一般使用在群体人数较少的情况,如群体人数在10~15人;二是选择有规定的人数,它是在群体数量较大时使用,否则会影响统计的正确性。此外,应注意不管是哪一种规定,都要

第七章 人际关系与交际

求被试确定选择的顺序,即首先选择谁、其次选择谁、再次选择谁等等。

第四步,编制测量问卷。

第五步,做好测验准备工作。在已做好前面的工作后,还不要马上进行测量。测量之前应该有个准备阶段,它包括一是主试要了解被试的情况,与被试建立良好的感情;二是向被试说明进行的目的和意义等。

第六步,实施测量。莫雷诺对于其人际关系的测量结果,通常采用两种方式来表达,一是人际关系矩阵,二是人际关系结构图。

2. 社会测量矩阵。社会测量矩阵又叫做"人际关系矩阵",是一种标识人际关系的状况的行列表。社会测量矩阵首先要求对群体进行编号,然后按照编号将每一个成员的选择填在答案纸上,最后填入矩阵图里。矩阵图的张数应与选择的标准相等,即每个标准就应有一个矩阵图。矩阵图的形式如图所示。

选择者	被 选 择 者					
a	a	2	1	-2	3	-1	……
b	2		3	1	-1	-2
c	3	-1		-2	2	-1
d	1	2	3		-1	-2
e	1	3	2	-2		-1
f	2	-1	3	-3	1	
总数	9	5	12	-8	4	-7

从表中可知,c 最受欢迎,d 最不受欢迎。这样,从社会测量矩阵表中的数字,就可以使人们了解到一个群体内人际交往和人际关系的基本情况。

人际关系图示

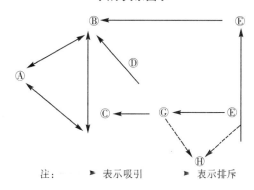

注: ► 表示吸引 ► 表示排斥

3. 社会测量图。把群体成员之间的吸引或排斥的关系用图来表示,称为"社会测量图"。社会测量图比社会测量矩阵更明确,也更为直观。社会测量图的模式很多,以下是其中较为经典的测量图示。

从上图可以看出,B 最受他人欢迎,H 是孤独的人,A、B、C 三者联系密切,E、F 相互接近但不为他人接受,E、D 和 F、D 彼此没有联系。

4. 贝尔斯测量法。关于人际关系相互作用的分析,仅用二分法是不够的。美国心理学家贝尔斯(R. Bales),对群体互动进行了长期的观察研究,提出了另外一种分析群体内人际关系的方法,这种方法把相互作用的类型划分得更小,小到可作为实验的观察单位。贝尔斯把他在儿童群体中观察到的相互作用的实际表现进行了归类整理,把最初的82种行为表现归结为四类12种,即支持和赞扬、表示满意、和睦、给予指示、表示意见、提供资料、询问资料、征求意见、请求指示、不和睦、表示不满、反对和贬低。

贝尔斯将这12种行为表现又分为两大类,每一类都规定有正负方向。一类是可以满足对方的交往需要、感情需要的动作,它包括支持和赞扬、表示满意、和睦、不和睦、表示不满、反对和贬低。其中支持和赞扬、表示满意、和睦起着整合作用;不和睦、表示不满、反对和贬低起着分离的作用。支持和赞扬、反对和贬低这两个动作的力量最大,他们把群体维持在一起,或者使其产生分离。贝尔斯所区分的另一大类包括给予指示、表示意见、提供资料、询问资料、征求意见、请求指示等,他们都对群体中的人际关系起着协调性的作用。

贝尔斯指出,群体中的每一次人际交往过程,都具有以上12种行为表现,在不同的时间段,这些行为表现的强度不一样。贝尔斯还指出,对于不同性质群体中的人际交往和人际关系来说这些行为表现的分布具有不同的特点,在有的群体中起协调作用的行为表现多一些,但在有的群体中起整合作用的行为表现多一些。

第二节 人际吸引

所谓"人际吸引",是用肯定或否定(喜爱与否)的方式去评价别人的倾向,也可以说是人与人之间情感上的亲疏与远近距离。在同一组织内,人与人之间心理上的距离极不相同,有的心心相印、有的只是点头之交、有的势不两立,差异悬殊。为此,社会心理学提出了若干影响人际吸引的因素。

一、容貌、仪表与吸引

在人际交往之初,人们易为对方的容貌、仪表所吸引,在其他条件大致相同的情况下,漂亮的人更易被人喜欢,更容易促进其人际关系的发展。我们知道以貌取人是一种偏见,俗话说"人不可貌相"、"不要以貌取人",但实际上,人们还是在不知不觉中受到它的影响。

心理学家在研究中发现,不仅在成年人的交往与人际关系发展中会有这种受容貌和仪表所影响的情况,而且在儿童阶段,同样也存在这种情况。所以,容貌漂亮者在社交情景中占上风,容易引起异性的注意和喜爱,交际较广,容易成功。同时,容貌漂亮的人也比较容易说服和影响他人。研究表明,从表面上看,男性比女性更为重视对方的容貌,而实际上女性比男性对容貌更为看中。正是基于这种原因,女性比男性更注意自己的容貌。

为什么漂亮的人容易吸引人呢？根据社会心理学中的有关研究,至少有以下四个原因：

其一,舆论宣传的影响。由于电视、电影等宣传的影响,使人们形成只有漂亮的人才值得爱的偏见或成见。

其二,同漂亮的人在一起,在别人面前就显得荣耀和光彩。

其三,人们认为漂亮的人还有其他方面好的属性。

其四,漂亮的人看着就舒服,使人产生美的感觉。

将以上四点归纳起来,可概括为两个方面的原因：一是容貌的晕轮效应,即认为容貌漂亮的人同时也具有其他良好的特征。比如,哲学家席勒曾说过："美丽的容貌反应着内在的美,灵性与道德的美。"其二是漂亮的散逸效应,它是指一个人让别人看到他和一个漂亮的人在一起时,能够提高他的形象。

然而,容貌、仪表并不是万能的,随着人际交往的不断深入,容貌、仪表的作用会不断减弱。人们更注重道德品质方面的特征,假如一个人道德品质低下,人们或许会更加厌恶其漂亮的容貌、仪表。特别是当恶劣行为与其容貌、仪表有关时,这种情况更加明显。西格尔的研究证实了这一假设。如果一位漂亮的被告所犯的罪行与她的容貌魅力有关,法官会给她更重的惩罚。可见,容貌、仪表与吸引之间的关系是复杂的。

二、能力与吸引

一个人的能力大小与对他人的吸引程度的大小有密切关系。一般来说,在其他条件相当时,一个人越有能力就越吸引人。但是,能力与吸引并不永远成正比。阿伦森(E. Aronson)等人的实验研究揭示了能力与吸引之间的关系。

实验中让每一组被试听一个录音。录音带有四种,显示出四种不同能力条件的人：①能力超凡的人；②能力超凡但是犯了错误的人；③能力平庸的人；④能力平庸但又犯了错误的人。结果发现,最受人喜欢的并不是能力非凡的超人,而是有着非凡的能力但也犯了错误的人,仅仅具有非凡能力的人处在第二位,第三位是能力一般的人,最不受喜欢的当然是能力平庸而又犯了错误的人。犯错误导致了人们对有能力的人的更加喜欢,叫做"犯错误效应"。这或许是人们感到犯了错误的有能力的人,比起那些十全十美、白璧无瑕的人更加亲近。因为这种人可望也可及,而不像那些真人圣贤,只可望而不可及,只好多敬仰而少喜欢,或者是敬而远之。另外,在十全十美、能力非凡的人面前,或许会使自己感到自惭形秽,降低了自我形象,所以人们还不十分喜欢这种十全十美的"超人"。

另外的一些研究表明,男性更喜欢犯了错误的能力非凡的男人；女性往往喜欢没有犯过错误的能力非凡的人,而不考虑此人是男性还是女性。还有,"犯错误效应"与自尊心有着某种联系,有着中等自尊心的男性更喜欢犯过错误的有能力的人,而自尊心低的男性则更加喜欢没有犯过错误的能力非凡的人。

三、邻近性与吸引

俗话说,远亲不如近邻。纵然是至亲,如果远在天涯海角,长期没有生活和事业方面的互助,关系也会淡薄。人的大部分朋友,不是同学同事,便是近邻。

所谓"邻近性"是指人与人之间由于居处相邻,或者由于工作和活动等空间距离上的邻近,彼此之间可以增加吸引,有助于建立与促进相互之间人际关系的发展。

对于这一问题,许多社会心理学家都做过不同形式的研究,并且取得了较为一致的成果。比如,有一项较为经典的研究,在一些类似夏令营或培训班中,按照学员名字的笔画排列顺序安排教室座位和宿舍。由于这样安排,名字的笔画顺序接近,在课内外接触的时间就多。一段时间后,研究者要求每个学员写出他们在这一段的活动中自己认为最要好的朋友,结果大部分是与其名字的笔画顺序相近的人。因而实验表明,正是由于同住一个房间,或者是教室座位上的接近,可以建立比较密切的关系。

空间距离的邻近性之所以对人际交往和人际关系产生重大影响,其原因是多方面的。第一,因为人们普遍存在一种建立和谐人际关系的期望,而接近能够增加熟悉感,而相互熟悉了解是建立和谐人际关系的前提。第二,接近可以使彼此之间有更多时间来探讨某些常见的问题,从而寻找到共同的语言、兴趣和观念等。第三,社会交换理论所作的解释是,人们在互动过程中,不由自主地力图以最小的代价换取最大的报酬。和邻近者交往,比和距离远的人交往所付出的代价小。第四,邻近性容易在彼此之间达成认知上的一致。弗利兹·海德(E. Heider)曾经提出这样一种观点,即在群体里有某种驱力,驱使我们去喜欢必须在一起的人,以及试图与喜欢的人接近。

然而,邻近性对人际吸引的作用是有条件的。距离相近也并不是越近越好,有时侯由于众多因素的影响,距离相近也可能会产生消极的作用。比如,也许由于地域相近,朝夕相处,而利益各不相同,情绪各异,即使是邻居,也可能会发生摩擦和冲突。当代社会由于人们对精神生活的追求,在一些发达国家里,人们越来越喜欢呆在家里,深居简出,这种情况也会造成邻里关系比较淡漠。当然,一般来说,在我们的人际交往和人际关系发展中,这种邻近性表现为一种规律,对于我们的人际关系发展具有促进作用。

四、相似、互补与吸引

1. 相似。人们彼此之间的某些相似特征是导致相互喜欢与吸引的重要因素。"物以类聚,人以群分",人们通常喜欢那些各方面与自己存在着某种程度相似的人。人们为什么喜欢与自己相似的人呢?强化理论的解释是,他人表现出与自己相似态度以及其他的一些特征,对自己是一种社会性支持,具有相当高的强化力量。所以,彼此之间的吸引力就产生了。

从认知理论来考虑,类似的东西往往被作为同一体而感知,一般来说我们是喜欢自己的,所以就会对被归为与自己同一的人怀有好感。另外,在相似引起喜欢的问题上有一个重要现象,那就是对于相似性过分夸大的倾向。如果一些人与我们有相似性,并且我们喜欢他们,这种相似性往往会被夸大。因此,在喜欢与我们相似的人的同时,往往会把他看得比他的实际情况与我们更相似。同样,如果我们不喜欢某人,也会夸大这种区别性。结果就是,我们喜欢的人最终被认为与我们极端地相似,而不喜欢的人最终被认为与我们极端地不相似。

相似的范围很广,但主要在态度、信仰、爱好、兴趣等方面。其中,态度价值观念的相似尤为重要。研究证明由于价值观和态度的相似,甚至在其他方面不太合意的情况下,也能产生吸引。伯雷达做的实验发现,给被试一张试卷,假设问卷是另一个人填写的,只要问卷的回答符合被试的态度,即使这个填写人有其他方面的缺点,也能引起被试对这个人强烈的喜欢。

2.互补。相似固然对人际吸引具有重要的意义,然而有时同不相似的人相互作用会得到更多的报偿。罗伯特·温奇首先提出了这个问题,他对已婚和已经订婚的若干对伴侣的个性特征作了详尽的研究后发现,在某些条件下存在着互补吸引。也就是说,人们往往选择那些能够补充自己人格的人,例如,支配型的男性和服从型的女性能相处得很好、爱唠叨的女子也许会嫁给一个少言寡语的男子而生活得很安宁。在某些人格范围内,相反的品质会使人们更加吸引。

互补对于吸引的作用,明显地表现在需要满足的条件下。当两个人的特征可以互相满足对方的需要时,两个人就趋向于互相吸引。从这个意义上说,互补之所以导致吸引仍然是一种报答作用,人们可以从这种相互报答中建立起感情的桥梁。由此也决定了互补对吸引的作用也是有条件的,即当我们说互补导致吸引时需要考虑是哪些人格特征的组合。高雅与平庸、庄重与轻浮等,尽管特征相反,但他们却不能互补,原因是这些特征不能够互相满足对方的需要。另外,从某种意义上说,相似与互补又是一致的。例如,在支配—服从型的婚姻中,双方之所以互相吸引,说明他们对婚姻中男性和女性的作用有着一致的或相似认识。这种人格特征上的互补,正表明了态度和价值观上的相似或相同。

至于相似与互补的重要性问题,需要同角色作用联系起来考虑。在角色作用相同时,人们需要的是更多的相同或相似的特征。当角色作用不同时,互补性就起到了更重要的作用。

五、交往频率与吸引

交往频率是指人们相互接触的次数的多少。一般来说,交往的频率越大,越容易形成密切的关系。因为交往频率的高低,对交往双方是否产生共同经验、是否产生共同理想,以及其相互之间的了解程度和情感体验的深度等,都会产生影响。

在现实生活中,两个人从不相识到关系密切,交往的频率往往是一个重要的条件。没有一定的交往,就像俗话说的"鸡犬之声相闻,老死不相往来"那样,那么情感、友谊就无法建立。当然,交往频率也并非越高越好,俗话说"久聚难为别,频来亲也疏"。所以,交往频率只是促进人际吸引的一个客观条件。人际吸引的程度和质量,还取决于交往的内容、目的等其他一些因素。

六、人际吸引的个性品质因素

我们已经介绍了影响人际吸引的容貌、仪表、能力等个性心理因素,这里再从更广的范围加以说明。

人们一般喜欢真诚、热情、友好的人,讨厌自私、奸诈、冷酷的人。国外有些学者曾列出 555 个描绘人的品质的词汇,然后让大学生说出他们喜欢那些品质,并说明喜欢的程度。结果发现,评价最高的是真诚,评价最低的是虚伪。我国的社会心理学者也做了一些关于个性品质同人际吸引的关系的研究。他们在研究大学生人际关系时发现,中国学生挑选朋友,首先考虑的是品德好坏,其次才是不同情况下的不同要求。

归纳研究者们提出的阻碍人际吸引的个性品质,大致有以下几条:①自私自利,只关心自己的需要,不关心他人,甚至损人利己。②不尊重别人的完整人格,缺乏感情,甚至把别人当作工具或物体来使唤的人。③忌妒心强,其实质是企图剥夺别人已经得到的物质和精神的需要。④吹毛求疵,苛求于人,常使人不快,并令人自尊心受挫的人。⑤过分服从并取悦于人的人,过分畏惧权威而又不关心部下的人。⑥过分依赖他人而又丧失自尊的人。⑦骄傲自满,自吹自擂,恃才傲物的人。⑧过分自卑,缺乏自信,丧失自尊的人,对人际关系过于敏感的人,对别人批判过分而又过分自夸的人。⑨孤独固执,难以共事的人。⑩好高骛远,目标过高而又苛求别人的人。

值得着重指出,个人品质中的热情是相当重要的因素。热情是一个具有中心特征的词,他可以把慷慨大方、能干、和蔼可亲、受人爱戴等结合起来,赋予一个被称为"热情"的人。这些可爱的特征自然会产生一定的吸引力。对别人表现热情的人,会成为喜欢别人的象征,作为奖赏,也引起了别人对他的喜欢。

第三节 亲密关系

人际吸引是人际关系发展的前提和基础,人们之间的关系往往在人际吸引的基础上从一般性的关系发展到亲密关系。只有在亲密关系阶段,交往双方才会有真正的投入,因而产生强烈的感情和感情联系。而这种感情和感情联系,是人际交往和人际关系发展中一个最重要的指标。

一、亲密关系的含义及特点

勒温格(G. Levinger)等人以两人之间关系阶段为例,把人际关系的发展分为四个阶段。

其一,零接触。两个人互相不知道对方的存在,彼此无任何关系。

其二,知晓。一个人知道另一个人的信息,但未发生任何直接接触。

其三,表面接触。两个人开始互动,如借谈话和书信往来。

其四,共同关系。两个人的依赖程度增加。在共同关系中,当两个人的互相依赖性很大时,我们把这种关系称为"亲密关系"。朋友、恋人、夫妻等关系都属于亲密关系,这些亲密关系对于每个人的生活都是必不可少的。

亲密关系的特点有三个:一是两人相互依赖,在思想、情感、行为上相互影响;二是共同活动,两人来往频繁,喜欢经常呆在一起;三是心理上的亲密感,对方成为自己个人心理的一部分,表现为相互理解、相互关心、相互接纳。

二、自我展露

自我展露是指个体把有关自己的信息告诉给他人,与他人共享自己内心的感受和信息。在心理学家看来,自我展露是用来与他人发展亲密关系最有效、最常用的方法。自我展露可以给对方一个强有力的信号:你对对方相当信任,因此可以增加对方对你的喜欢程度。而且,对他人的自我展露可以引发他人的自我展露,由此可以增进相互理解、相互信任。必须注意的是,自我展露要有一定尺度,过分地自我展露会使人感觉不舒服,甚至厌烦。一般来说,自我展露的范围和深度随关系发展而增加,对于不同的关系对象,在不同的关系发展阶段,自我展露的广度和深度明显不同。

阿特曼(I. Altman)等人用社会渗透理论来解释关系发展的过程,肯定了自我展露在发展亲密关系上具有重要作用。他们认为人际交往主要有两个维度:一是交往的广度,即交往或交换的范围;二是交往的深度,即交往的亲密水平。人际关系的发展,一般随着双方沟通的增加及话题的由浅入深而进入亲密阶段,一般良好的人际关系的发展要经过四个阶段:定向阶段、情感探索阶段、情感交流阶段、稳定交往阶段。

1. 定向阶段。在人际交往中,人们的交往对象往往具有选择性。例如,进入一个交往场合时,人们往往会有选择性地注意某些人,而对另外一些人视而不见。对于注意的对象,人们会进行初步的沟通,谈谈无关紧要的话题,如自己的职业或对最近发生的新闻的看法等等。在这个阶段,人们只有很表层的自我展露。

2. 情感探索阶段。如果在定向阶段双方互有好感,产生了继续交往的兴趣,那么就可能有进一步的自我展露,例如工作或学习上的体验、生活上的感受等等,并开始探索双方可进行更深交往的话题。这时的交往还会受到角色规范、社会礼仪等方面的制约,比较正式。

3. 情感交流阶段。如果在情感探索阶段双方能够谈得来,产生了基本的信任感,就可能发展到情感交流阶段。这时彼此都有较深的情感卷入,谈论一些相对私人性的问题,如诉说生活中的烦恼、讨论家庭中的情况等等。在这一阶段,双方的关系已经超越了正式规范的限制,比较放松,没有多少拘束。

4. 稳定交往阶段。情感交流如果能够在一段时间内顺利进行,人们之间的关系就可能进入更加亲密的阶段,双方成为亲密的朋友,可以分享彼此的生活空间和情感,自我展露更深更广。达到这一境界即所谓的"人生难得一知己,千古知音最难觅"。

三、爱情

爱情是一种特别的亲密关系,是亲密关系的最深层次。社会心理学家认为,爱情包含的最主要的因素有三个:一是亲近与依赖的需要;二是真心帮助对方的倾向;三是独占性和排他性。对美好爱情的追求是人类永恒的理想。

斯滕伯格(R. J. Sternberg)从理论上对爱情进行了分析,他提出了爱情的三角理论。他认为,爱情有三个成分构成:亲密、激情和承诺。其中亲密指相互喜欢、亲近的感觉;激情指情绪上令人激动、着迷;承诺指相爱、保持关系并长相厮守的决定。这三种成分构成了七种爱情形式:①欢式爱情:主要是亲密,没有激情和承诺,如友谊关系。②恋式爱情:主要是激情,没有亲密和承诺,如初恋。③空洞式爱情:以承诺为主,缺乏亲密和激情,如纯粹为了婚姻的爱情。④浪漫式爱情:亲密和激情的组合,但没有承诺。⑤友谊式爱情:有亲密和承诺,没有激情。⑥昏庸式爱情:有激情和承诺,没有亲密,如一见钟情。⑦完美式爱情:亲密、激情和承诺俱有。

四、亲密关系的维持

1. 平等。平等是亲密关系维持的重要条件之一,按照公平理论,在任何形式的人际关系中,人们的付出应该与其回报成正比例。比如爱情与婚姻等亲密关系中,人们并不是以最小的付出换取最大的回报,而是追求一种大致的平等,付出多少,得到多少。

2. 归因。决定人们对亲密关系是否满意的另一个因素是人们对事件的解释方式。有研究者发现,幸福的夫妻经常做强化对方式的归因,即把对方良好的行为归结为对方的内在原因,而把对方不好的行为归到情景中去。相反,不幸福的夫妻经常做抑郁式归因,把对方良好的行为看成是幸运,而把其不好行为归于人格品质。

3. 沟通。除了由不平等诱发的紧张和消极的归因倾向外,夫妻或其他形式的亲密关系出现问题的另一个原因就是缺乏沟通。研究发现,走向破裂的夫妻经常不能或不愿意向对方表达负性的情绪,即懒得与对方沟通。这样,双方在交往的时候往往陷入了消极交互作用的圈里,积极的行为被忽略,消极的行为被夸大。而幸福的夫妻

第七章 人际关系与交际

常常通过与对方的争论来理解对方的观点,戴维斯(K.Davis)把这种心理状态叫做"摆观点",它对维持亲密关系的健康发展极为重要。正是这些争论,使得夫妻双方更加了解对方。

第四节 冲突与合作

处在一定人际关系中的人们,必然会表现出各种不同形式的相互作用。相互作用既有行为方面的表现,也有心理方面的活动。这种相互作用的形式种类繁多,社会心理学家曾经为这些形式的分类问题进行了多种尝试,提出了多种划分的方法。其中,比较典型的分法是把人际相互作用的形式划分为冲突与合作。

一、冲突

1.冲突的概念。在各种人际关系中,都难免出现冲突。冲突是人与人或群体与群体之间为了某种目标或价值观念而相互斗争、压制、破坏甚至消灭对方的方式或过程。与冲突密切相关的概念是"竞争",它们都是人与人之间为了一定的目标而相互排斥和反对,但两者有很大的区别。首先,冲突的更为直接的目的是要打败对方,它是直接以对方为攻击目标的互动行为。其次,冲突的双方有直接的、公开的、面对面的接触。因此,它是一种直接的反对关系。再次,冲突各方所争夺的目标既有相同性又有不同性。由于冲突各方往往在价值观念上有很大的差距,因而他们虽然在同一领域里争夺,但所要实现的目标却各不相同。

冲突可以带来挑战,也可以带来机遇。冲突的消极作用主要表现在:由于心存芥蒂,使得双方沟通不畅,形成情感隔膜,甚至相互诋毁,相互拆台;或者由于互不相让、恶意攻击,导致双方关系破裂。但是,冲突也有积极作用,这类似俗话说的"不打不相识"。主要表现在:一方面,双方把隐藏的不满、误解公开表达出来,可以通过辩论而得以澄清、化解,从而消除隔阂,增进理解,加深关系;另一方面,双方把各自的看法及其理由摆出来,通过建设性的争论,可以形成"头脑风暴",彼此激发新思想,最后找到解决问题的更好的方案。

2.研究冲突的意义。

(1)有利于让我们认识到冲突是一件很平常的事。心理学家发现,从18个月开始,儿童就与父母之间存在冲突。对于青少年来说,冲突更是频繁。有一项对于美国高中学生的研究发现,他们平均每天要感受到七次冲突。在成人之间,冲突也十分常见,而不愉快的婚姻关系中,平均每天一次冲突。有一项对美国经理人员的研究发现,管理者大约有20%以上的时间用于解决组织中的冲突。

(2)有利于认识到冲突对于个人成长的重要性。在社会化过程中,我们会经历许多冲突,包括与父母、老师、同学等不同对象的冲突。正是在这些冲突中,我们学会了如何感受他人的思想和感情、如何了解他人的行为动机、如何理解社会规则的运作方式、如何运用智慧去实现自己的目标。经过冲突的历练,我们会逐渐成熟起来。

(3)有利于提高人际关系的质量和家庭生活的满意度。美国的一些研究发现,在恋爱和婚姻关系中,大约有20%的人曾经受到对方的暴力攻击;在青少年家庭中,有20%到25%的家庭曾经发生父母与子女之间的激烈冲突,导致情感上和心理上的伤害。在我国,父母与子女之间因为学习问题、交友问题而发生的冲突也相当普遍,前几年还曾经出现过子女杀死亲生父母的悲剧。在西方社会心理学中,有关亲密关系中的冲突研究是一个相当活跃的领域。

(4)有利于我们提高处理冲突的能力。如何处理冲突已经成为人类生活中的一个重要议题,也成为众多学科,包括哲学、社会学、心理学、管理学的研究内容。由于在冲突中,双方往往具有不一致的目标,如何在满足关系与情境的需求的同时,达到自己的目标,是一件需要较高技能的事情。通过有关冲突的研究,可以提高我们处理人际关系的能力。

3.冲突的类型与方式。

(1)人与人之间的冲突。人与人之间产生冲突的原因主要有四:①信息因素的冲突。由于人们信息沟通的渠道不通、不畅,彼此之间互不通气或不能正常地沟通思想、交流感情、传递信息而造成冲突。②认识因素的冲突。由于人们的知识、经验、态度、理解各不相同,对于同一事物会有不同的认识,从而产生冲突。这种基于认识因素的冲突,是相当普遍的。③价值因素的冲突。价值观是一个人对客观事物的是非、善恶、好坏和重要性的评价,由于人们的价值观不同,产生分歧与冲突也就在所难免。④本位因素的冲突。个人工作于某一特定群体,在考虑和处理问题时,由于个人具体任务、职责、利益不同,往往首先考虑的是本群体的利益,冲突常常由之而生。

一般说,因工作上的意见分歧造成的冲突,属于正常冲突。处理得当,有助于群体目标的实现。因个人的不正常冲突,具有破坏作用。

(2)群体与群体之间的冲突。部门、单位等,是一类大大小小的群体。群体之间因目标差异、任务界限不清、职责不分明等原因,可能引起互相牵制、埋怨、扯皮现象,产生种种矛盾与冲突。

国外有人研究说明:群体与群体之间的冲突,对群体内部的影响和群体与群体之间的影响并不相同。

(3)冲突对群体内部的影响有:①群体内部增进团结,成员更忠诚于本群体,内部分歧减少。②群体转变为以工作和完成任务为主,对于群体成员个人心理需要的关心逐渐减弱,而对完成任务的关心逐渐增强。③领导方式逐渐由民主型转为专制型,群体成员逐渐心甘情愿忍受专制型的领导。④每一群体各自都逐渐变成组织严密、纪律严明的群体。⑤群体成员要求其成员更加效忠和服从,形成"坚强的阵线"。

对群体与群体之间的影响有:①竞争使每一群体都更把另一群体视为对立的一方,而不是中立的一方。②竞争使每一群体都产生偏见,只看到本群体的优点,看不到自己的弱点；对另一群体则只看到其弱点,而看不到其优点。③对另一群体的敌意逐渐增加,与对方的交往和沟通减少,结果是偏见难以纠正。

(4)冲突的五种方式:①口角。这是经常发生的一种最轻微的冲突方式,它通常发生在两人之间,或因利益对立,或因意见分歧。口角不是为了弄清是非,而是为了在精神上侮辱或打击对方,是缺乏理智的感情冲动。有些口角既是辩论升级的结果,同时又是更为严重的冲突的前奏。②拳斗。这一般是继口角之后发生的一种较为严重的冲突方式,它诉诸武力,不仅要在精神上侮辱对方,而且也要在肉体上伤害对方。它既可能发生在两个人之间,也可能会发生在群体之间。③械斗。械斗,即手持器械进行搏斗,它一般没有计划、没有预谋,使用的武器通常是随手而来的。械斗是感情支配所致,而不是理性支配所致,因此它对社会生活一般不会产生广泛而深刻的影响。④仇斗。这是发生在部落、家族、种族之间的一种暴力冲突方式,是有计划的持械搏斗或战斗。在我国解放前的落后村落之间常发生仇斗,而近些年里由于经济纠纷或其他利益冲突,发生在不同家族或地区之间的仇斗现象又有逐渐增多的趋势。⑤战争。这是国家、民族、阶级或其他社会群体之间的武装冲突状态,是冲突的最高表现形式。战争往往使用了最先进的技术,集中了当时最优秀的人才,发挥了人类的高度智慧,因此这种冲突的破坏性很大,在现代社会尤为如此。

4.冲突的处理。冲突处理是指人们采取一定的行为来应对、化解冲突。研究发现,在处理冲突时,存在明显的个体差异。例如,在美国注重竞争,所以在冲突处理中更倾向于采用竞争的方式;而中国则比较强调"以和为贵",推崇合作。因而一些学者认为,人们处理冲突的方法可以从两个纬度上来分析,一个是合作性,即关注他人需求、愿意满足他人需求的程度。另一个是坚持性,即关注自己的需求、坚持满足自己的需求程度。根据人们在这两个纬度上的表现,可以区分为五种比较典型的冲突处理方式。

(1)竞争方式。当一方比较关心自己的需求,对对方的需求不在意时,他采用的就是竞争方式。竞争行为表现出比较强的权利意识和支配性,其结果往往是一胜一负。

(2)回避方式。对自己的需求与他人的需求都漠不关心,即运用逃避的方式来处理冲突。采用这种方式的人希望尽量不使冲突公开化。

(3)顺应方式。这是一种向对方让步的做法,它高度关注对方的需求,忽视自己的需求。

(4)妥协方式。双方都放弃部分利益,以便在一定程度上满足部分需求,即双方都有所坚持,也有所退让,没有绝对的赢家,也没有绝对的输家。

(5)合作方式。将冲突作为需要双方来共同处理的问题,从而停止冲突,通力合作,努力寻求双赢的结果。

一般来说,前三种处理冲突的方式效果不佳。他们可能进一步加剧冲突,使人感到不舒服,或者使问题搁置起来、隐藏起来,得不到解决。后两种处理冲突的方式比较有效,但是并不见得适用于所有情景。

二、合作

合作是解决冲突的有效方式,增进人们之间的合作,是减少冲突、建立友好关系的重要条件。

1. 合作的概念。合作是指两个或两个以上的人或群体为达到共同目的,自觉或不自觉地在行动上相互配合的一种互动方式。合作必须具备这样三个条件:一是有两个以上的合作者,而且合作者具备与合作项目有关的知识与技能;二是有共同的目的,而且合作者对为什么要达到和怎样达到共同目的有着共同的看法;三是行动上相互配合,而且合作者能够提供并会使用其相互配合的物质手段。

2. 合作的类型。

(1) 直接合作与间接合作。直接合作是合作者以其行为直接相互配合,完成某一工作或达到某一目的。如你传我递、你推我拉等。直接合作的人们之间不存在中介者,直接合作的行为与结果之间也不存在中介环节,即共同的行为产生同一结果。间接合作是合作者以其行为产生的结果相互配合,或者一部分人的行为所产生的结果与另一部分人的行为相配合,完成一定的任务或达到一定的目的。如排字工人与印刷工人以及印刷工人与发行销售人员之间的工作配合就是一种间接合作。间接合作是具有中介者或中介环节的合作,是更广泛的合作。

(2) 无分工合作与有分工合作。无分工合作是一种简单的合作,是合作者在同一地点、同一时间、以同一方式去做同一件事情。如两人在办公室里同搬一个柜子、在车间里同搬一台机器。有分工合作是一种复杂的结合,是合作者在不同的时间、不同的地点,以不同的方式去做互不相同的而又相互联系的事情。结构性合作是有计划、有组织的合作。如通过一定的组织结构、制定一定的社会规范,将不同的人、群体或组织联系起来完成一定的任务。

(3) 结构性合作与非结构性合作。结构性合作是社会合作的主要形式,但非结构性合作也是社会合作的必要补充。非结构性合作就是偶然的巧合或临时凑合。如路遇有难奋力帮助,或为了共渡难关暂时合作等。

3. 合作的社会作用。在生产力低下、分工不发达的远古时代,合作是人类生存的必要条件。人们为了生存,首先是需要生产,而在主要依靠体力获得生活资料的时代,人们无论狩猎、捕鱼或采集都必须合作,否则会一无所得;其次是安全需要,在主要凭借石头和棍棒来保卫自己的时代,人们无论是对付野兽还是别的部落的侵袭都必须联合。在生产力发达、分工精细的时代,合作更是人类生存和发展的重要基础。随着生产力的发展、科技的进步、人类交往的便捷,促使各行各业间的合作以及产业内部各部门各单位之间的合作不断扩大、日益增多,合作显得尤为重要。

如何提高合作性,美国密执安大学政治学教授艾克斯罗德认为,可以从以下几个方面去努力:第一,建立持久的关系;第二,增加识别对方行为的能力;第三,要维护自己的声誉,保证相互信任;第四,要保证关系的控制力,分步合作,对对方的行为要奖

第七章 人际关系与交际

罚分明。

第五节 语言和非语言交际

人际交往必须借助一定的手段才能进行。人际交往的工具多种多样,其中符号系统是人际交往的主要工具。根据所使用的符号系统的不同,人际交往可分为语言交际和非语言交际。

一、语言交际

1. 语言与语言交际的功能。语言是人类社会中客观存在的现象,是一种社会上约定俗成的语音符号系统。语言不仅是人类传播信息的最有效、最便捷的媒介,而且也是语言使用者与他人共享文化经验及个人经验的工具。一方面,语言的存在使同代人的社会交往、隔代人的文化传播成为可能;另一方面,语言本身又是伴随着人类社会的形成而产生的,它是构成人类丰富多彩的文化的重要成分。随着社会的发展和科技的进步,语言自身也不断地得到更新和丰富。比如,新的科技发展滋生出许多新的专业词汇,成百上千的新词从今天的科技领域不断涌现,这既促进了语言自身的发展,也增强了语言交际的功能。

作为社会上约定俗成的符号系统,语言的社会功能主要表现在两个方面,一是思维功能,二是交际的功能。语言的交际功能既体现在人们凭借语言交流思想中,也体现在凭借语言交流感情中。这种思想的交流和感情的交流的不可分割性,归因于人的认识过程和感情过程的不可分割性。人在认识世界和改造世界的过程中,总是带有一定的心理倾向性,即一定的感情色彩的。所以,谈论人类的语言交际,如果忽略了人们在交际过程中感情交流的话,显然是不全面的。思想的交流和感情的交流是同一交际过程中不可分割的两个方面。

2. 双语社会和操双语现象。语言是交际的工具,语言交际是人类最普遍的交际形式。实现语言交际的基本条件是交际双方使用共同的语言。如果交际一方使用一种语言(如英语),另一方使用另一种语言(如汉语),交际的通道就不畅,交际无法进行。但是,随着社会的发展和交流的频繁, 个社会的成员可以用两种或更多种语言进行社会内部交际,这个社会称为"双语社会"。于是,人们的交际可以同时使用两种或更多的语言,这种现象称为"操双语现象"。双语,不特指两种或两种以上的语种,也指两种以上的方言、土语。

3. 暗语的功能。暗语是指彼此约定的秘密话,它的一个重要特征就是具有某种附加意义。这种语言交际多见于有越轨行为的特定人群中,如小偷、乞丐、赌徒、暗娼等,他们往往用该特定人群以外的人难以理解的语言,间接而含蓄地表达他们的思想。

暗语不仅仅是语言的特定形式,而且反映了特定人群的语言交际方式。在特定人群中,暗语主要有如下功能:

(1)保密功能。暗语的保密功能是指暗语以密码形式储存的信息只为特定的人所了解,而其他人则无法知道。这样,他们就可以在敌对的环境中隐蔽地进行交际,从而得以生存和发展,同时还能在心理上获得安慰。

(2)组织功能。暗语在特定的人群中发挥了重要作用。我国解放前东北地区的土匪群体就有自己的暗语语言系统。这种暗语系统在特定的人群中首先具有规范性的意义,易于统一成员之间的交际方式;其次它所具有的"神秘性"吸引了特定群体中的成员,因而还具有一定的组织向导作用。

(3)感情强化功能。处于同一特定群体中的成员,本来就具有一种认同感,他们之间的感情较之与外群体成员的感情更深厚得多。暗语能够使群体成员之间的亲近感得到强化。

一种暗语在某种特定的人群产生后,并不是一成不变的,而是随着社会生活的发展不断地发生变化。首先,暗语有一个逐渐完善的过程,这种完善变化是由生活方式的要求所决定的。如在行窃群体中,他们最初有了"钳子"、"生锈"等暗语,但尚未有表示较大型的盗窃行为的语词,以后便增加了"啃干骨头"(撬门)、"抓耗子"(扒火车行为)等词。其次,就表示同一事物的暗语来看,也是处在不断的更新之中。这种更新的意义有二:其一,能使其进一步符合不断变化的特定人群的生活环境;其二,能维持其群体的秘密。因此,我们在以暗语为线索研究特定人群的语言交际功能时,必须紧紧追踪其暗语的发展变化情况,并寻找出这种发展变化的具体原因及其规律。

二、非语言交际

1.非语言交际的含义和分类。语言是人类最重要也是最为便捷的交际工具,但语言并不是惟一的交际工具。非语言符号在人类的社会交际中同样具有极其重要的作用。非语言交际一般指个体运用动作、表情、体态、语调等方式进行的交际活动。在一定的条件下,非语言符号系统可以独立地完成一些活动。而在某些特殊的情况下,也只有借助非语言符号系统才能更好地完成交往活动,即有时非语言符号系统是人际交往的必要形式。

关于非语言交际的分类问题,目前为大多数社会心理学家所接受的是贝克(K. Back)在《语言的沟通中》一书中所作的三分法:即无声的动姿(如点头、手势等)、无声的静姿(包括静止的体态和人际距离)、有声的辅助语言和类语言(包括音调、音量、呻吟、叹息等)。

2.关于几类主要非语言交际方式的分析。

(1)身势学和目光。身势,指身体的无声动作,例如点头、微笑、手势等。伯德惠斯戴尔(R.L.Birduhistell)发明了"身势学"这个名词,他是这方面的最重要的研究者。

根据身势在人际交往中的不同作用,可以划分为如下四类:①象征性身势。这种身势具有可以用语言表达的意思,是用来表达思想的,如聋哑人的手势语、潜水员的手势等。如同运用词汇一样,人们有意识地运用象征性身势。②说明性身势。这种身势伴随语言,用来对语言表达的意思进行补充和润色。如脖子下缩,双臂紧抱,说"我快要冻死了"等。这些伴随语言的动作就是说明性身势。③感情身势。身势表露感情有有意和无意之分。无意的感情表露由于缺乏交际目的,几乎不能看作交际手段,只有有意识的感情表露,才能称为"交际"。感情表露可以伴随语言,也可以不伴随语言而单独出现。④调整身势。这种身势主要包括点头和目光。讲话者伴随语言做出这些动作,告诉听者何时保持安静注意倾听,或何时可以插话。听者方面的调整身势则表示请讲话者论证、重复、继续、加快、讲得更生动些,或允许听者插话。

在身势学研究中,眼的动作(目光)具有特殊的地位。眼睛被称为"心灵的窗口"。目光除作上面所说可以用作调整身势之外,还可以用作说明性身势和表露感情的身势。在传统上,目光被认为是最明确的感情表现方式。概括地说,目光的功能主要表现在如下几个方面:①可以作为一种认识手段。直接的目光接触表明你对谈话者十分感兴趣,并希望知悉、理解他们的话题。②可以控制反馈。谈话者可以通过听话者的目光了解他对谈话是否有兴趣,了解他是赞成还是反对自己的观点,及时收集反馈信息。③可以用来表达人的感情。从一个人的目光之中可以看出他在交际情景中的激奋和卷入程度。在各种情绪中,最能为面部表情所表达的是惊讶、恐惧和厌恶。而这些情绪的最佳表现区域是目光。④可以确定关系。目光能传达人际关系的状况,它不仅可以说明人与人之间关系的亲疏程度,也能表达人际间支配与被支配的地位关系。

(2)近体学和静态姿势。近体学指在互动时人与人之间空间变化情况的不同,霍尔(E.Hall)是近体学的奠基人。霍尔认为,互动时人与人之间距离的不同,也是一种交际手段,因为距离可以标示互动者相互了解的程度。他把距离分成四个区:亲密区、个人区、社会区和公众区。

a. 亲密区 { 1. 非常接近(3~6英寸):呢喃细语,绝密;
2. 接近(8~12英寸):轻轻低语,非常秘密;

b. 个人区 { 3. 近(12~20英寸):室内,低语;室外,正常声音,秘密;
4. 中度(20~36英寸):低声,个人事情;

c. 社会区 { 5. 中度(4.4~5英尺):正常声音,非个人信息;
6. 公开距离(5.5~8英尺):大声的,告知一个群体;

d. 公众区 { 7. 房屋跨度距离(8~20英尺):大声的,告知一个群体;
8. 超过距离限度:室内距离为20~24英尺,室外可达100英尺,如起程时的欢送。

一般来说,当我们和他人交往时,间隔多少距离取决于具体的情景以及我们与交谈对方的关系。但是,文化及习惯因素对人际交往的距离也有影响。有研究者将这些因素归纳为以下四点:①亲密和了解程度。这是最主要的因素。一般说来,夫妇、恋人处于亲密区,朋友间的正式互动处于个人区,熟人交往在社会区,而一般的公开的正式交往在公众区。②文化背景。在不同的国度、不同的种族中,人际交往的距离往往不同。③社会地位差别。社会地位相差较大的人相互间交际比较正式,因而人际距离也较远;而社会地位相近的人交际距离则较近。④性别的差异。在同性之间的交往上,一般男性的"个人圈"较大,而女性则"戒心"不强,在大街上更喜欢手拉手、肩搭肩结伴而行。

关于人的静止的姿势已有大量的研究,它与运动的姿势一样能够作为非语言的交际方式,用来表达种种不同的信息和内心的情绪状态。戈登·休斯(G. Hughes)指出,人类大约可以做出1000多种平稳的姿势。无论是拘谨地站着,还是随便地翘起二郎腿,身体的各种不同的姿势都表达着一定的信息。一个人的姿势的选择,由其思想和风格所决定,也受民族的风俗习惯的影响。而一个民族的习惯姿势的选择,则由其文化背景所决定。

(3)辅助语言和类语言。辅助语言包括声音的音调、音量、节奏、变音转调、停顿和沉默等,而类语言则指那些有声而无固定意义的声音,如呻吟、叫喊、哭泣等。在人们交际的过程中,辅助语言和类语言起着十分重要的作用。由于说话者的声调不同,同一句话的语义就可能迥然相异。譬如,"你真聪明"这句话,既可以表示赞扬,也可以表示讥讽,全赖语调和语气的不同。

在日常生活中,我们往往可以单凭声调可靠地判断说话者的性别、年龄、精力,甚至情绪和性格特征等。有研究者曾做过如下实验:他们邀请九位不同年龄、职业和个性的人在广播电台作一次播音,事先告诉听众,电台将做一次"以声辨人"的实验,要求听众仔细倾听九个人的说话,然后根据他们的说话语调辨认其年龄和职业。研究者统计了2700多份完全填满的调查表,结果令人吃惊:辨认的准确率高达80%。

3.非语言交际的作用。非语言交际极大地丰富了人类的社会交往,使人类的交际更加深刻而含蓄,丰富而多彩。研究者从实验中不断发现非语言交际在人际交往中的重要作用。伯德慧斯戴尔就人际交往过程中非语言交际发生的数量进行过推测,他认为,在人际互动中,有65%以上的信息是由非语言的形式传递的。梅瑞宾(A. Mehrabian)甚至提出了这样一个公式:交谈双方的相互理解=语调(38%)+表情(55%)+语言(7%)。上述数据是如何获得的,我们不得而知,但是能够证明的是,在人类的交往中互动双方所获得的信息有很大一部分来自于非语言交际。国外有关非语言交际的研究表明,它们有三个方面的主要作用:支持、修饰或否定语言交际;代替语言交际;表达语言交际所难以表达的感情和态度。

思 考 题

1.什么是人际关系?它有哪些类型?

2. 思考中国人的人际关系有哪些自己的特点。
3. 影响人际吸引的因素有哪些？结合实际谈谈你的人际吸引力。
4. 结合自己的实际谈谈怎样与他人维持亲密关系。
5. 你怎样理解冲突与合作？
6. 试运用观察法对某个情景中人们的非语言交际方式进行分析。

第八章

团体心理与行为

本章要点

☆ 团体的特征
☆ 团体的功能
☆ 领导者的行为
☆ 从众与服从

第八章　日本の国書たる

第八章 团体心理与行为

人类在各自的生活活动过程中组成团体,其心理和行为必然刻上团体的烙印。每一个不同形态的社会都包含有不同的团体,每一个个体都要接受所属团体的控制和影响。同时,每一个个体也帮助形成和改造所属团体,团体问题不仅是社会学更是心理学的最重要的问题之一。因此,了解团体心理和行为,对人类具有重要的现实意义。

第一节 团体的特征

一、团体的概念与分类

(一)什么是团体

人们在社会生活中彼此进行社会交往,从而产生了各种各样的群体,但这些群体未必都是团体。团体是群体的一种组织形式,一般说来,团体是介于组织和个人之间的人群组合。在心理学中,团体是指由相互依赖、相互影响的一群人,在同一规范和目标的指引下协同活动的一个组合。团体的规模很难用人数的多少、规模的大小、维持的时间来划分。家庭是一个团体,可以延续数代;陪审团也是一个团体,但往往随着案件的解决而自行解散。

(二)团体的分类

社会心理学对团体进行过各种各样的分类。团体研究者尤本克曾经提出七种不同的原则,诸如文化水平、结构、任务和职能、团体的主要接触形式等对团体进行分类。根据不同的分类标准,可以将团体分为不同的种类。

1. 大团体,小团体和小小团体。根据团体的规模及团体成员联系密切程度,将团体分为大团体、小团体和小小团体。

(1)大团体。即大型社会团体,它是指在社会历史发展过程中形成的,在每个具体社会类型的社会关系中占有一定地位的,存在时间较长的稳定团体。诸如社会各阶级、各阶层、各民族团体、各职业团体等都是大团体。

(2)小团体。一般是指那些相对稳定,人数不多,为共同目的而直接接触的联合体。家庭、班级、研究小组等都是小团体。小团体的人数不多,多则三四十人,少则两人。团体成员有着共同的行为目标,并为此目标相互联系,共同努力。一个人可以同时参加几个小团体,例如,一个学生可以属于一个年龄团体、一个教学团体、一个家庭团体、一个民族团体等。一个心理学家可以属于一个系、一个研究小组、一个教研室、一个专业委员会等。

另外,社会心理学家把那些在小团体中交往更加密切、活动更加频繁的人又划分出来,称之为"小小团体"。小小团体人数更少,多则不超过七人。

2.现实团体和假设团体。根据团体的存在方式可以将团体分为现实团体和假设团体。

(1)现实团体。指的是实际存在的联合体,团体成员间有规律的相互反应,以实现具体功能或完成某项任务。团体中的每一个成员对团体功能的实现和团体任务的完成贡献自己的力量。

(2)假设团体。随着电子通讯的发展,许多人在家中通过电子媒介(如电子邮件、因特网等)与他人共同工作,越来越多的人在一种虚拟的环境中工作,因而形成了许多虚拟或假设团体,他们之间的关系有隶属关系或平行关系。假设团体可以按照民族、年龄、性别、职业、文化程度、社会地位等不同特征,根据研究的需要划分为不同的种类。

3.正式团体和非正式团体。根据构成团体的原则和方式,可以将团体分为正式团体和非正式团体。

(1)正式团体。一般是指那些并非自愿组合在一起的人根据有关规章制度、文件等组成的团体。团体成员之间的联系往往是公事往来。

(2)非正式团体。是自然形成的友谊团体。团体成员在心理动机上方向一致,在其组织上更具有流动性。它们可能是由一些在某些方面彼此相似的个体组成,也可能是由于共同爱好而自愿结合在一起的。

4.社会团体和心理团体。根据团体的存在形式,将团体分成社会团体和心理团体。

(1)社会团体。指人们可以面对面相互作用的、具体的、现实存在的团体。

(2)心理团体。心理团体比社会团体更为抽象,对人们如何看待自己以及人们在人际关系中如何思考和行动有着巨大的影响。在交换信息和沟通方式上,一旦认同自己属于某一个特殊团体,同时也就认同了某一套价值观、方法论,认同了某一套思维方式和行动方式。

必须强调一点,心理团体也可以具有社会形态,社会团体对其成员也有心理上的影响,两者之间有着不可分割的联系。

二、团体的特征

一般说来,团体成员应该是现实存在的有着共同的需要和兴趣,进行共同活动的一群人,这样组成的团体就会表现出一定的特征。就一般意义上讲,团体有以下几个特征:

1.团体的各成员之间在心理上有相互依存的关系,并在共同活动中相互作用。如果几个人集合在一起,在心理上没有多大联系,那么这几个人就不能成为团体。例如看电影的观众、听演讲的听众、候诊室里的病人等都不能称之为"团体",只能说是一群人,他们的会合只是偶然的。虽然在时间上和空间上有某些共同点,但谈不上相互依赖，相互作用。

2. 团体内成员有共同的兴趣和共同的目标，在心理上彼此一致或接近。在一个有效的团体内，共同目标是人人有份的目标，全体成员都乐意为这一目标而努力奋斗。在追求团体目标的同时，团体也非常重视鼓励个人进步和团体成就。

3. 每个团体都有领导者，在成员中有一定的威信，带领全体成员活动，以满足全体成员的共同需要。

4. 团体中的每一个成员都在团体中有一定的地位，扮演一定的角色，执行一定的任务。

例如，某个学术团体，有会长、有会员，会长组织会员探讨学术问题，以共同提高学术水平。团体的各成员之间分工明确，密切合作。

5. 团体的每个成员能够意识到团体中其他成员的存在，还能够意识到自己从属于某个团体。

6. 团体有一定的组织结构，有着共同的团体规范，其规范是团体成员共同制定并要求每个成员必须遵守的。

三、团体的功能

团体的功能可分为对个人的功能和对组织的功能。团体若想很好地实现共同目标，不仅要满足成员的各种需求，使成员的个体目标与团体目标一致，还必须有效地完成组织目标。

1. 组织功能。团体的组织功能主要体现在完成团体共同任务，实现团体的共同目标。一个团体要想有效地达到自己的目标，团体内就必须分工协作，将团体分成几个子团体，将最终目标分成若干个子目标并分配给子团体分别完成，充分调动全体成员的积极性，以期达到最终目标的实现。

2. 个人功能。团体对个体行为具有动力的功能，主要体现在：

（1）满足成员的心理需要。费斯汀格（Festinger,1954）指出，团体可以满足成员五种心理需求。(a)满足归属需要：意味着团体可以满足成员与他人共处的需要。(b)满足自我认同和自尊需要：在团体活动中，团体成员受到别人的尊重和欢迎，获得一定的地位，从而满足了自尊的需要。另外，被团体接受，就是对团体成员价值的认同和肯定，在团体中的个体可以体会到自身是社会的成员，从而认同自我在社会中的价值。(c)证实和建立现实性需求：团体建立了关于事物如何存在及如何运行的观念。(d)在团体中，感到安全和相互支持以控制焦虑需求：团体成员参加团体活动，从而获得他人的关心和帮助，可以减少焦虑、孤独、恐惧等，从而获得心理上的安全感。(e)团体对成员而言，起着解决问题的作用：在一定的团体中，团体成员的基本心理问题有：我是谁、我的个人价值如何、我愿意和谁做朋友、谁愿意和我做朋友等等，这些问题都可以在团体中及时发现，及时解决。

3. 社会助长功能。在团体活动中，对于某些任务的完成，比个体单独作业时会取得更好的成绩。20世纪20年代，著名社会心理学家F·奥尔波特对此作了系统的研究，发现自行车选手在有伙伴同行时比单独一个人骑车要快得多，表明了团体的存在本身就是对个体行为的一种刺激，这种刺激常常使个人完成或达到在个人条件下达不到的目标。

另外，讨论或决定同样一个问题，在团体和个别场合下，往往会作出不同的反应。当单独征求个别意见时，人们的建议保守些；当在团体内征求意见时，人们的建议则要冒险得多。

4. 社会致弱功能。从理论上讲，团体活动人数与成员活动效率成正比，正所谓"众人拾柴火焰高"。但是在现实生活中，"一个和尚挑水吃，两个和尚抬水吃，三个和尚没水吃"的现象确实存在。产生这种现象的原因在于责任扩散，就是团体成员有意无意地将对于某个事的责任推卸、匀散到其他人身上。林格尔曼的拔河实验结果显示，一个人单独拔河时出力最大，几个人同时拔河时出力就少多了。这个实验证实了团体活动时，如果人数过多、组织不好、人浮于事，反而会影响人们参加活动的主动性，降低活动效率。

第二节 团体的领导者

一个团体，要想行动一致，各方面相互协调，就离不开领导者。团体领导者是影响团体活动效果的重要因素之一。

一、领导者的概念及类型

领导是一种行为，领导者是从事领导行为的个体，领导行为是通过领导者进行的，领导者是实现领导行为的主体。

1. 什么是领导。对于什么是领导这个问题，不同的心理学家，其认识有着很大的差异。人们通常认为领导就是下命令，领导就是权力，领导就是组织、管理等。国外学者从不同的研究角度出发，对领导作了不同的解释。G·泰瑞认为，"领导是影响人们自动为达到群体目标而努力的一种行为"。孔兹认为，领导是"一门促使其部属充满信心，满怀热情来完成他们任务的艺术"。W·施考特认为，"领导是在某种情况下，影响个人或群体达到目标行动的过程"。R·杜平认为，"领导即行使权威与决定"。K·戴维斯认为"领导是一种说服他人热心于一定目标的能力"。库兹认为，"领导是影响人们跟着去达成一个共同目标"。

可见，对于领导的理解并不像人们通常解释的那样简单，我们给"领导"下这样的定义：领导是一种行为，是团体中特定的人在一定的环境条件下指引或影响个人或组织，以期实现既定目标的行为过程。领导是一个完整的动态过程，它包括领导者、被领导者(即团体成员)和环境条件三个必要因素。领导的本质在于领导者与团体的人际关系不仅指人与人之间的关系,而且包括人与任务、人与团体之间的关系。领导行为实质上是协调团体内人际关系,从而实现团体目标。

2.领导者的类型。团体领导者是指在团体中对其他成员最有影响的一员,他在团体中起关键性的作用。领导者的类型可以依据不同的标准进行划分。

(1)按其执行领导功能,把领导者划分为:任务型领导者和社会情绪型领导者。前者关心的是团体目标的实现,他们常常向下级提供指导;后者关心的是团体内部情绪和人际关系方面,对团体成员来说,他们常常是友好的、同情他人的,他们处理矛盾时协调能力很高。一些社会心理学家指出,后者在团体中比前者更受欢迎。

(2)按领导者产生的方式分为:正式领导者和非正式领导者。前者是在组织结构中拥有正式的职务、权力和地位的领导者。正式领导者的作用是组织所赋予的,后者是指组织上未赋予正式的职务和权力,但在长期的团体生活中受到公认的自然领导者,非正式领导者拥有很高的威望和实际影响力,是事实上的领导者。

(3)按领导效果分为:成功的领导者和失败的领导者、有效的领导者和无效的领导者。成功的和有效的都是从领导效果来看的,但两者有区别。成功的领导者是以被领导者对领导者交给的任务完成程度来衡量的,完成了任务便是成功的,否则是失败的。有效的领导者是以被领导者对完成任务的态度以及对领导者的态度来衡量的,被领导者对领导者十分拥护、十分爱戴,并且积极主动地完成组织任务,则说明是有效的,否则是无效的。

以上是关于领导者类型的主要分类方法。此外,还有按领导的范围分为政治领导者、行政领导者、业务领导者和学术领导者;按领导者所在层次分为高级领导者、中级领导者和基层领导者。这里不一一介绍。

二、团体领导者的行为

领导者在领导团体活动时所表现出来的各种行为叫做领导行为。领导行为是指指导和影响团体,实现团体目标的活动过程,它包括政治、思想、工作、学习、生活和娱乐等内容,其中最重要的领导行为有决策行为、组织行为、沟通行为和教育行为。

(一)领导行为的范围

1.决策行为。决策是人们寻求并实现某种优化的预定目标的活动。决策是现代领导的主要功能,也是领导者的基本功能。领导者面对社会上各类各层次的问题,根据掌握的信息,审时度势,在千头万绪中找出问题的症结所在,权衡利弊,及时作出有效可行的策略,这就是领导者的决策行为。

决策并不是领导者点头拍板的那一刹那。决策实际上是一个过程,是一个由各部分活动构成的系统过程,一般分为三个过程:首先是参谋系统,在这个系统内,领导者进行情报信息的可行性分析和预测研究,产生各种可供选择的方案;其次是决策系统,这个系统的中心任务是进行有效的方案论证和方案选优工作;最后是管理系统,在这个系统里,领导者根据上面两个系统的结果,具体实现决策目标。

领导行为的效果依赖于决策的性质。没有决策,就没有领导。由于领导者在团体中占有举足轻重的位置,因而团体成员要服从他的领导。领导者要指导团体行动就需要拿出行之有效的意见和办法,确定合理的目标,从而使团体活动达到最佳效果。所以,领导者领导团体就必须有决策行为。从一定意义上讲,领导行为即决策行为。

2. 组织行为。领导者作出决策以后,就需要把这些决策予以实施。组织行为是实现决策的手段,是全部领导行为的重要组成部分,组织行为贯穿于领导者的日常工作。领导者根据决策的要求,有目的地发动成员、组织成员,协调成员的活动,使之一致地对准团体目标,从而实现领导决策。

3. 沟通行为。团体内必须保持信息的畅通,这个任务责无旁贷地落到了领导者身上。领导者应该学会信息沟通的艺术,通过召开会议、媒体宣传、明察暗访等方式,促使团体内信息畅通。通过信息交流,使领导者的指示、命令得以传达和贯彻;通过信息交流,使领导者了解成员的思想状况、工作动态,及时调整成员的活动,协调成员的关系;通过信息交流,促进团体内成员相互理解、相互支持,有利于形成团结友好、共同进步的团体氛围,从而有利于团体目标的实现。因此,进行有效的沟通,掌握排除沟通障碍的技巧,是领导者所必须具备的。

4. 教育行为。有意识有计划地改变团体成员的行为和态度,就是领导者的教育行为。由于领导者在团体中占有最高的位置,所以他的一举一动都会影响团体成员。教育行为可以是口头的,也可以是行为的。领导者应以身作则,言传身教,使自己成为其他成员的榜样,不断提高成员的思想境界,提高成员各方面的能力,从而更好地实现团体目标。

(二)影响领导行为有效性的因素

领导行为对团体目标的实现有着决定性的意义。因此,探讨影响团体行为有效性的因素就成了分析领导行为的关键问题。概括起来,主要有以下几个方面。

1. 领导方式。领导者执行领导行为,需要采取一定的方式。领导方式又称"领导作风",是指领导者从事领导活动时所采取的行为方式和所表现的行为特征。由于领导者性格不同、经验不同、环境不同,领导方式也就不同。不同的领导方式会造成不同的心理气氛,而团体的心理气氛使成员的自我感觉和情绪受到影响,从而影响团体的活动效率。领导方式可以从两个角度来分,一是按团体内权力的类型来划分;二是按照领导人注重的目标来划分。

20世纪30年代末,社会心理学家勒温、利比特和怀特以权力定位为基本变量,提出三种领导方式:专制型、民主型和放任型。

(1)专制型领导方式。权力定位于领导者个人手中,所有任务的完成由他自己规定,支配所有的工作步骤,喜欢发号施令,不喜欢接受意见和批评,完全凭个人的好恶来评价团体成员的工作成果。

(2)民主型领导方式。权力定位于团体,领导者与被领导者关系密切,任何事情由团体讨论决定。他发布的任何指示都是建议式的,团体中每个成员都有权参与领导决策和行动,以事实为依据评价团体成员的工作成果。

(3)放任型领导方式。权力定位于团体的每个成员手中,这种方式的领导者几乎是被动的。团体活动的实现是自发的,成员完全是自由的。

勒温认为,在实际的工作情境中,三种极端的领导方式并不常见,大量的领导者采取的方式往往处于两种极端类型之间的混合型。勒温、利比特和怀特等人开展了对比不同领导方式的一系列的实验研究。研究证明,这三种领导方式对团体活动的效果产生不同的影响。实验对象为30名10岁儿童,分为6个组,每组5个人。小组成员每天用20~30分钟时间制作石膏工艺品。每组领导者由受过训练的大学生担任,分别扮演民主型、专制型和放任型领导,进行轮组实验。每个小组都要经受三种不同领导方式的领导者领导。

专制组领导者。自己一个人决定工作的方针和任务的分配,给组内成员的指示和命令是严厉的,与小组成员保持一定的距离,缺少人情味。

民主型领导者。鼓励组员们讨论并决定有关小组活动的方针,制定达到目标的步骤,让组员自己选择工作伙伴,自由选择课题,力求把自己作为小组的普通一员。

放任型领导者。基本上放弃领导,对组内的活动不管理、不评价、不参与,只是到组员提出要求时才提供情报、信息,否则就放任自流。

实验结果表明,民主型领导组能很好地团结起来,建立友好的人际关系,工作效率最高,并且组员对工作发生兴趣,表现出良好的自觉性和主动性,在工作中还表现出较高水平的创造性。放任型领导组,工作做得很少,质量很差,但人际关系较好。专制型领导组,工作效率最低,工作质量最差,组员对工作缺乏主动性,彼此关系冷漠并发生攻击行为,对领导者有很大依赖性,缺乏独创性。可见,在领导活动中,采取一些民主的方式,对于团体目标的实现是有益的。

2.领导情境。有效的领导行为还依赖于领导情境。弗德勒提出了一种"有效领导权变模式",第一次把人格测量和情境分类联系起来研究领导方式与领导效率。

弗德勒认为,任何形态的领导方式都有可能有效,关键是情境如何,对领导行为有重要影响的三种情境因素是:

(1)领导者与其他成员的关系。这是指领导者被团体内其他成员接受和欢迎的程度,关系越好,领导者的影响力越大。

(2)任务的结构。这是指领导者所要安排的工作任务的要求是否明确,可以从模糊到清楚。

(3)职位的权力。这是指领导者的地位与权力以及他所取得的多方面支持的程度,可以从强到弱。

弗德勒将这三个决定性因素组合起来,区分为八种状况,即从领导者与其他成员的关系好、任务结构化、职位权力强的状况直到领导者与其他成员关系差、任务非结构化、职位权力弱的状况。什么样的领导行为最有可能促进人们成为一个有效的团体取决于这三种因素构成的情境。当各种因素对于领导者都很有利,例如领导者与团体成员关系融洽、有明确的工作任务、领导者有较大的权力时,领导者采取"面向任务"的领导方式效果较好;当各种因素对于领导者都不利,也应该采取"面向任务"的领导方式,才能保证领导行为的实施;当各种因素对于领导者谈不上有利或不利时,采取"面向人"的领导方式效果较好。

因此,领导者面临的任务是了解自己所处的情境,使领导行为不断适应变化着的领导情境。只有这样,领导行为才是有效的。

3.领导者的心理品质。领导者的心理品质是决定领导行为有效性重要的一个方面。但是关于领导者应具备哪些心理品质,心理学界尚无定论。一般说来,领导者要具有以下几个特征:①人格魅力:体现在有较高的智力水平,博而专的知识,准确的自我评价,强烈的自尊、自控、自信,较强的适应能力和创新意识,具有感召力和诚信度等方面;②管理能力:体现在具有较强的预测、计划、组织、监督决策的能力方面;③交往艺术:体现在成功地处理团体内外成员的关系方面;④服务意识:能够满足每个人的需要,使自己适应他人的兴趣和需求;⑤团队精神:体现在具有较强的竞争、合作和参与意识方面;⑥自我实现:体现在职业成就需要、行使权力需要、金钱奖励需要等方面。

作为一个领导者,应该有意识地培养和发展优良的心理品质,以求掌握完美的领导艺术。

三、团体领导者的影响力

(一)领导者影响力的概念

所谓影响力,是指一个人与他人交往中影响和改变他人心理和行为的能力。可以这么说,任何人都有影响力,只是强度各不相同。领导者的影响力是指领导者在人际交往和领导活动过程中,影响与改变成员心理和行为的能力。领导者的影响力通常表现为被领导者对其命令、指示、劝告、建议等的心理和行为上的反应。影响力是领导者实现领导功能的关键。

(二)领导者影响力的类型

从领导者影响力的性质来看,可以分为权力影响力和个人影响力。

1.权力影响力。这是社会所赋予领导者对其成员的一种强制性的影响力,其程度是由领导者的职务、地位、权力决定的。一旦不再任职,这种影响力就会消失。在权力影响力面前,被领导者的心理和行为表现出被动、顺从和服从,带有一定的强制性。

2.个人影响力。这是一种非强制性的影响力,来源于领导者个人资历、能力、知识、感情、品质等方面的优势。这种影响力是自然形成的,只要领导者个人的这种优势存在,它的作用就会持续可靠。在个人影响力面前,被领导者体验到一种感召力,情愿接受影响,自觉地在行动上与领导者的要求保持一致。

正是由于领导者的影响力的作用,被领导者在心理上对领导者产生敬畏感、敬爱感和敬重感,因而服从领导,使领导者更好地发挥了领导功能。

第三节 从众与服从

一、从众行为分析

(一)从众的概念及其实验研究

1. 什么是从众。不同的心理学家对于"从众"(conformity)这一概念的理解不尽相同。Myers认为,从众是个体在真实的或想像的团体压力下改变行为和观念的倾向。S·Franzoi认为,从众是个体知觉到团体压力的一种屈服倾向。这些理解虽然在表达上有所不同,但都指出从众行为的实质。我们这样给"从众"下定义:从众是指个体在团体的引导和压力下,其观念和行为向与多数人相一致的方向变化的现象。我们平常所说的"随大流"、"人云亦云"就是从众行为。在日常生活中,从众行为非常普遍,例如,选择旅游点问题,多数人主张去杭州,少数人主张去北京,最后少数人也同意去杭州,这就是从众行为;某商场布料大降价,许多人都在抢购,你也挤进去买了几米布,虽然这些布料对你没有什么用,这也是从众行为。

2. 从众行为对个体的影响。从众既有积极意义,也有消极意义,主要体现在以下几个方面:

(1)从众是个体适应社会生活的必要手段。任何一个社会,无论从社会功能的执行,还是从社会文化的延续的角度说,多数人的观念与行为保持一致都是必要的。一个社会需要共同的语言、共同的价值与道德观、共同的行为方式。只有这样,人与人之间才能顺利地进行交往,社会才能得以正常运转。对个体而言,如果不能在很多方面与社会中多数人保持一致,那他就会被社会团体视作异类。反之,个体为了适应社会生活,采取从众行为,可以减少心理冲突,获取心理上的平衡,从而顺利地适应社会生活。

另一方面,个体无论怎样聪明,他的知识经验总是有限的,不可能足够适应他所遇到的每一种情境。因此,个体采取从众行为,可在最大程度上使自己迅速适应社会生活。

(2)从众使个体失去个性和创造性。从众是一种在团体压力下行为发生改变的倾向。因此,盲目从众会使自己失去个性,限制自己创造性思维的发展,从而失去接受挑战的机会。

此外,从众的影响还体现在,它既可以弘扬良好的社会风气,又可以加速不良社会风气的泛滥,这主要看从众的是什么样的行为。例如,在社会上大力宣传优生优育、义务献血等势必造成一种舆论和压力,人们为了与社会环境保持协调一致,争取被社会接纳,自然而然地采取了从众行为。

3.有关从众的经典研究。从众现象的经典研究是美国社会心理学家 Asch 进行的"三垂线实验"。在这个实验中,只有 1 人是直接被试,其他人均为实验助手。以大学生为被试,每组 7 人,实验材料是 18 套卡片,每套 2 张。实验进行时,全组成员坐成一排,实验者每次向被试出示 2 张卡片,其中一张画有标准垂直线 X,另一张卡片上有三根长短不一的垂直线 A、B、C(见图 8-1),里面只有一条垂直线与标准线等长。实验者告诉被试说,将要进行一项视觉判断实验,然后拿出一套卡片,让 7 个被试依次回答 A、B、C 中哪条与 X 一样长,真被试被安排在最后一个回答。18 套卡片呈现 18 次,一直到第 7 次,实验助手都作了正确的选择,自然真被试也作了正确的选择。但是从第 7 次开始,实验助手都做出了错误回答,真被试显得无所适从,他面临一个是相信自己的判断,还是跟随大家的判断的两难问题。实验结果是:

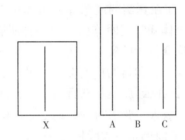

图 8-1 从众实验用的线条图

(1)约 1/4 到 1/3 的被试保持了独立性,没有发生从众行为。

(2)有 15% 的被试在 12 次回答中有 9 次从众行为,约 75% 的从众反应。

(3)所有被试平均从众行为为 35%。

实验结束后,Asch 通过对被试的访谈,归纳出从众的情况有三种:

(1)知觉的歪曲。被试确实把他人的反应作为参照构造,观察发生了错误。

(2)判断的歪曲。被试虽然意识到自己看到的与他人不同,但由于对自己的判断缺乏信心,因此认为多数人总比自己正确些。

(3)行为的歪曲。被试明明知道他人的反应是错误的,却跟着做出错误的反应。

另外,Asch 还发现当卡片上的线段客观差异变小,客观地进行正确回答的概率下降时,从众的比例也上升。这意味着情境越模糊,人们越难作出判断,越容易从众。

在 Asch 的实验中,并没有明显的压力迫使被试从众,而且被试知道不从众不会受到惩罚,从众也不会受到奖励,但服从团体意见的现象还是出现了。甚至那些抗拒从众的人也明显地变得不知所措,开始怀疑自己的眼睛。在第三种情况下,个体虽然意识到了团体的意见是错误的,但他们还是压制了自己的想法。如果说心理需要只有得到团体成员的支持才能得到满足,那么当社会现实模糊不清时,团体答案就是正确答案。

这一从众效应后来被心理学家多次重复,只是被试不同、实验任务不同。我国华东师大心理系学生也重复过 Asch 的实验,发现被试中的从众行为为 44%;华中工学院社会学系的学生在实验中发现从众行为为33.3%。

(二)从众行为的类型

根据个体外显行为及行为与判断是否一致,可以将从众行为分为四个方面。

1. 顺从。在有些情况下,个体虽然由于团体的压力暂时表现出符合外界要求的行为,但内心却坚持个人的意见,这种从众就是顺从。Asch实验中的第三种情况,被试就是一种顺从行为。由于来自社会舆论、团体气氛的压力,个体在许多情况下,必须保持行为与团体一致,否则,个体将由于团体的制裁而付出太大的代价。

采取顺从行为的个体由于外显行为与内心观念不相一致,因而个人处于认知不协调的状况。按照认知不协调理论,人们的思想里具有寻求一致性的基本需要。弗斯汀格指出,如果一个想法与团体想法意义相反,那么,其结果就会导致不愉快状态或引起失调感。人们会努力降低失调感,通常人们通过改变自己的想法以取得与团体意见一致来解决不协调感,或者是将自己的行为合理化,找出新的理由来弥补观念与行为之间的距离,使认知系统实现协调状态。当一个人成为团体成员后,其最终观念与团体一致,其理由就在于此。

2. 反从众和独立。反从众(anticonformity)是由内心抗拒引起的在所有情况下对抗从众的现象,它与社会压力的要求正好相反。

独立(independence)是指人们不愿意受他人的侵占。独立的人不在乎社会的压力和他人的要求,往往按自己的意愿行事。通常情况下,团体对个体缺乏吸引力或个体具有强烈的逆反心理和独立意识时,这种现象才会出现。

3. 真从众。这种从众在外显行为上和内心观念上都与团体保持一致。社会心理学家Sherif"诱动错觉"实验中的团体一致就是这种从众。实验是让被试独自坐在一个完全黑暗的屋子里,注视一个静止不动的光点,判断光点移动的距离。(在没有任何视觉参照的情况下,一个静止不动的亮点会使人产生不断晃动的视错觉,称作"诱动错觉")。在研究中,Sherif将三个被试分成一组,让他们判断光点移动距离,每一组判断之后把自己的结果告诉其他组的被试。最初,被试判断上的差异很大,但随着实验的深入,人们的判断趋向一致。到了第三个阶段时,所有被试组的判断基本上达到了一致,也就是说,被试对这个问题形成了共同标准。Sherif认为,这一共同标准实际上就是团体规范。

更有趣的是,在实验结束时,Sherif对被试进行了访谈,被试一概否认他人对自己的判断有影响。Sherif实验正说明了在情境不确定的条件下,以及人们不知道如何定义情境时,团体规范对个体行为的影响很大。人们自觉或不自觉地选择了从众行为,并且这种从众行为是与自身观念相一致的真从众。这种行为是真正意义上与团体相符的行为,是个体与团体最理想的关系。

4. 假不从众。假不从众是指观念与团体一致,但由于某种特殊需要,行为上表现出与团体不一致。例如某班级参加篮球比赛,由于裁判不公而失去了决赛的机会,队员们群情激奋要去打裁判。作为班主任老师,虽然情感上认同队员,但行动上却需要保持理智,不能鼓励队员的破坏性行为。老师的行为就是一种假不从众行为。

(三)从众行为分析

从众产生的原因。一般认为,个体发生从众行为是因为个体在团体中受到了信息影响和规范影响。

(1)信息影响。信息影响是指"从他人那里获取信息,并将这些信息当作现实证据"(Dentsch & Gerad,1955)。人们通常认为,团体其他成员有自己需要的更为准确的信息。因此,那些可以提供信息的人就成了个体相信的人、效仿的人,尤其是那些拥有特殊知识和专门技术的人更是团体成员效仿的对象。团体新成员对信息的影响更加敏感。他们更愿意高度信赖他人的指导,向他人寻求适当的行为模式、学习相应的技巧,以尽快适应团体生活。

此外,人们还认为,多数人的正确率总是比较高。因此,在不确定或模糊的条件下,由于缺乏参照构架,就越发相信多数人,就越从众。

(2)影响从众的因素。Asch及其他心理学家在他们进一步研究的基础上发现,影响人们从众的因素很多,概括起来有团体因素和个体因素两个方面。

第一,团体因素。包括:团体规模、团体一致性、团体凝聚力、团体权威性、团体气氛。

a. 团体的规模。一般说来,团体规模越大,持有一致意见的人越多,从众行为就越多。例如,3个人说某品牌的电视机好,你可能不大在意,但如果1000人甚至更多人都说好,你可能就要考虑购买这个品牌的电视机了。可见,大规模群体有更大的诱发从众行为的作用。

但是,也有不少实验表明,个体的从众行为并不随着团体规模的扩大而加强。例如,Asch多次改变被试人数,从2人到16人,发现2人比1人压力大,3人比2人压力大,4人同3人大致相近。人数增加到4人以上,并不能增加从众行为。于是他认为,产生从众的理想团体人数是3人或4人,再增加也不起作用。

从众行为是随着团体人数增加而增加,还是团体达到一定规模从众行为就不再增加了,目前尚无定论。

b. 团体的一致性。产生从众的另一个重要因素是团体的一致性。Asch的研究发现,团体中若加进一名真被试,从众比率明显下降,真被试的从众比率通常下降75%。

团体内意见不一致导致从众比率迅速下降的原因有三个方面:第一,降低了对多数派的信任程度。团体中出现的不一致的意见,说明了团体的意见是可以怀疑的;第二,当少数派的意见获得了他人支持时,增强了少数派自我判断的信心;第三,减少了少数人偏离焦虑,降低了团体压力的影响,增强了个体独立思考和独立判断的意识。

c. 团体的凝聚力。如果团体凝聚力比较高,各成员目标一致,活动协调,那么团体对个体有较大的吸引力,个体对团体的依恋情绪较大,因而容易出现从众行为。反之,如果团体内部矛盾重重,各自为政,团体对个体缺乏吸引力,团体对个体的心理压力很难形成,因此,从众行为就比较少。

d. 团体的权威性。团体对个体的权威性越高,个体对团体意见的从众倾向越大。

克雷诺的实验表明,如果有一位专家同意团体的意见,即使证据并不充分,也会增加从众倾向。

e.团体的气氛。若团体的成员对坚持己见者不接纳或者公开威胁,而对从众者多加奖赏,那么,个体倾向于从众。

第二,个体因素。①个体的个性特征和性别差异。社会心理学研究表明,个性心理特征中的智力、自尊、需要、情绪等和从众行为密切相关。容易产生从众行为的人在个性上有以下特征:智力低、自尊心低、重视道德和权威、墨守陈规、调控情绪能力差等。关于男女性别不同在从众行为上的差异问题,一般认为女性的从众行为高于男性。②民族差异。不同民族的从众行为也有不同。米尔格拉姆的研究表明,挪威人比法国人易从众。弗拉格尔的研究表明,日本大学生比美国大学生更反对从众。③个体在团体中的地位。团体中地位比较高的人,往往心理品质较好,独立性强。一方面由于身份要求和团体压力,他必须带头服从团体规范,采取从众行为;另一方面他又不能从众,因为其他成员期待着他有创新精神。团体中地位比较低的人往往采取从众行为与团体保持一致。

二、服从行为分析

(一)概述

1.什么是服从。所谓服从是指个体在社会规范、团体压力和他人要求下,不得不改变自己的观点和行为的现象。当一种要求以命令的形式出现时,个体会感到不同程度的压力。为了减缓这种压力,个体会采取服从行为。服从不同于从众,两者之间既有共同点,又有区别。服从和从众都是在社会或团体压力下进行的。对从众行为而言,个体虽然不是按自己的本意去做,却是自愿按其他人的要求去做的,它参照的是社会舆论;而服从是个体不愿意去做,却不得不去做,它执行的是团体的明文规定或权威人物的命令。一般来说,在服从中,一个人仅仅是按命令和规范行为,而并没有经历态度的改变。

2.不服从。服从的反面就是不服从。每个人都有各种各样的服从经历,服从父母、服从老师、服从交通规则等。但团体压力不是万能的,当团体规范和权威影响超越常规、违反道德,或者是不符合个体需要时,个体会表现出不服从。布莱姆的研究表明,增大压力会引起一种反抗性现象,原因是人们倾向于自由行动,一旦这种自由受到威胁便采取反抗行为。不服从在不同场合有不同的表现形式或者表现为不同的层次。①抗拒。表现为客观上拒不执行,并且提出书面或口头抗议,主观上情绪偏激,怀有对抗情绪。这种现象在日常生活中经常可以看到。学校团体中教师和学生之间的冲突,有时是教师提出的要求不被学生接受,学生表示抗拒,例如,某学生因身体原因旷课半天,教师不问青红皂白扣除其学分,学生不服气提出书面和口头抗议,双方关系十分紧张。②消极抵抗。团体中一些成员对团体规定或权威指示虽不愿意执行,但又不敢公开表示反对,只好表面顺着干或口头上拥护,实际上消极怠慢,不执行,仍然按自己想法做事。例如,企业中有些车间主任对企业过分严格的规章制度有意见,但又不能与之对抗,当某人违反规章制度而上级领导又不知道时,他就睁一只眼闭一只眼不去追究。③两面派行为。有些人服从团体规范和权威指示是被迫的,他们在团体其他成员在场、有人监督的情况下,能够维护团体规范、服从权威意志。但在没有监督控制的情况下,会取另外一种做法,不服从权威意志,表现出两面派。例如:有些学生在班主任面前能遵守纪律,而班主任一走,便和同学谈笑风生;有些司机在看到交警时能遵守交通规则,一旦交警下班或不在场,就会闯红灯违规行驶等。

3. 服从的类型。

(1)根据服从行为发生时服从者内心是否发生冲突,可以把服从分为口服心服、口服心不服、口不服心服和口不服心不服四种。口服心服指口头上赞同、思想上认同、行为上服从。口不服心服,指口头上不赞同、思想上认同、行动上服从。这两种情况的服从,都是达到内心层次的服从。服从者对团体规范或权威人物心悦诚服。口服心不服指口头上赞同、思想上不认同、行为上服从。口不服心不服指思想上不认同、口头上不赞同、行动上服从。这两种服从是外显行为层次的服从,它是因为团体压力或权威影响太大,成员无可奈何地暂时服从。但需要指出的是,这几种类型的服从之间是可以相互转化的,它们都可以变为不服从。

(2)按服从对象可以把服从分为对团体规范的服从和对权威的服从两种。①对团体规范的服从。个人服从集体、少数服从多数、下级服从上级,是社会团体中所强调的组织原则,个体以自觉或被迫服从团体规范。美国社会心理学家F·奥尔波特做过驾驶员对交通规则服从情况的调研,他观察了2114车次的汽车驾驶情况。结果是这样的。a:见红灯立即停止的1594人次,约占总体的75.7% ;b:见红灯减速的462人次,约占总体的22%;c:见红灯稍慢停车的47人次,约占总体的2%;d:闯红灯的11人次,约占总体的0.5%。可以看出,绝大多数司机是服从交通规则的。另外,现实生活中也有许多和团体暴力有关的例子,如二战中的纳粹对犹太人的残害这一事实,用米尔格拉姆 Milgram(1974)的话来说,"普通人只是简单地做了他们的工作,并非特别的敌意。然而正是这些人可能成为一个可怕的毁灭过程的参与者"。换句话说,即在团体环境中,个体迫于团体规范的压力,好人有的时候也会做坏事。②对权威的服从。对权威,人们往往是无条件地绝对服从。这种服从可以分为两种,一种是敬佩权威,一种是害怕权威。在一个根据地位等级建构的团体中,服从权威是很正常的,医院、学院就是这样一种组织。霍夫林等人(Holfling etal, 1966)做了这样的实验,被试是22个护士和护校学生,回答的问题是:当一个你不认识的医生让你给病人配明显过大剂量的药品时,你会怎么办?结果他们中的大多数人会说拒绝执行这样的命令。但是,这22人真正面临这样的命令时,除1人外,都毫不怀疑地执行或推迟执行这道命令。霍夫林认为,护士遵守根深蒂固的观念:医生命令是一个绝对的权威。另外,科恩和戴维斯(Cohen:Davis, 1981)通过"耳道痛"案例也证明了这点。一个医生为右耳感染病人开了"耳痛剂",处方上将"滴入右耳"简写成"滴入 R ear",护士顺从地将同等剂量的药剂滴到病人的直肠中。可见,一些时候,服从权威比常识还

第八章 团体心理与行为

重要。

4.服从的意义。个体在社会生活中,总是属于某个团体。任何社会团体都必须有它的规章制度,要求成员共同执行。首先,强调服从可以维护社会秩序,协调人际关系。如果团体成员遵守团体规范,团体就会对他加以肯定;违反了团体规范,就要受到团体的指责和批评。例如:行人走人行道、汽车遇到红灯要停车等交通规则是维持社会交通秩序的必要保证;遵守作息制度、不迟到、不旷课等是维持学校教学秩序的必要保证。其次,强调服从可以促使团体在统一指挥下成为一个有机的整体,提高了团体活动效率,迅速有效地实现团体目标。尤其是在紧急情况下,团体成员更要提高服从意识,接受统一指挥和命令。再次,反对过分强调服从,过分的服从就是盲从,这是丧失个性化的体现。这种类型的团体容易形成专制型团体,尤其是当领导决策失误时,容易走向极端的错误,如"文化大革命"的发生。

(二)有关服从的实验研究

美国心理学家Milgram在1963年研究了人们的服从倾向,这是社会心理学研究中最具影响的研究。

1.实验被试。用登广告的办法招募被试,有40名被试参加。每次实验都付给被试酬金。被试的来源很广泛,有熟练工人、有推销商人、有白领工人,也有专家等,年龄在25至50岁之间。

2.实验过程。Milgram将被试两两配对进行实验。实验时告诉被试,他们将参加一项研究惩罚对学习的影响的实验。真被试(实验的助手)扮演"教师"角色,假被试扮演"学生"角色。真被试的任务是,当"学生"对字词配对出错时对其实施电击,电压范围从15伏到450伏。"学生"每犯一次错,惩罚的电压就增加15伏。实验者将当"学生"的假被试与当"老师"的真被试分别安排在两个房间里,中间隔一堵墙,把"学生"用带子拴在椅子上,向"老师"解释说"防止他逃走",并在学生"手腕上绑上电极",目的是当他犯错时由老师"施以电击惩罚"。在实验开始前,先给真被试15伏到75伏电击,让其感受电击程度,体验"学生"痛苦。实验中"学生"故意犯了许多错误,当电压升到150伏的时候,学生开始呻吟求饶,随着电压的进一步上升,"学生"哭着求"老师"放过自己,"老师"也有迟疑,但每次迟疑的时候,实验者就督促他"继续下去","你别无选择,你必须继续进行"等。

3.实验目的。这个实验的目的:其一,要知道有多少被试能服从实验者的要求,用处罚手段对付学生,并能坚持到最后;其二,观察被试在执行实验者要求时表现出来的紧张、焦虑、痛苦、歇斯底里等情绪,了解他们内心的矛盾和冲突。

4.实验结果。有26个被试占65%的人屈从实验者的压力,一直坚持到最后,但表现出不同程度的紧张和焦虑。其中有一个真被试在实验前从容不迫,但在实验进行到21分钟后,内心的矛盾和冲突越来越大,浑身抽搐,并张口结舌,自言自语"让我停止实验吧",几乎成了一个精神失常者,但还在坚持实验,直到最后。有14名被试占35%作了种种反抗,他们认为用电击处罚一个素不相识的人是很不人道的,他们抵制权威的压力而维持道德和良心。

Milgram 这个实验虽然引起了心理学界的争议,但确实证明了人们服从于权威这个事实。尽管人们会感到某种要求在道德和伦理上无法接受,但他们仍然会选择服从命令。

(三)影响服从的因素

Milgram 认为,对权威的服从是社会生活的必要要求。它可能通过进化,早已成为人类的本能。Milgram 通过改变实验条件,探讨影响服从的因素。

1. 道德水平及人格特征。Milgram 通过柯尔柏格的道德判断问卷发现,道德水平与服从权威呈现负相关,即道德水平越高,越倾向于按自己的独立价值观办事,服从权威的可能性越小。

个体的人格特点也会直接影响到他们的服从行为。Milgram 在 1966 年发现,能够执行实验者命令,对"学生"施加电击的被试,在人格特征上有权威主义倾向。另外,社会心理学家凯洛维奇(S. Yandelovich and. W. Yannkelodich, 1980)的研究表明,从总趋势看,现代青年的服从变低。在所调查的大学生当中有 70% 把"有机会运用自己的头脑"和"有机会参与决策"作为选择工作的首要标准,而不是选择有高薪的工作。

另外,Milgram 在实验中还发现,被试的移情越强烈,越倾向拒绝服从。

2. 情境因素。Milgram 还发现,当"学生"与"老师"不见面时,双方表现的情感较少,服从实验者要求的"教师"较多;当"学生"和"教师"亲密接触时,服从的数量从将近 100% 降到 30%。战争进行时,当指挥要求向远处的一个村庄投炸弹时,极少数士兵会抗拒命令。但是,当指挥要求杀害一个单独村民时,很多士兵无法开枪。可见,当存在情感交流、情境个人化时,人们通常表现出更多的同情和怜悯,而拒绝服从。

3. 监督因素。在 Milgram 实验中,被试之所以服从的一个很重要的因素是研究者的在场并监督。如果被试不在房间,通过电话或他人传达命令时,服从便从 65% 下降到 21%。另外,在这种情况下仍继续实施电击的被试往往用比要求更低的电击来欺骗研究者。

4. 权威人物的特征。权威人物的年龄、职务、知识、威信等特征都影响着服从行为。权威人物的地位越高、知识越丰富、威信越高,电击"学生"的人数就越多。权威人物有无合法权力也是影响服从行为的重要因素。合法权力是社会赋予个体合法的影响力。合法权力者提出的要求,对方有服从的义务。例如:交警要求查看驾驶证时,驾驶员必须出示;教师要求检查作业时,学生必须拿出作业本。

第四节 团体社会心理学在教育和犯罪领域的应用

研究团体社会心理学的目的在于揭示团体社会心理现象的规律和方法,更重要的还在于把这些理论和方法应用于社会生活实践的各个领域和方面,促进社会生活

第八章 团体心理与行为

不断完善和人们的身心不断健康发展。下面,我们介绍团体社会心理学在教育和犯罪领域的应用。

一、团体社会心理学在教育中的应用

1. 团体活动的目标结构影响学生的学习成绩和个性发展。R·T·约翰逊等人研究了团体的目标结构,提出在团体活动中存在合作、竞争、独立三种目标结构,合作目标结构最好,在活动中,人人都有份儿,所以人人都很努力,成绩普遍上升,团体成员间相互友爱,相互支持,成员性格开朗、热情、诚实。竞争目标只能使少数人获得成功,团体成员间相互猜疑,相互拆台,成员性格暴躁、虚伪。独立目标结构要求单独完成团体目标,往往成绩较差,团体成员间互不来往,闭门造车,成员性格孤僻、冷漠。

2. 团体活动目标影响课堂教学效果。根据团体动力原理,课堂是由教师和学生两个元素组成的一个自动发挥功能的团体,西方有许多学者研究课堂中的心理现象,阿朗森、布里奇曼和盖夫纳的研究表明,合作对学生的自尊心、学业和态度都有影响。在合作的课堂里,由于风气好,学生士气高涨,互相支持,因而学习成绩显著提高,过失行为减少。在压制的课堂里,由于气氛紧张,破坏性行为增多,因而学习成绩下降,过失行为增多。

另外,有研究表明,学生对教师的态度与学习兴趣、学习成绩有密切的关系。受学生喜爱的教师所教的课是学生感兴趣的学科,从而影响到学习的主动程度,进而影响学业成绩。

3. 根据团体规范和团体压力理论指导学校班集体建设。集体是团体发展的高级阶段。要想使学生具有集体主义意识,并在德、智、体等多方面全面发展,就必须帮助学生建立良好的班集体。比如,利用团体压力的作用,树立良好的班风、校风,增强班集体凝聚力,防止学生盲目从众,将学生的从众行为引向学习先进榜样。同时,已形成的好的班集体又影响着个体,例如,对班级的归属感给学生以情感上的支持、对班级的认同感给学生以信息上的支持等。

二、团体社会心理学在犯罪领域的应用

(一)与社会心理学有关的几种犯罪原因理论

1. 挫折侵犯理论。这是美国心理学家 J·多拉德和 N·E·米勒提出的理论。认为人在受到挫折后,必定发生攻击行为,发生攻击行为必定有挫折。挫折是指对达到目的的行为动机的干扰或阻碍。人们追求目标的动机越强,受挫折后侵犯的强度越大。这个理论重视犯罪中的心理因素是正确的。但是,忽视了人们的意志对情绪和行为的控制。

2. 标定理论。标定理论是由坦南鲍姆、霍华德、贝尔克提出的一种行为越轨者理论。认为行为越轨者是被"标定者"贴上标签的人。这种"标定者"可以是社会组织或

其他个人。一个人一旦被贴上了标签,就被看做危险人物,而"行为越轨者"自身的自我概念也发生变化,自认为是"越轨者",促使他犯罪。这个理论的优点在于推动人们研究社会团体与越轨者个人之间的相互作用。

3. 社会学习理论。这是以萨莎兰、班杜拉、希杰斯等人为代表的理论,认为犯罪是通过后天学习而获得并保持的。这个理论对犯罪和犯罪心理的研究,集中在犯罪行为的学习机制上。

4. 中和理论。这是由赛克斯等人提出的,认为人们的行为总是受其思想意识支配的,即使犯罪也可能是接受了社会建立起来的规范。犯罪之所以发生,是因为罪犯对于犯罪感的中和,即把犯罪行为合理化,如表现为对罪责推卸、对犯罪后果的否定、对犯罪性质的歪曲和对谴责的反击等。罪犯认为犯罪是合理的,因而促使了犯罪。

5. 随异交往理论。这是社会学家埃德文·萨莎兰提出的,认为犯罪多是在诸如家庭、邻里或同辈团体这些亲密的社会团体中和他人互动之后习得的行为。一个人是否犯罪,首先要看他是否把自己看做越轨者并扮演这一角色。如果只是和越轨者交往而没有和越轨者认同,那么产生越轨行为的可能性不大。

(二)犯罪的社会心理因素

1. 家庭因素。家庭是控制个人行为的主要社会机构。家庭气氛、父母的教养方式等都是影响犯罪行为发生的因素。有研究表明,造成青少年犯罪的原因,大多是家庭因素,例如,残缺家庭、犯罪家庭、精神障碍家庭、道德观念弱的家庭、管教过严或过松的家庭、教养不一的家庭、不和睦的家庭等。

2. 学校因素。研究表明,教育程度和犯罪是有关联的。罪犯多半是受教育程度较低的人,大部分犯罪者都是学习成绩差、逃学率高的人。从培养学生自制和服从方面,学校比家庭更重要。和问题家庭相对应,问题学校也是造成犯罪的一个重要原因,例如师生关系紧张的学校、管理不严的学校、教育方法简单粗暴的学校、歧视学生的学校等。

3. 其他因素。

(1) 非正式团体因素。加入不良的或反社会的非正式团体,往往是青少年犯罪的一个重要原因。

(2) 文化宣传因素。不良的书刊、杂志、电影、电视等大众传播媒介也是引发犯罪的一个因素。

(三)团体社会心理学在改造犯罪中的应用

怎样把团体社会心理学的理论和方法应用于改造犯罪,到目前为止,心理学界研究得尚不够深。这里我们探讨的是如何从社会心理学角度研究犯罪原因:

1. 犯罪者的不良人际交往及其反社会态度。交往包含着从众、服从、暗受、受暗示等社会心理机制,对人的社会态度、价值观念的形成起着潜移默化的作用。所以不良的交往是导致犯罪,特别是青少年犯罪的主要原因。不良人际交往会使个体产生反社会态度。社会团体心理学研究在不良交往中,一个人是怎样通过"顺从—同化—服从(从众)"的过程形成反社会态度的。

2.犯罪团伙中的顺从行为及团伙内部的人际关系。团体犯罪的危害比个人犯罪更大。团体社会心理学研究在什么情况下团体对个人行为发生作用;研究犯罪者如何对不良团伙产生归属感、认同感;研究团体的心理效应,为什么伙同作案比单独作案更凶残;研究团体其他成员示范,责任推诿在犯罪者身上会有什么体现;研究犯罪团体的头目是怎样形成,及如何发挥作用的;研究团伙内部成员是怎样抱成一团的;研究犯罪团伙内部有哪些规范等。

思 考 题

1. 什么是团体?团体的特征有哪些?
2. 团体的功能有哪些?
3. 什么是团体领导者的行为?
4. 什么是从众与服从?

第九章 团体凝聚力

本章要点

☆团体凝聚力及其性质
☆影响团体凝聚力的因素
☆团体凝聚力与团体工作效率

第九章 团体凝聚力

第一节 凝聚力的性质

1.团体凝聚力的概念。团体凝聚力是指使成员在团体内团结一致、积极活动和拒绝离开团体的吸引力,这是一种向心力。对于正式团体而言,一个良好的团体肯定是凝聚力很强的群体,凝聚力促使成员对团体忠诚并严格遵守群体规范。这表现在两个方面:一个方面是团体成员对团体成员所感受到的吸引力,从而自愿参与团体活动;另一方面是团体对其成员所具有的魅力度,从而把团体成员积极地组织到团体活动中去。这就是说,团体凝聚力既是表现团体力量的概念,又是表现个人的心理反应的概念。

一般来说,凝聚力高的群体,工作效率和生产效率较高,生产任务完成得较好。不过,还要看群体目标和组织目标一致的程度。当群体目标与组织目标一致性很高时,凝聚力高则生产效率高,这时,即使凝聚力低,也能提高生产率;当群体目标与组织目标不一致时,凝聚力高,则生产效率将下降,凝聚力低则凝聚力与生产率的关系不明显,即不产生影响。

2.团体凝聚力的分析。团体凝聚力的定义主要有两类:一是指团体对成员的吸引力,费斯汀格据此将"凝聚力"定义为:所有使成员留在群体内的力量的总和。二是指群体成员彼此间的吸引力。罗特将"凝聚力"定义为:一种群体属性,可以由群体成员之间积极态度的数量和强度引申出来。

数学家告诉人们,1+1=2是常识,然而对于群体理论而言,1+1可以大于2,也可以小于2或等于2。究竟等于多少,要看团体是如何组织和活动的。中国有句谚语:"一个和尚挑水吃,两个和尚抬水吃,三个和尚没水吃。"如果水以桶计,则它们是2∶1∶0。我们也可以用例子来说明团体比个体更有作用。例如,1885年美国芝加哥组织驴队拉重竞赛。当时,第一名驴队能拉9000磅,第二名稍次于这一重量,但把这两个驴队合在一起却能拉30000磅。又如,氯和钠单独存在时都是有毒的元素,然而一旦化合成为氯化钠,就变成了人类使用的食盐。

单独一个人的行为往往不同于处在团体中的行为,这是因为团体中的个人受到了团体内一种特殊的"力"的作用,这种特殊的力可以称为"团体动力",其构成的力量之一就是团体凝聚力。

3.团体凝聚力的属性。

(1)团体凝聚力所具有的两重性。团体凝聚力的两重性是由团体活动本身的特点决定的,团体活动一方面是团体性的活动,另一方面又是由个人参与的。从其团体性看,团体活动有团体成员共有的目标和实现目标的手段和步骤。团体成员对共同目标和步骤、手段的感受越深,越积极参与团体活动;从团体活动的个人性来看,团体活动是由个人具体承担任务而实现的,团体活动依赖于个人。因此,团体活动必须建立在对个人目标需求满足的基础之上,团体对成员越有魅力,团体成员越愿意参与团体活动。

(2)团体凝聚力强弱还和人们的能动作用分不开。就是说,人们对已有能量的发挥程度也影响团体凝聚力。从团体水平上看,团体如何发挥团体功能、如何把团体面貌表现得好,对所属成员的影响很大,如同一个人,虽有能量、有潜力,却表现不出来,就会影响他的人际魅力一样。团体的表现能力如何也影响团体凝聚力,从个人水平上看,团体凝聚力还取决于团体成员对团体魅力的感受性,心理感受能力低、素质差、成员结构不合理,也影响团体凝聚力。

总之,团体凝聚力是团体素质、团体水平和团体成员素质、成员水平的综合性表现。团体有没有凝聚力、凝聚力大或小,都直接影响团体效果。

第二节　凝聚力的维持

具有高凝聚力的团体必然使成员将更多的时间、精力放在团体的活动上,对团体取得的成功会感到高兴,对团体所遭遇到的失败会觉得沮丧。他们与团体同舟共济,同甘共苦。而缺乏凝聚力的团体,其成员对团体的活动漠不关心。只要团体的目标和组织的目标是一致的,就应该尽量维持这种凝聚力。影响凝聚力的因素很多,主要有团体规模、外在环境、同质性、孤立和成员之间的依赖性。

1. 规模。如果其他条件相同的话,较小规模的团体与较大规模的团体相比,前者更容易形成较高程度的凝聚力。正如我们在前面已讲过的,其原因是在较小规模的团体中,成员间的交往变得十分容易,使得成员积极参与的水平大大提高。当规模增大超过一定范围后,成员间的交往会逐渐局限于小派别或利益团体内,并且,团体活动的实际参加人数,同理应参加活动的团体成员的数量,会变得不成比例。

2. 外界环境。

(1)外界对团体的威胁和竞争。外界对团体具有威胁,或与其他团体的竞争会增强团体的凝聚力。当团体与其他团体进行竞争或发生冲突时,通常,成员对自己团体的忠诚和向心力增强了,对团体目标的承诺程度也增强了。这种忠诚、向心力、承诺的增强,意味着凝聚力的增强。

(2)孤立。当一个团体脱离了其他团体,在地理环境上处于孤立状况,那么,团体凝聚力就会得到加强。出现这一现象,可能有两种原因:一是与外界人们交往的消耗受到限制,所以几乎所有的沟通活动都指向内部。一般而言,这种指向内部的交往的增强,能使团体较容易地建立起一种稳定的、成员都赞成的活动规则。二是由于地理环境上的孤立,使区分团体外在者和团体内在者这样一种心理意识得到了增强。

3. 同质性。按照人际吸引理论,团体成员在某些心理维度上具有相似性会有助

第九章 团体凝聚力

于凝聚力。当然,并非所有类似性的维度都同等重要。一般认为,价值观的类似性是其中最关键的因素,例如,民族成员间有更多的价值观上的类似性。具有共同的价值观、意识形态和世界观会促进在团体的行为标准以及在团体活动目的上达成一致意见。然而,我们也看到,在性别、年龄或教育程度上的类似性并不一定是凝聚力的关键因素。

4. 成员依赖模式。当成员为了达到某些重要的结果而互相依赖时,团体很有可能具有较高的凝聚力。换言之,当每个成员为了达到某些重要的结果而有赖于其他成员的贡献时,以及当成员间的结果互相关联时,就形成一种把成员间的纽带系紧的凝聚力。研究认为,团体成员的工作行为间的关系模式一般有以下几种:

(1)独立性。当每个成员只是就他个人的努力或生产率而获得奖励,并且当这些努力并不明显地依赖于其他成员时,产生了独立性。这种特征在极大多数学校(特别是大学)中是常见的。推销员的职业也常常具有这种特征。独立性既不能促进团体内的凝聚力,也不能削弱它。

(2)反向依赖性。反向依赖性发生在这样的团体中,任何成员为达到他个人的目标所作的努力都会干扰或阻碍其他成员的努力。在团体竞争性的奖励制度中,个人因为比其他人十得出色从而得到奖励,产生了反向依赖性。同样,当成员为了做好各自的工作,而彼此又依赖于固定的稀缺资源,也产生了反向依赖性。其中一个成员利用固定数量的稀缺资源越多,那么其他成员要完成同样的任务就会变得越困难。

(3)顺序依赖性。它发生在这样的情景中,即每一团体成员依赖于工作流程中前面的其他成员的努力,但他的努力对前面的成员工作没有影响。这种形式典型地发生在流水线作业中。每一工人"继承"了另一工人所传递下来的作业,然后完成新的操作,再继续把工作交到下一个工人手里。在这里,对于凝聚力的消极影响是,通过在任务链条上制造一些麻烦,可能引起各种各样的代替性侵犯。一位操作者接受了由上一工序的操作者粗制滥造传下来的任务(如半成品),就很难把它做好,也无法防止这种现象。在顺序依赖状况下,一位操作者为了发泄他受到的挫折,在工作任务上尽是错误,并把它传递给下一个操作者,当然,这下一个操作者也面临同样的问题,也可能以同样的方式作出反应。每一个操作者都成了替罪羊。如果操作者都是这样报复性地互相依赖的话,就难以用一些检测和平衡制度加以纠正。

(4)交互依赖性。它是建立在顺序性依赖基础上的,除了成员之间所完成的任务是循环式的。顺序依赖性中的问题,同样会出现在交互依赖性形式中。但是,鼓励成员完成高质量的任务,强调获得对于整个团体有价值的结果,设立恰当的奖励制度和管理技术,为这类交互依赖性所创造的有利条件越多,则对这类行为的社会强化越厉害,越有可能增强凝聚力。

(5)汇合依赖性。这发生在当每个成员的工作大部分独立于其他成员,但是由于成员整体努力而获得的奖励,于每一单个成员有着正向关系。例如,在保龄球的集体比赛中,每一个成员所做的贡献与其他成员是独立的,个体所获成绩并不受到其他成员成功或失败的直接影响。但是,每个成员的成绩对于团体的总成绩做出了贡献。

每个成员完成得越好,该团体越有可能在比赛中赢得胜利。就像交互依赖性一样,汇合依赖性一般能增强团体凝聚力。

以上五种成员依赖模式中,一方面要注意合理满足成员需要。一般地说,团体对成员的合理需要的满足度越高,成员的凝聚力便越高;反之,则削弱。社会主义的分配原则是按劳分配。因此,同工同酬、多劳多得最能保持较高的凝聚力。另一方面,有效利用团体内部的科学奖励方式。对模范遵守团体规范或做出成绩的成员给予合理的奖励,会增强凝聚力。个人奖励和集体奖励相结合,亦有利于增强团体凝聚力。

5. 领导方式。团体的领导方式对团体的凝聚力有着不同的作用。例如,心理学家勒温等人在1939年的经典实验中,比较了"民主"、"专制"、"自由放任"这三种领导方式之下各实验小组的效力和团体气氛。结果表明,在"民主"型的领导方式下的团体要比其他两个组的团体更具有凝聚力,成员之间有更多的友好交往,思想更为活跃,成员之间互相友爱的程度也更高一些。

6. 成功。团体在达到它的重要目标方面是否取得了成功,同样会影响团体的凝聚力。成功地达到目标的团体,要比在达到目标方面连续失败的团体更具有凝聚力。在达到重要目标方面遭到失败时,不仅使团体成员重新评价团体的价值,而且在团体成员中会对有关策略是否有效和是否恰当产生意见分歧,这种意见分歧反过来破坏了团体的团结,使之分裂,减弱了整体的凝聚力。

第三节 凝聚力在团体工作中的作用

团体凝聚力使成员保持一种亲近和融洽的状态,使团体趋于巩固和稳定。它的内涵包括:团体中个人间的吸引、团体活动对成员的吸引、团体目标和课题解决对成员的吸引、团体领导人对成员的吸引等。这些吸引的实质是团体能够为其成员提供机会,最大限度地从精神和物质两个方面满足所属成员的需要。

团体凝聚力反映了团体中的人际关系。我们常常看到,在现实生活中,有的团体内部由于关系紧张,意见分歧,矛盾重重,不能较好地进行团体活动;有的则意见比较一致,关系融洽,相互支持和配合,能够很好地完成团体任务;还有的团体成员有强烈的责任感,自觉维护团体利益,以作为团体的一员而自豪,使团体表现出很高的整合性。这几种团体的凝聚力显然有高有低。不难看出,团体凝聚力是随成员关系亲疏程度变化而变化的。成员的亲疏程度受到各种因素的影响,是变化的,所以团体凝聚力也是可以变化的。

常人总认为凝聚力越高,工作效率亦越高,其实这种看法并不全面。团体凝聚力与团体工作效率的关系,并不总是呈正向关系状态。

凝聚力与工作效率的关系,受到团体规范的影响。如果团体有着较高的凝聚力,并且其规范也要求有高水平的的工作效率,则团体会有较高的生产率。相反,如果团

第九章 团体凝聚力

体具有较高的凝聚力,而其规范要求较低水平的工作效率,则团体只会产生较低的生产率。一般来说,团体凝聚力并不直接影响团体的工作效率,而是扩大了团体中占优势的关于生产率的规范的效应。

团体凝聚力不仅与团体规范交互作用,而且和任务特征也有联系,这种联系影响了团体的工作效率。举个例子来说,一些被称之为"团队性体育运动"主要的任务是可分工的任务,也就是说,其任务是需要团队成员之间的分工合作,如足球队。这样,我们可以看到,团体凝聚力与成功的团体工作效率有着正向关系。不管是足球也好、排球也好,任何要求团队成员之间的协调活动,都表现出团体凝聚力与工作效率的这种正向关系。和谐的人际关系,促进了有效的团队活动,而成功的团队活动,反过来增进了成员之间的友谊。

但其他体育活动有时涉及的是相加任务,例如网球运动,举行全国大学网球单打的联赛,其积分是单个运动员成绩之和。对从事这些运动的团体进行研究表明,团体凝聚力与成功的工作效率没有上述正向关系,有时还呈现出负的关系。在成员之间用不着很多协调的的情况下,拥有越多成绩优异的成员的团队,往往会取胜。对于完成这类任务,尽管可能存在着成员之间彼此不喜欢的情况,但成员的相互竞争有时会激励他们竭尽全力,发挥出最佳水平。这样,在涉及到相加任务的体育运动中,成员之间的和谐与团队工作效率并不必然有着正向关系。有时,我们甚至可以看到这种情况,即成员间低水平的和谐(高水平的竞争)的团队,实际上会在与其他团队对抗中取得更大的胜利。

思 考 题

1. 影响团体凝聚力的因素有哪些?
2. 结合实际谈谈怎样提高团体的凝聚力?
3. 试述团体凝聚力与工作效率的关系。

第十章 社会压力

本章要点

☆生活事件与社会性压力的关系
☆社会压力与心身障碍的关系
☆压力的应对方式与个体的综合素质如何相互关联

第十章 社会压力

第一节 压力的概述

一、压力(stress)的概念

"压力"一词已经成为人们的日常用语,广泛用于许多场合。心理卫生提到的"压力"概念,主要是指生活中各种困难的事件对人所引起的精神压力,同时伴随各种身心反应。换句话说,我们可以把"压力"定义为:当人们察觉到对他们的要求超过(或有超过的危险)他们能对付的能力,因此威胁到他们的健康时所产生的一种状态。

在当代的科学文献中,"压力"这个概念至少有三种不同的意义。

其一,压力指那些使人感到紧张的事件或环境刺激。从这个意义上来讲,压力对人是外部的。

其二,压力指的是一种主观反映。从这个意义上讲,压力是紧张或唤醒的一种内部心理状态,它是人体内部出现的解释性的、情感性的、防御性的应对过程。这些应对过程是发展的,会提高并趋向成熟,它们也能产生心理紧张,所产生的特殊后果依赖于某些因素。

其三,压力也可能是人体对需要或伤害侵入的一种生理反应。需要会提高人体的自然唤醒水平以达到高水平的活动。这些身体反应的作用大概支持行为和心理上的应对努力。长期的压力状态可能会引发消极状态,包括心理衰竭、疾病和死亡。

面临身心压力而深受困扰的现代人,遭遇的问题多半来自工作上的竞争、家庭成员的精神负担、升学课业的繁重、日常生活快节奏的紧张感、情绪上错综复杂的负荷等。

总之,不论年老年少,现代人或多或少总难免有这种生活方面的紧张情绪。事实上,这些心理压迫和精神紧张是伴随现代文明而产生的一种自然形态,看似正常,却也是病态。日积月累,常容易造成人生旅途上一种阻碍,或使生活机能失衡。

近年来,工商业迅速发展导致抑郁症增多。WHO报告全世界患抑郁症者约1.2亿人左右。有人把抑郁症称为"精神科的感冒"。抑郁症的产生与压力关系密切。

压力容易引起很多显著的表现——紧张性头痛、偏头痛、高血压、冷汗、胃痛、情绪不稳定、不安全感、紧张、失眠、焦虑等。大多数患者过度依靠药物或酒精,以暂时性地消除此类现象。

要解决现代人类压力感的产生问题,仅从躯体上着手是不够的。因为压力感可以是躯体上也可以是精神上的不适感或疾病,两者关系密切,不可分割。

二、引起压力的原因

引起压力的原因(又称为"应激原"stressors)是对引起机体产生应激反应的所有刺激物的泛指。可概括为生理性、心理性和社会性三大类型。

1. 生理性应激原。生理性应激原又称"躯体性应激原",指对人的肉体直接产生损害作用的刺激物,包括各种理化和生物学刺激物。如高温或低温、强烈的噪音、电击、损伤、微生物和疾病等。近年来许多研究表明,生理性应激源可引起心理反应。

2. 心理性应激原。心理性应激原包括人际关系的冲突、个体的强烈需求或过高期望、能力不足,以及在满足需要和愿望过程中所遭受的挫折等。在现代生活中,心理性应激原的作用显得越来越重要。这是因为,生活是由一系列机遇组成的,人的生活是否丰富多彩以及质量如何,取决于能否把握和利用好众多的机会。但在很多情况下,人们面临的机会或选择不止一个,我们几乎每天都面临很多选择。心理性应激原的产生往往发生于难以作出选择的情境,从而形成心理压力。这种压力往往会增加个体适应环境的变化,对生活和工作也产生影响。如果这种压力长期得不到解决,对个体的危害是非常大的。很多接受心理咨询与心理治疗的个体就是由于不能很好地处理这种压力而影响到心理健康的。大量临床研究也表明,一个人如果长期不能表达自己的愤怒和攻击情绪,就会对他的躯体和心理健康产生消极的影响。

3. 社会性应激原。目前,在心理应激研究中,应激原往往以生活事件作为研究中心。生活事件(Life events)是指人们在正常生活中经常面临的各种问题,它是造成心理应激并可能进而损害个体健康的主要应激原。因此,这里探讨社会性应激原主要集中在生活事件这个方面。生活事件泛指那些造成人的生活风格上的变化的事件。另外,在人类心理免疫研究中发现,不同应激原所引起的免疫反应不同,因此对应激源有数量、时间、性质之分,这里着重讨论社会维度方面的应激原。

(1)生活事件的内容。第一,工作环境和工作变化:许多现代化的工作环境或工作本身就具有极强的紧张性和刺激性,置身其中使人产生不同程度的应激。如长期从事高温、低温、噪音、矿井下等环境条件比较恶劣的工作;需要注意力高度集中和消耗大量脑力的高科技、现代化工作;长期远离人群(远洋、高山、高空、沙漠)或高度消耗体力及威胁生命安全,或经常改变生活节律而无章可循的工作,或长期从事单调重复的流水线工作,或职业要求超出本人愿望和实际能力限度的工作,都可成为心理应激的来源。第二,恋爱、婚姻和家庭生活变化:失恋,夫妻关系不和,两地分居,性功能低下,有外遇被发现,情感破裂,离婚,爱人或本人患病,配偶死亡,伤残,分娩,手术,子女管教困难,住房拥挤,经济拮据,家有老人、残疾人或瘫痪的病人需要长期照顾,家庭不和睦、关系长期紧张等,都可以成为长期慢性的应激原。第三,社会和生活环境事件:自然和社会环境的巨大或突然的变化,包括各种自然灾害,战争和动乱,社会政治经济制度变革,工业化、现代化和都市化所带来各种环境的污染,交通住房拥挤,人口过度集中,失业,生活快节奏,知识更新,竞争加剧,物欲横流与购买力不足,吸毒、酗酒、卖淫、嫖娼、赌博、偷盗、抢劫等犯罪行为带来的严重后果,都会成为应激原。

(2) 生活事件的性质。它以当事人的体验作为判断的依据,分为正性生活事件和负性生活事件等。

三、压力两重性

压力一直以来都有着负面的形象,这是受传媒潜移默化的影响。压力是和焦虑、白发、不快,以及多种疾病和早死联系在一起的。为了试图逃避这些不良后果,很多人吸烟、喝酒、吃药、嚼巧克力、听音乐、运动、看电视、沉思或祈祷。从公共关系的角度来说,压力是一个灾害领域。然而我们至少可以说,压力的这一纯粹的负面形象是片面的。

除去偏见而更加冷静地看待科学证据就会发现,压力并不都是坏的。相对较轻缓、简短的可控制压力,能够有激励性并令人高兴。我们称这种压力为"良性压力",即最佳水平的可控制压力能使人们更加健康和快乐。

压力为何能变成动力?脑科学研究表明,从人的大脑潜力看,大脑平时由于缺乏刺激,约有80%的脑细胞处于休息中,未发挥应有的功能。从体力的潜力看,一个人在紧张兴奋和激动时,使人"急中生智"能迸发出比平时大3倍以上的力量。从这一意义来说,无论是一个人还是一项事业,都应该有一点压力。如果害怕压力,否定精神压力,就会见难而退,临雷池而不敢逾越一步,无法发挥潜力而有所作为,不利于发挥人的能力。压力可以鞭策我们战胜惰性,奋勇向前。

压力可以变成动力,并非意味着压力愈大,动力就愈大。过大过重的压力会给心身带来不良后果,最终导致种种失败。

因此,压力有两重性,人应该有压力,但是不能过重过大,不能人为地乱加压力。人们只有在适当的压力下才能保持身心健康,爆发出无穷的创造力。

第二节 压力的反应

压力与健康有着密切的关系,在过度压力的状态下,躯体会发生生理、心理、行为等方面的变化。

一、生理反应

压力的生理反应主要表现为血压升高,呼吸变粗加快,甚至毛发竖立。在压力状态下,有大脑皮质,特别是前额区、边缘系统及下丘脑的积极参与。各种心理刺激物作用于人的感官引起神经冲动,通过脑干的感觉通路传递到丘脑和网状结构,而后继续传递到涉及生理功能调节的植物神经和内分泌的下丘脑,以及涉及心理活动的前额认知脑区和边缘系统情绪脑区。这些脑区之间有广泛的神经联系,以实现活动的整合;另一方面通过神经体液途径,调节脑下垂体和其他分泌腺体的活动,以协调机体对压力的反应。

二、心理反应

一个人在应激时产生什么样的心理反应以及强度如何,要受到许多因素的影响,差别很大。这里介绍几种常见的心理反应。

1. 焦虑(anxiety)。焦虑在应激反应中最常出现,主要指状态焦虑(state anxiety)。人在考试前、接受医生检查前或等待一次重要的会见等等,常有这种体验。这是人们对即将来临的、预期会出现不良后果的事物所表现出的复杂情绪状态,其中包含有恐惧和担心。焦虑反应可以产生积极的和消极的两方面影响。由于有这种反应,人们会努力避开引起焦虑的不利情况,积极参加能减轻焦虑的活动,因此这是一种保护性反应。但如果焦虑过度或者不适当,甚至无明显原因也焦虑,这就成为有害的心理反应。

2. 恐惧(fear)。恐惧是一种预期将要受到伤害或威胁生命的情绪反应,极不愉快,同时交感神经兴奋,肾上腺髓质分泌增加,全身动员,往往能感受到自己的危险处境,但是没有战胜的能力和信心,因此,只有回避或逃跑。过强的或持久的恐惧,会对人产生严重不利的影响。

3. 抑郁(depression)。抑郁是指情绪低落、丧失愉快感、悲观、缺乏兴趣、自我评价降低、睡眠与饮食障碍、自觉不适等,常由于亲人丧亡、失恋、失学、失业、遭受重大挫折或长期病痛等原因引起。抑郁也常与人的素质有关,中年以后容易发生,也比较持久,尤其是中年以后不得志,抑郁就可能发生。抑郁有时还能导致自杀,故对有这种情绪的人应深入了解有无消极厌世观念,并采取适当措施加以预防。

4. 愤怒(anger)。愤怒是由于有目的的活动受到阻碍,自尊心受到打击,为排除阻碍或恢复自尊,从而常常出现的一种激烈的情绪状态。愤怒时交感神经兴奋,肾上腺分泌增加,因而心跳加快、血液重新分布、支气管扩张、肝糖原分解,并多伴随攻击性行为。

此外,在压力情况下,个体的认知能力甚至自我意识也可相应发生某些改变,例如判断力下降、注意力不集中、社会适应下降,以及自信心下降等。

三、行为反应

伴随压力的心理反应,个体在外显行为上也可发生某些变化。这是机体为缓冲压力对个体自身的影响、摆脱心身紧张状态而采取的应对行为策略,以适应环境的需要。

1. 依赖(dependence)与退化(regression)。依赖是当人们受到挫折或遭遇应激时,放弃成年人应对方式而使用幼儿时期的方式应付环境变化或满足自己的欲望的行为。退化行为主要是为了获得别人的同情支持和照顾,以减轻心理上的压力和痛苦。有了退化行为,必然会产生依赖心理和行为,事事处处依靠别人的关心、照顾,而不去努力完成本应自己去做的事情。

2. 逃避(escape)与回避(avoidance)。逃避与回避都是为了远离压力的行为。逃避是指已经接触到应激原之后而采取的远离行为。回避是指事先已知应激原将要出现,在未接触应激原之前就采取行动远离的行为。两者的目的都是为了摆脱情绪应激,排除自我烦恼。

3. 敌对(hostilify)与攻击(attacr)。敌对与攻击共同的心理基础是愤怒。敌对是内心有攻击的欲望但表现出来的是不友好,谩骂、憎恨或羞辱别人。攻击是在某些压力刺激下,个体以攻击方式做出反应,攻击对象可以是人或物,可以针对别人,也可以针对自己。

4. 失助(helplessness)与自怜(self—pity)。失助是一种无能为力、无所适从、听天由命、被动挨打的行为状态,通常是在经过反复应对不能奏效,对压力情绪无法控制时产生的,其心理基础包含了一定的抑郁成分。失助使人不能主动摆脱不利的情境,从而对个体造成伤害性影响,故必须加以引导和矫正。自怜即自己可怜自己,对自己怜悯惋惜,其心理基础包含对自身的焦虑与愤怒等成分。自怜多见于独居、对外界环境缺乏兴趣者,当他们遭遇压力时常独自哀叹,缺乏安全感和自尊心。倾听他们的申诉并提供适当的社会支持,可改善其自怜行为。

5. 其他转换行为。某些人在心理冲突或心理压力的情况下可以用多种方式来缓解心理压力,如过度消费,大量饮酒、吸烟,或超量服用某些药物等。他们的这种行为已成为应激行为的反应方式,由此达到转移心理压力或暂时麻痹自己,以期摆脱自我烦恼和困境的目的。

第三节 压力与生活事件

近年来很多学者把对健康起不良刺激作用的一切社会因素称为"社会刺激"或"社会应激"(social stress)。目前广泛使用"生活事件"(life events)这一专门名词。

人类不仅需要空气、阳光和适宜的温度,而且需要和睦的社会环境、优化的家庭结构、融洽的人际关系等。人与社会,如同人与自然一样,也以物质、能量和信息三种形式进行交流。任何形式的交流都存在量和质以及方式的问题。量的不足或过度、方式的不适宜等,都会造成人与社会、主观与客观的不适应,从而产生种种心身危害,构成致病因素。

一、生活事件对人的影响

现代心身医学理论认为,大脑机能的实现是以信号活动形式进行的。各种有意识或无意识的心理活动,构成一整套完善的整合调节系统,使机体内、外环境发生联系并保持平衡、协调和稳定。人的信号活动的加工过程是对外界环境、身体内部和信号本身的综合处理,并做出适当反应的过程。必须指出,人的社会情境和生活事件具有最大的信息量,是人体最重要的信息源泉,因此,社会环境因素具有重要的损害健康的作用。

非正义战争和突如其来的天灾人祸是人类面临的最严重的生活事件,对人类具有重大的精神刺激和心理压力作用。德国心理学家对柏林 55 家医院的新生儿作回顾性调查,发现在 1927~1933 年希特勒上台前的 7 年间,新生儿畸胎率仅占 1.25%;希特勒上台后的 7 年间,上升到 2.38%;第二次世界大战后,战败的德国政治压力严重、经济贫困、人民遭受巨大的心身打击,畸胎率上升到 6.5%,与战前相比,高出 5 倍之多。这充分证明,不良的社会生活事件可以造成孕妇心理负荷和高畸胎率。另外,不良的政治、经济、社会制度对人类健康亦有重大的心身损害。美国黑人高血压病者至少为白人的 2 倍。这与黑人失业率多、生活缺乏保障和精神压力有关。

不良的社会环境因素对人的影响,还表现在现代城市生活使人们产生不适应的种种弊病。现代化城市的拥挤、交通繁忙和车祸频起、噪音、紧张复杂的人际关系等不良的社会刺激因素,反复作用于人体,从而产生多种心身障碍。此外,还有环境污染、生态失衡、职业性伤害事故的发生等,使社会因素的损害健康的作用变得非常突出。

职业因素也可以成为一种社会刺激因素。有调查资料表明,从事脑力劳动、司机、银行职员、行政领导干部等人群的高血压病和冠心病的发病率很高,这是因为他们经常处于情绪紧张的压力状态。从事高负荷的脑力劳动者,如果缺乏体育锻炼,其心身健康程度则更差。

二、生活事件量表

压力或不良心理社会因素,对人类心理刺激的强度和影响,过去很难用科学方法精确地测量。20 世纪 60 年代,美国学者 Holmes 首次提出采用"社会再适应评定量表"进行研究。他通过 5000 名不同年龄、文化、职业的受试者在半年内发生的生活事件,作定量分析。提出 43 个生活事件的不同刺激程度比值表,以配偶丧亡为最高分 100 分,无心理刺激定为 0 分。观察试验证实,如果一个人一年内遭受各种生活事件刺激累积计分超过 300 分,将有 80% 的人可能在近期发生心身健康问题。并且这类人容易在生产或运动中受伤,发生妊娠与分娩的并发症危险性上升,心肌梗塞或心脏病发作的几率升高。说明高度心理压力状态对健康的危害性。

社会再适应评定量表(SRRS)

等级	生活事件	LCU	等级	生活事件	LCU
1	配偶死亡	100	22	职别改变	29
2	离婚	73	23	子女离家	29
3	夫妇分居	65	24	姻亲纠纷	29
4	坐牢	63	25	个人取得显著成就	28
5	亲密家庭成员丧亡	63	26	配偶参加或停止工作	26
6	个人受伤或患病	53	27	入学和毕业	26
7	结婚	50	28	生活条件变化	25
8	被解雇	47	29	个人习惯改变	24
9	复婚	45	30	与上级矛盾	23
10	退休	45	31	工作时间或条件的变化	20
11	家庭成员健康的变化	44	32	迁居	20
12	妊娠	40	33	转学	20
13	性功能障碍	39	34	消遣娱乐的变化	19
14	增加新的家庭成员（如出生、过继、老人迁入）	39	35	宗教活动的变化	19
15	调换工作岗位	39	36	社会活动变化	18
16	经济状态的变化（比通常更好或更坏）	38	37	少量负债	17
17	好友丧亡	37	38	睡眠习惯改变	16
18	改行（工作）	36	39	生活在一起的家庭人数变化	16
19	夫妻多次吵架	35	40	饮食习惯改变	15
20	中等负债（如买房或贸易）	31	41	休假	13
21	取消赎回抵押品	30	42	圣诞节	12
			43	微小违法行为（如违章穿过马路）	11

第四节 压力的应对策略

一、社会支持概述

社会支持结构是指一个人通过社会关系和社会组织获得他人在精神上的帮助与支持,从而增强自我心理防卫功能,消除或减轻应激所带来的精神紧张状态。

人类一生中有益于心理健康的五大社会支持结构的支柱是家庭、朋友、社会、事业和娱乐。因此,并非指某一个人和一种社会单元,而是庞大的社会关系、社会组织和网络,故而又称为"社会支持网"、"社会支持系统"。

精神上的帮助和支持,指个人在社会关系和组织中,社会其他人员的尊重、理解、同情、安慰等精神支持功能和本人的良好的心理体验,藉此减轻和消除压力所带来的精神紧张和身心失调。

（一）社会支持结构的机制

人类的社会性是重要的心理特征。人不能脱离社会群体,离群独处。人际关系是主客观和谐和良好的社会适应性的标志。社会信息和来自社会的应激源是最大的病因学要素。同样,各种社会关系和社会组织的支持结构具有对重要的心理矛盾冲突的缓冲作用。

研究表明,人际关系中相互支持所产生的社会支持的最大来源是配偶、父母亲和家庭其他成员。其次是朋友,尤其是知心朋友的安抚、理解和同情。工作单位、学校同学、教师和上级领导作为事业形成的社会支持结构,亦起重要作用。社会结构还有各种社会团体、公益机构、宗教团体、政治组织等社会组织。在人类的心理保健中可以有效地减少孤独、空虚的心理体验。另外,培养一个人多方面的兴趣、文娱体育爱好,对丰富精神生活、扩大社会信息交流、培养良性情绪等都有积极心理意义,亦是一种有益的社会支持力量。

社会支持也有健康暗示作用。当父母和全体人员能提供一个温暖的支持环境时,儿童住院治疗时感到的压力较小。有人对10000名心绞痛患者的深入研究,说明了婚姻关系中支持的重要性。有一个令人满意的相爱关系的人明显不容易出现心绞痛症状。当家庭作为敏感的社会支持系统有目的地起作用时,许多外部压力会被减小。

Selye(1976年)在《应激研究40年》专文中,曾作出以下启示性的论述:"要像爱护自己一样地爱护邻居朋友,这样才有助于保持机体平衡,抵御刺激因素,在人际交流中获得满足。"

（二）社会支持的内容和形式

1. 相互依赖。通过结婚,建立夫妻之间亲密友好的关系,相互依存,缺乏它会感到孤独。

2. 社会整合。得到社会关心,在工作中相互联系,交流经验。缺乏时会感到生活枯燥,甚至精神痛苦。

3. 抚育机会。有无小孩,对成年人具有责任性意义。有小孩会产生生活乐趣,否则,会产生无望之感。

4. 信任和安全。指个人社会地位坚固及其在家庭成员、同事、朋友心目中的地位,缺乏时则有无能之感。

5. 可靠的结盟。个体与亲属联系,如与家庭成员长期脱离联系,就有被分离、被限制之感。

6. 获得指引。指生活事件引起精神压力时,社会支持特别重要,集团提供支持、帮助与指导,这对顺利度过心理压力期、防止精神损害是十分重要的。

二、适应

人类永远不可能生活在真空之中。生活在现实社会的每一个人,都必须面对变化无穷的自然环境和纷繁复杂的社会。因此,人类应付不断出现的压力的最佳方法就是适应。

(一)适应的定义

适应是指个体对环境的协调一致。进一步讲,适应是指人类生活在现实世界中,个体必须与客观环境(自然、社会和人际关系等)进行交流,双向联系,并根据客观环境的变化,不断地调整自己的心理行为和身心功能,从而达到保持协调一致的和谐状态。

良好的适应性是心理健康的首要标准,亦是保持最佳身心功能状态、最大限度发挥心理潜力和优势、出色地完成各项社会职能、为社会做出积极贡献的重要基础。

当前,社会生活和心理健康问题中,存在一对既矛盾又统一的基本社会矛盾,即压力与适应关系问题。如果压力是矛,是致病因素和致病性;则适应是盾,是防护因素和防病性。压力是外因,不适应是内因,只有两者结合,才不致使疾病乘虚而入。

(二)适应的类型

1.生理适应。指人或动物的生物学特征所具备的适应能力——机体的躯体形态、结构和其他生理功能所具备的与外界环境协调一致的适应能力。例如血压、心率、呼吸等生命指标应该随外界环境变化而变化的适应性,人体温的恒温性,维持新陈代谢的稳定性等。一般生物体都遵循达尔文的进化论基本原理,"适者生存"、"用进废退"。

2.心理适应。这是人类独有的适应性功能。发达的人脑、新皮层的发育进化、高度发展的心理功能,使人类具有认识自我、认识世界、推动社会文明的自我意识。心理适应是在生理适应基础上产生的,但是这种适应对人类自身的生存和发展具有无可比拟的精神力量,成为人类适应能力的核心和主导。

3.社会适应。这是生理性适应和心理性适应的综合表现和最高层次的集中表现。社会性适应的关键是个体在社会生活中各种人际关系的适应能力。人际关系是社会结构、社会形态、社会生活和一切社会现象的最具体最鲜明的体现和基础。所谓"良好的社会适应性",说到底是正确处理好各种人际关系,保持与社会协调一致的适应能力。人类的社会性需要、社会性情感、社会实践活动,既有赖于生理与心理适应和功能的健全,更体现人类最高层次的心理行为作用。

(三)适应对压力的作用和意义

人类适应能力和其功能活动,并非单纯地被动、消极、无所作为地顺应自己所处的客观环境,人类的适应能力与其他生物有本质的区别。主动积极、能动地适应外界环境变化,善于不断地根据自己所处的环境和条件,做出自己的判断与评价,指出最佳决策方案,能够创造性、有意识地改变客观环境,创造新的事物。人类的适应能力具有强大的精神力量。著名英国大文豪萧伯纳(1856～1950年)在其名著《华伦夫人的职业》一书中,精辟地阐明了人类这种心理特征:"人们通常将自己的一切归咎于环境,而我却不迷信环境的作用。在这个世界上,有所作为的人总是奋力寻求他们所需要的环境;如果他们未找到这种环境,他们也会自己去创造环境。"

积极、主动地适应,能发挥适应理论的重要意义和现实价值。美国学者康乃尔大学 Karl Wtick 教授曾明确指出:"适应才能生存,适应是成功与发展的同义词。"他认为一个人"横冲直撞要比坐以待毙高明得多"。成功的强者总是尝试改变和实行相结合。因此适应不单纯为了生存。良好的适应必须是主动驾驭客观环境,主宰自己的人生命运。

一个具备良好适应能力的人,常意味着具有良好的心理健康条件和较高的精神卫生水平,这就是适应性位于心理健康标准榜首的原因之一。具有良好适应性的人,能在复杂多变的大千世界中充分发挥心理潜能,是主动驾驭客观世界的成功者和生活的强者。他们较少为精神应激所困惑和打倒。即使受到意外的打击和挫折、失败,亦会迅速自我调节,做出新的应变反应,保持心理平衡和稳定。这类人出色地解决日常生活的能力比一般人强,解决问题的办法更多,更具有自知之明,这就是适应与能力、事业成功、心理健康的有机结合关系。

随着社会进步、物质文明发展,人类在获得较好的物质生活的同时,也带来了空前未有的心理社会适应不良的精神压力,这种精神压力威胁着现代人的身心健康。对于个体来说,不善于适应者永远是失败者。因此,改变一切不合理的适应不良的行为方式、生活模式,提高对压力的适应能力,是保证精神卫生水平和提高生活质量的前提。

三、信念和价值

信念和价值的重要性在于某些信念和价值会使个体对一个事件的评价变得压力不是很大,个体信仰是强大的精神支柱。乐观主义是一个普遍的价值主题,也是很重要的应对压力的资源。乐观主义是对于好的事情会发生的期待。乐观主义是对应对和健康有着重要意义的使人感兴趣的个性特征。乐观主义是一种感知过滤镜,它使许多情境都改变了原有的色彩。

应对效能与控制是一种与自我有关的信念,它是关于个体能控制事件或应对应激要求的信心。有人将此简称为"自我效能"。自我效能是我们对需求与应对应激的能力之间的感知。对自己的能力有较高信心的人体验到较少的应激。有人用放大镜做比喻来说明扭曲的评价如何会使某些人产生困难,当你使用它的这一面看东西时,所有的东西突然变大了,而用另一面看东西时,所有的东西又变小了。有些人对需求使用的是放大的一面,而对他们的资源则使用的是缩小的一面。

对应对效能的感知是焦虑的认知中介因素,研究表明,当人们感知到应对无效时会出现几种不良结果。这些不良后果包括高度的主观压力、自动唤起的增加、血液中儿茶酚胺分泌的增加。需要特别指出的是,对应对无效的感知并不一定要特别准确才会产生这一结果。对应对效能的错误评价与准确的评价一样,都会引起焦虑和行为障碍。

自我效能能够产生积极的健康后果,很多干预措施都有赖于对自我效能感知的改变。自尊指对自己的接受和较多的尊重,理论上对自我效能感知的增加也应该使自尊增加,好的应对者比差的应对者有较高的自尊感。

最后,良好的状态指的是一个人享有的健康质量,包括身体素质、精力水平,和对高危行为的避免。研究表明,良好状态也是一种应对的资源。

四、认知重组

认知重组可以改变一个事件的意义或改变个体对情境掌握能力的认知。应对常常是一种期望性的过程,它开始于面临威胁或应激之前,如面临即将到来的手术。再如,反复思索是应对努力中常见的问题。等待牙医治疗的儿童常常说他们有许多"可怕的"念头,这些念头增加了他们的焦虑感,使得牙医的工作更为困难。然而,也有一些儿童自发地采用积极的应对策略。他们的应对努力包括积极的自言自语("我试着想一些好的事情")、停止思想(消除消极的思想)和情绪控制的认知("尽量不担心")。他们还从牙医那里获取信息和支持,让自己转移注意力,以消除紧张。

研究表明,认知应对策略在消除疼痛上是有效的。有人做了一项研究,为准备打风疹疫苗的女孩提供了认知行为的应对训练。与只接受了有关技术信息的控制组相比,这些女孩表现出较低程度的焦虑,且表现得更合作。

幽默也可以作为对应激事件的重新感知,幽默与洞察有着高度的联系。人们可以通过幽默重新定义普通的问题和不幸。幽默可以让人们获得新的视角、奇特的参考框架,幽默可以在消极生活事件和情绪波动之间起调节作用。

五、松弛训练

松弛训练是应对压力的一个非常有效的方法,又称"松弛疗法",是一种心理训练的有效实用方法。是通过主观意念和客观措施,使人达到镇静安定、肌肉松弛状态的重要心理防治方法和自我心理控制技术。

科学实验证明,经过有效的松弛训练后,可以缓解紧张、降低血压、减慢心率和呼吸、皮肤电阻值下降、全身骨骼肌张力降低等。使人心理安定宁静,明显减轻或消除焦虑、恐惧、紧张的情绪,从而达到身心功能协调平衡。常用的松弛训练方法有四种。

1.呼吸松弛训练法。采用稳定的、缓慢的深呼吸的方法,达到消除紧张、焦虑、恐惧情绪和肌肉松弛的目的。

2.想像松弛训练法。自我想像将要遭遇最危险、最恐怖的情境,体验这些恐怖情境,并自觉忍耐,保持心境平静1~2小时,一直到焦虑恐惧情绪逐渐减轻或消失,或者当产生恐惧紧张心理时,主动地想像最能使自己感到愉快的情境对抗恐惧紧张情境,例如想像自己躺在和煦的阳光下,在海边聆听海涛声,在大自然中享受鸟语花香的情趣。

2. 自我暗示的松弛训练法。利用指导性短语,自我暗示,消除紧张恐惧心理,保持镇定:"这些感觉虽然可怕,但可以改变它们的意义,不会损害我的身体健康。""我太惊慌失措了,我不必为此事大惊小怪,我会自己克服的"。

3. 肌肉松弛训练法。这是最常用、最有效的方法。理想训练需要在安静的环境中进行。训练者舒适地躺在沙发上或床上,必要时由治疗师示范指导,高度合作,自觉进行。安静休息10分钟,排除烦恼,心身保持松弛平静状态。

学会肌肉紧张和松弛的正确的自我感觉。一般采用握拳和伸屈手臂作为试测常用部位:握拳或屈臂,紧张肌肉,维持5～10秒钟左右,直到肌肉出现轻微不适为止。然后放松紧张的肌肉,放松可以是逐渐的,也可以是突然的。系统肌肉松弛训练的顺序是:额脑——面肌——头颈——上肢——胸背腹——下肢。重点注意自己放松肌肉和设法保持肌肉的松弛状态。每次20～30分钟,每日1～2次,10次为一期,可以反复进行,达到肌肉迅速进入松弛状态为合格。

思 考 题

1. 何为压力?
2. 引起压力的原因表现在哪几方面?
3. 生活事件对个体有哪些负面影响?
4. 压力的应对方式有哪些?

附录

专业词汇(中英文对照)

B

本　我	id
表　情	expression
表征化	represented
本土化	indigenizational
不平衡	unbalance
不协调	dissonance
倍增效应	multiplicative

C

从　众	conformity
长　助	hclplcssness
差　异	discrepancy
冲　突	conflict
超　我	superego
成就动机	achievement motive
成员团体	member Group
慈悲效应	leniency effect
次要团体	secondary Group
初级移情	primitive empathy
参与观察	participant observation
参照团体	reference Group
超社会行为	oversocial behavior

D

敌对(敌意)	hostile
抵　抗	resistance
动　机	motive
打折扣	discounting
对策理论	game theory
低球技术	low-ball technique
叠加法则	additive principle
对应推论理论	correspondent inference theory
低社会行为	under social behavior

F

发　展	development
分　心	distraction
服　从	obedience
非语言交际	nonverbal Communication
非正式团体	unofficial Group
负晕轮效应	negative-halo

G

个性心理特征	individual mental characteristic
个人内沟通	interpersonal communication
个　体	individual
个案研究	case studies
概　率	probability
攻　击	attack
沟　通	communication
果　断	assertive
感情迁移	transfer of affect
感情需要	affective need
归因理论	attribution theory
归因训练	attribution training
归因风格	attributional style

H

合　作	collaborate
互　动	interaction
环　境	environment

J

加权平均模型	the weighted average model
角色期望	role expectation
角色冲突	role conflict
角色义务	role obligation
角色扮演	role playing
集合心理	collective mind
集合表象	assemblage representation
聚合体	aggregate
交互作用	reciprocity
教　育	educational

进取	aggressive
精神分析理论	psychoanalytic theory
精神自我	spiritual – self
镜像自我	looking – glass self
决策理论	decision theory

K

刻板印象	stereotype
宽大效应	leniency effect

L

领导	leadership
累加模型	the additive model
联结理论	theories of connection
利他行为	prosocial behavior

N

逆反心理	psychological inversion
内群体	in – group
凝聚力	cohesiveness
脑力激励	brainstorming

P

评估研究	evaluation research
平均模型	the averaging model
平均法则	averaging principle
平衡论	balance theory

Q

亲和动机	affiliation motive
区别性信息	distinctiveness information
群体意识	group consciousness
群体思维	group think
群体动力学	group dynamics
群体激化	group polarization
权力动机	power motive
强化理论	reinforcement theory
强化作用	reiforcement
潜意识	subconscious
去个性化	deindividuation

情境论	situational theory

R

人际关系	interperonal relationships
人际吸引	interperonal Fascination
认知平衡理论	cognitive consistency theory
认知相符理论	cognitive consistence theory
认知失调理论	cognitive dissonance theory
认　同	identification

S

死亡本能	death instincts
三维归因理论	cube theory
社会测量法	Sociometry
社会隔离	social isolation
社会惰化	social loafing
社会行为	social behaviour
社会化	socialization
社会学	sociology
社会角色	social role
社会距离测量	measurement of social distance
社会自我	social self
社会认知	social cognition
社会惰化现象	social loafing
社会作用理论	Social impact theory
社会比较	Social comparison
社会影响	Social influence
社会助长	Social facilitation
生理自我	physiological self
生存本能	life instincts
身体自我	bodily self
社会推理	Social inference
首因效应	primary effect
首属群体	primary group
顺　从	compliance
手　势	gesture

T

团体模式	group Pattern

团体凝聚力	group Cohesiveness
特质论	trait theory
统我	proprium
讨好	ingratiation

X

心境	mood
心理面	psychic interplay
相互沟通	intercommunication
相容	compatibility
学习理论	learning theory
需要	need
显著性	salience
信息源	source of information
吸引力	attractiveness
相似性	similarity
心理自我	psychological self
狭义的侵犯	aggression

Y

意象	images
压力(应激)	stress
压抑	suppress
依从	compliance
遗传	heredity
应激原	stressors
亚文化	subculture
语言交际	verbal communication
晕轮效应	halo effect
印象管理	impression management
预热效应	warm-up effect
言语表情	speech expression
一贯性信息	consistency information
一致性信息	consensus information

Z

自尊	self-esteem, self respect
自怜	self pity
自我	ego

重要性	importance
自我强化	self reinforcement
自我表现	self-expression
自我表演	self-presentation
自我评价	self-rating, self-appraise
自我实现	self-realize, self achieve
自我意识	self-consciousness
自我表露	self-disclosure
自我概念	self-concept
自我监控	self-monitoring
自我价值感	feeling of self-worth
自我服务	self serving
自我标榜	self enhancing
自我设阻	self handcapping
自我防御	ego defense
支配需要	control needs
主体自我	self as knower
主题统觉测验	thematic apperception test
主要团体	primary group
转向侵犯	displaced aggression
责任扩散	responsibility difusion
正式团体	official group

参考文献

1. 全国13所高等院校《社会心理学》编写组编．社会心理学．天津：南开大学出版社,1995.
2. 彭聃龄主编．普通心理学．北京师范大学出版社,2001.
3. 沙莲香著．社会心理学．北京：中国人民大学出版社,1987.
4. 时蓉华著．社会心理学．上海人民出版社,2002.
5. 章志光主编．社会心理学．北京：人民教育出版社,1996.
6. 张德著．社会心理学．北京：劳动人事出版社,1996.
7. 周晓虹著．现代社会心理学．上海人民出版社,1997.
8. 余展飞等．现代心理卫生科学理论与实践．北京：世界图书出版社,2000.
9. 石林等译．压力与健康．北京：中国轻工业出版社,2000.
10. 白卫涛等译．病态——压力心理行为和疾病．北京：世界知识出版社,2001.
11. 杨新发等．压力与心理．北京：中国医药科技出版社,1998.
12. 时蓉华．现代社会心理学．上海：华东师范大学出版社,2002.
13. 姜乾金．医学心理学．北京科学技术出版社,1996.
14. 杜文东．医学心理学．南京：江苏人民出版社,2000.
15. 李鸣杲,金魁和．医学心理学．沈阳：辽宁科学技术出版社,1997.
16. 许金声．活出最佳状态．北京：新华出版社,1999.
17. 李心天．医学心理学．北京：人民卫生出版社,1991.
18. 黄珉珉．现代心理学全书．北京：中国社会出版社,1991.
19. 林传鼎等．心理学词典．南昌：江西科学技术出版社,1987.
20. 沈德灿．社会心理学．北京：中国科学技术出版社,1996.
21. 侯玉波．社会心理学．北京大学出版社,2002.
22. 姚清如．心理健康通论．哈尔滨：黑龙江科学技术出版社,1995.
23. 孙晔等．社会心理学．中国科学院心理研究所(内部资料),1986.
24.〔美〕J.L.弗里德曼等著,高地,高佳等译．社会心理学．哈尔滨：黑龙江人民出版社,1997.
25. 时蓉华．社会心理学．杭州：浙江教育出版社,1998.
26. 申荷永．社会心理学原理与应用,广州：暨南大学出版社,1999.
27.〔美〕克特．W．巴克著．南开大学社会学系译．社会心理学．天津：南开大学出版社,1984.

28. 吴育桂．心理科学概论．北京师范大学出版社,1991.
29. 杨国枢,余安邦．中国人民的心理与行为——理念及方法篇．台湾：桂冠图书公司,1992.
30. 郑全全,余国良．人际关系学．北京：人民教育出版社,1999.
31. 阎云翔．礼物的流动——一个中国村庄中的互惠原则与社会网络．上海人民出版社,2000.
32. 申荷永等．社会心理学．广州：暨南大学出版社,2002.
33. 〔英〕威廉·麦孤独．社会心理学导论．杭州：浙江教育出版社,1997.
34. M·等森克著．心理学——一条整合的途径（上、下）．上海：华东师范大学出版社,2001.
35. 周晓虹主编．现代社会心理学．南京：江苏人民出版社,1993.
36. 乐安国主编．社会心理学．北京：中国物资出版社,1998.
37. 乐国安主编．现代应用社会心理学．兰州大学出版社,1995.
38. 安德列·耶娃著．社会心理学．天津：南开大学出版社,1984.
39. 金盛华,张杰著．当代社会心理学导论．北京师范大学出版社,1995.
40. 沈德灿、何立婴著．社会心理学简编．北京：光明日报出版社,1990.
41. 林秉贤著．社会心理学．北京：群众出版社,1987.
42. 王墨耘．社会心理研究,2002(2).
43. 王垒、吴志军等．社会心理研究,1996(1).
44. 吴江霖、戴健林．社会心理学．广州：广东教育出版社,2000.
45. 〔美〕阿伦森．社会心理学入门．北京：群众出版社,1985.
46. 郑全全．社会心理学．杭州：浙江大学出版社,1991.
47. 吴江霖、戴健林等．社会心理学．广州：广东高等教育出版社,2000.
48. 吴增基等．现代社会学．上海人民出版社,1997.
49. 孔令智等．社会心理学．北京：光明日报出版社,1989.
50. 朱传义等．当代社会行为心理学．南昌：江西人民出版社,1998.